本书获以下项目资助：

吉首大学体育学获批湖南省"十四五"重点学科立项建设资助出版项目
2021年湖南省普通高等学校教学改革研究项目（HNJG-2021-0114）重点资助出版项目

青少年
体质健康的社会治理

经验、模型与路径

SOCIAL
GOVERNANCE
OF
ADOLESCENTS' PHYSICAL
HEALTH

Experience, Model and Path

万 义 / 著

社会科学文献出版社
SOCIAL SCIENCES ACADEMIC PRESS (CHINA)

目 录

第一章　绪　论 ……………………………………………………… 001
　第一节　研究缘起 ……………………………………………………… 001
　第二节　研究价值 ……………………………………………………… 004
　第三节　国内外学术史梳理及述评 …………………………………… 007
　第四节　研究对象与方法 ……………………………………………… 026
　第五节　研究总体设计 ………………………………………………… 028

第二章　社会治理与青少年体质健康 ………………………………… 034
　第一节　社会治理的概念与内涵 ……………………………………… 034
　第二节　社会治理的特征与原则 ……………………………………… 037
　第三节　社会治理理论与青少年体质健康研究 ……………………… 044

第三章　青少年体质健康工作的演进历程 …………………………… 047
　第一节　体质概念的溯源、祛魅与求真 ……………………………… 047
　第二节　青少年体质健康政策法规演进 ……………………………… 060
　第三节　青少年体质健康测试标准演进 ……………………………… 069
　第四节　青少年体质健康测试指标演进 ……………………………… 074
　第五节　青少年体质健康规模调研演进 ……………………………… 085
　第六节　青少年体质健康数据监测演进 ……………………………… 095

第七节　青少年体质健康理念嬗变逻辑 …………………………… 100

第四章　青少年体质健康相关内容 …………………………………… 111
第一节　青少年体质健康的价值诉求 …………………………… 111
第二节　青少年体质健康的运行机制 …………………………… 112
第三节　青少年体质健康的经费投入 …………………………… 114
第四节　青少年体质健康的指标向度 …………………………… 115
第五节　青少年体质健康的测评目的 …………………………… 116
第六节　青少年体质健康的社会控制 …………………………… 118
第七节　青少年体质健康的社会责任 …………………………… 119
第八节　青少年体质健康的教育策略 …………………………… 120

第五章　国外青少年体质健康的社会治理模型 ……………………… 123
第一节　青少年体质健康的生态健康模型 ……………………… 123
第二节　青少年体质健康的格林模型 …………………………… 130
第三节　青少年体质健康的多层社区模型 ……………………… 135
第四节　国外青少年体质健康社会治理模型借鉴 ……………… 138

第六章　青少年体质健康的社会治理模型构建 ……………………… 142
第一节　青少年体质健康社会治理的基本特征 ………………… 142
第二节　青少年体质健康的 POET 治理模型构建 ……………… 144
第三节　青少年体质健康组织系统（P-O）治理 ……………… 155
第四节　青少年体质健康环境系统（P-E）治理 ……………… 158
第五节　青少年体质健康技术系统（P-T）治理 ……………… 161

第七章　青少年体质健康的社会治理路径设计 ……………………… 165
第一节　青少年体质健康社会治理的路径框架 ………………… 165
第二节　青少年体质健康社会治理的政策目标 ………………… 167

第三节　青少年体质健康社会治理的协同格局 …………………… 169
第四节　青少年体质健康社会治理的沟通渠道 …………………… 172
第五节　青少年体质健康社会治理的参与平台 …………………… 175
第六节　青少年体质健康社会治理的干预策略 …………………… 177

第八章　研究结论、创新之处与不足 ………………………………… 183

参考文献 ……………………………………………………………………… 190

后　记 ………………………………………………………………………… 211

第一章
绪 论

第一节 研究缘起

一 全球趋势：慢性疾病的预防、干预、控制

随着全球化进程的加快，慢性疾病（例如心血管疾病、呼吸系统疾病等）已经成为全世界导致人口死亡的高危因素。世界发达国家的医疗、卫生、健康领域逐渐将流行病学预防的重点，从传染性疾病转向了慢性疾病。大部分慢性疾病可以归因于不健康的生活方式和行为方式，而这些又都是可以干预的。为了应对慢性疾病预防、控制的挑战，国际社会越来越注重通过健康促进策略来保持和改善个人的健康状况，"通过参与许多不同领域的组织所创办的机构来激励自己，建立健康生活方式的人群数量正在不断地增加。各种学术机构、政府权威部门、私人企业、保险公司、医院、医疗组织和社会团体，以及一些在健康促进方面身份显要的人，都已经加入到了为全世界人民改善生活质量而进行研究的队伍之中"（米歇尔，2009：445～448）。发展中国家的慢性疾病预防、控制问题更加严峻，一方面发展中国家居民不健康生活方式的迭代速度不断加快（例如吸烟、高脂肪膳食、缺乏体育锻炼等），从而导致疾病谱发生明显改变；另一方面发展中国家的社会结构迅速转型（例如人口的增长、城镇化、老龄化以及家庭结构的改变等），造成卫生保健费用增加、政府面临巨大的经济负担，

继续利用财政政策、行政干预等方式将不再有利于青少年体质健康形势的好转。因此,青少年体质健康的社会治理已然成为一种全球化趋势。

二 本土困境:青少年体质健康水平下降问题

中国作为发展中国家,国民经济生产总值持续增长,已成为世界第二大经济体,但是青少年的体质健康状况却不容乐观,面临诸多的严峻问题。比如,《我国青少年体质健康发展报告》指出:"我国青少年的肥胖指数不断上升、呼吸和心血管系统机能持续下降。"(中央教育科学研究所,2012)青少年肥胖指数上升、呼吸和心血管系统机能的下降,是非常严重的健康隐患,可能诱发中老年的"生命杀手""比癌症更可怕的疾病"糖尿病、冠心病等高危致死疾病。青少年肥胖指数上升、呼吸和心血管系统机能的下降在降低了人的生活质量的同时,增加了社会的医疗负担、养老负担和财政负担,影响国家的可持续发展。此外,我国青少年体质健康状况还具有明显的"双峰"现象(陈雁飞,2011),"豆芽菜"和"小胖墩"的"双峰"增长,体现出乡村青少年营养缺乏和城市青少年营养过剩的城乡二元结构特征,青少年耐力素质、力量素质、速度素质、心肺功能持续降低,视力不良检出率居高不下,与国外青少年的差距越拉越远,这都对我国的人力资源强国战略构成威胁。所以,我国青少年的体质健康问题不是单一的生物性问题,而是社会、政治、经济、文化、教育等社会结构调整的结果,单一的财政补贴、行政干预等方式将不再有利于青少年体质健康形势的好转,反而会带来行政失范、经济失灵、调控失效等问题,需要得到政府部门、学术机构、私人企业、保险公司、医疗机构和社会团体等方面的共同关注。单一的运动训练技术也不是解决我国青少年体质健康阻滞下滑问题的唯一手段,需要政策法规、组织管理、测试手段、评价方式、行为介入、体质教育、科学研究等复合手段的综合干预。归根结底,我国青少年体质健康是个非常复杂的生态系统,青少年体质健康研究已经从纯粹的生物学领域转向了经济学、管理学、社会学、生态学等综合领域,需要用社会治理的理论和方法来摆脱社会转型中的困境。因此,我国青少年体质健康的社会治理是社会发展到一定阶段的历史必然。

三 实践模式：青少年体质健康治理参照

青少年体质健康的社会治理已经成为发达国家普遍采取的模式。例如，巴西的"兴奋圣保罗"（Agita Sao Paulo）项目，通过 Agita（意思为移动身体激起走动的意愿以及改变行为）多种文化价值观认同的信息传播方式，促使约 2100 万人响应媒体宣传从事身体运动。"兴奋圣保罗"项目广泛传播到其他拉丁美洲国家，受到这项灵活的市场化运作项目影响的体育参与人数规模巨大；美国"健康国民 2010"（Healthy People 2010）通过构建联邦政府、州政府、社区组织的合作机制，推动青少年健康促进策略实施，并通过项目总目标、分目标、健康决定因素、健康状况目标等关键元素的改变，修正青少年不健康的生活方式和行为方式；加拿大的"活跃生活方式计划"（Active Living）倡导将身体运动融入日常生活中，作为日常生活的一部分，推动青少年活跃生活方式、健康生活方式的形成，对促进青少年的全程健康具有广谱效应。因此，国外青少年体质健康社会治理的成熟模式能为我国青少年体质健康的社会治理提供理论和实践参考。

四 理论依据：社会治理理论的成熟与完善

20 世纪 90 年代，社会治理理论兴起。社会治理理论是生态系统理论的扩展和延伸，侧重于从现存制度的视角分析人类与社会生态环境的动态变化关系。社会治理理论强调政府与市场、政府与社会、政府与公民三种基本关系，打破了传统公共管理中注重统治的思维，强调政府与社会、公民的合作关系，社会资源的合理分配以及社会公正的价值追求（徐顽强，2012：22）。社会治理将满足基层社区居民内在需求作为公共政策和公共事务发展的导向，通过政府、社区和公民多方参与、协商共治的方式提供公共服务产品，实现社会资源再分配，从而推动现存制度的变革和创新。所以，社会的公共政策和公共事务从政府主导的管理模式走向政府、营利组织、非营利组织共同参与的多元社会治理模式将成为一种发展趋势（王旭光，2008：3）。我国青少年体质健康发展也应该打破单一性的政府管理模式，从满足"顶层设计"需求转向满足"社区居民"需求，加强政府部门与学术机构、私人企业、保险公司、医疗机构和社会团体等之间的合作共治，实现政府、社区、青少年多方参与的社会资源整合和再分配，推动青少年体质健康向活跃生活方式、健康生活方式的社会治理模式转变。

综上所述，青少年体质健康的社会治理已然成为一种全球化趋势。国外青少年体质健康社会治理的成熟模式，能够为我国青少年体质健康社会治理提供实践参考；从生态系统理论到社会治理理论的逐步完善能够为我国青少年体质健康社会治理提供理论依据。所以，本研究依托社会治理理论，从辨析、厘清青少年体质健康的词义和词义变迁入手，梳理青少年体质健康的政策法规、测试标准、测试指标、规模调研、数据平台、监测系统等发展历史及其嬗变逻辑，通过分析国家青少年体质健康调研数据的长期动态趋势剖析青少年体质健康发展现状及其存在的问题，借鉴国外青少年体质健康社会治理的成熟模式，构建符合中国国情、体现中国特色的青少年体质健康社会治理的模型和路径。

第二节　研究价值

一　学术价值

青少年体质健康研究引入社会治理理论。随着经济全球化、文化全球化、信息全球化迅速扩张，社会问题的影响因素越来越复杂，西方人文社会学界的学术研究传统逐渐向跨学科、合作化和国际化等趋势转变。由于社会治理理论侧重于从现存制度的视角分析人类与社会生态环境的动态变化关系，具有将人类与自然生态环境、社会生态环境放在同一框架里思考、分析和判断的特点，在公共政策决策和公共事务研究中体现出独特优势。青少年的体质健康与遗传、锻炼、营养、家庭、学校、社会等自然因素和社会因素紧密相关，与国际形势、政治制度、社会变迁、文化氛围、价值观念等紧密相连。所以，青少年体质健康问题不是纯粹的生物性问题，需要多个部门合作、多个机构协调、多种技术协作、多种监测互动，共同推动青少年体质健康事业的发展。国外青少年体质健康社会治理的理论和实践都比较成熟，而我国青少年体质健康社会治理的研究成果尚不多见，无法指导青少年体质健康实践工作的开展。本研究系统引入社会治理的理论体系，探索我国青少年体质健康社会治理的模型与路径等问题，对推动青少年体质健康研究具有一定的理论意义。

拓宽了青少年体质健康研究的学术视野。青少年体质健康研究可以遵循两种学术逻辑：一种是"顶层设计"逻辑，从现有的政策、法规、制度、精神等基础上出发自上至下思考青少年体质健康的发展；另一种是基于"基层民众"逻辑，从青少年体质健康的内在需求出发自下而上思考青少年体质健康的发展。目前，我国青少年体质健康研究成果多集中于青少年身体形态、生理机能、运动素质和健康状态的现状分析，也有部分学者从社会变迁、法规制度、文化观念、生活方式、体育教学、家庭教育等方面对青少年体质健康水平下降的成因进行了探讨，这些研究成果都是基于"顶层设计"逻辑的学术研究获得的。所以，本研究从青少年体质健康的内在需求出发，遵从"基层民众"逻辑进行社会治理的思考，拓宽了青少年体质健康研究自下而上的学术视野。

探索了青少年体质健康研究的创新思路。我国从1985年开始共进行了8次全国学生体质与健康调研工作，全面总结分析了我国青少年的体质与健康状况以及学校体育卫生工作取得的成绩，揭示了我国大、中、小学生群体中普遍存在的体质健康问题，调研资料在许多应用领域具有很高的科研价值。但是，这些青少年体质健康研究是一种基于顶层设计的科研启动机制，政策法规的宏观调控作用对青少年体质健康研究的影响深远，研究结果主要为教育、体育、卫生等行政部门提供建议。本研究侧重于加强政府部门与学术机构、私人企业、保险公司、医疗机构和社会团体等合作共治，实现政府、社区、青少年多方参与的社会资源整合和再分配，推动青少年体质健康的活跃生活方式、健康生活方式形成，构建青少年体质健康的社会治理模型和路径，具有一定的研究思路创新。

二　应用价值

服务于我国人才强国的国家战略。《中共中央　国务院关于加强青少年体育增强青少年体质的意见》将"青少年体质健康的发展"提升到人才强国的国家战略，指出"广大青少年身心健康、体魄强健、意志坚强、充满活力，是一个民族旺盛生命力的体现，是社会文明进步的标志，是国家综合实力的重要方面"，"青少年时期是身心健康和各项身体素质发展的关键时期"，"当前和今后一个时期，加强青少年体育工作的总体要求是：认真落实健康第一的指导思想，把增强学生体质作为学校教育的基本目标之一"。本研究借鉴国外成熟的青少年体质健康社会治理模式，构建符合中国国情、体现中国特色的青少年体质健康社会治理模式，提倡多个部门合作、多个机构协调、多种技术协作、多种监测互动，共同推动我国青少年体质健康的发展，对服务于我国人才强国的国家战略具有一定的应用价值。

树立我国青少年全程健康的理念。我国青少年体质健康发展理念关注青少年的"群体健康"，忽视青少年的"个体健康"，体现为青少年体质健康测试常常作为"摸清青少年、儿童体质的现状、特点和发展规律"的调研工具和"更有效地进行教学、训练和学校卫生工作"的评估工具，而不是作为青少年体质健康的"个体健康"的评价工具，青少年个体往往成为体质健康测试的"盲目"参与者，个体健康意识缺失成为青少年体质健康水平下降的主要原因。本研究树立了青少年个体性的"健壮"（wellness）理念，包括躯体健康、社会健康、情绪健康、智力健康、心灵健康、职业健康和环境健康等七个维度，其中躯体健康从身体无疾病状态转向有能力完成日常的任务，表现为具备体能及营养和适度的体脂，避免滥用药物、酒精或使用烟草产品，通常遵循积极的生活习惯等，是一种具有全程健康内涵的生活形态，这种全程健康理念的转变有利于明确青少年体质健康发展的导向。

推动青少年公共健康事业的发展。我国青少年体质健康工作集中于小学、中学、大学等学校区域，青少年体质健康水平下降由此变成了一种教育问题或是学校体育问题，显然缩小了青少年体质健康工作的外延，模糊了青少年体质健康工作的主体责任。青少年体质健康工作应该隶属于公共健康领域，应该得到全社会的支持和帮助，应该鼓励第三方机构介入青少年体质健康工作并提供公共服务等。本研究提出青少年体质健康工作应该由"学校"空间过渡到"社区"空间，这不仅意味着青少年体质健康由教育权责向社区权责的转变，更意味着青少年体质健康由单一的"学校"模式向"家庭－社区－学校"三位一体多样化、生态化的模式转型，对推动青少年公共健康事业发展具有一定的实际意义。

第三节 国内外学术史梳理及述评

一 国外学术史的梳理与述评

国外青少年体质健康研究起步于 20 世纪 50 年代，历经半个多世纪的沉淀，已经发展成为集生理、卫生、医疗、教育、体育、政治、国际合作等学科于一体的综合研究。国外青少年体质健康学术史的脉络主线，主要围绕美国"FITNESSGRAM©"测试标准和欧洲"EUROFIT"测试标准的起源、修订和完善展开。所以，此部分的国外青少年体质健康的学术史梳理，也紧紧围绕这两个影响世界青少年体质健康发展的测试标准展开。

（一）美国"FITNESSGRAM©"测试标准的发展

20 世纪 50～60 年代，美国青少年体质测试的标准初步建立。1954 年，美国 Kraus 和 Hirschland 合作发表了一篇研究成果称："有 57.9% 的美国儿童未通过 Krau-Weber 体质测试，相比之下欧洲未通过此测试的儿童只有 8.7%，美国青少年的体质水平比起欧洲同龄人差距甚远。"（Kraus and Hirschland，1954）由于这份研究报告发表于二战结束（1945 年）后 9 年、朝鲜战争结束（1953 年）后不到 1 年，全美各界不约而同地将青少年体质水平与准备服兵役社会需求关联在一起，由此拉开了青少年体质测试的序幕。美国总统 Dwight David Eisenhower 对青少年的糟糕表现也感到震惊，通过政府行政手段（行政命令10673，1956 年 7 月 16 日）成立了青年体质总统委员会［如今的运动与健康总统委员会（PCPFS）］。1966 年，美国卫生、体育和娱乐研究委员会（如今的 AAHPER）研制了针对青少年的 AAHPER 体质测试标准。AAHPER 体质测试指标包括引体向上（男）、曲臂悬垂（女），以及立定跳远、仰卧起坐、30 码敏捷折返跑、50 码冲刺、600 码跑和垒球掷远等，指标向度偏向运动技能，要求青少年精通各种体育活动，并在体育运动中有良好表现。AAHPER 体质测试标准后来被青年体质总统委员会采用，并设立了总统奖项目。

20 世纪 60~70 年代，美国青少年体质测试指标调整。AAHPER 体质测试标准有所修改，但测试理念不清晰、测试指标偏重运动技能等（American Association for Health, Physical Education, and Recreation, 1965）引发了体育教育工作者和体质研究人员的诸多不满。首先，AAHPER 体质测试指标的指向性不明确。"一些测试项目反映了体育教学目标，一些偏向运动（比如，投掷），一些偏向健身（比如，跑步），还有一些偏向军事（比如，力气）。"（American Association for Health, Physical Education, and Recreation, 1965）其次，AAHPER 体质测试指标与服兵役之间的关联性受到质疑。"体质不好与验兵未通过之间的数量及比例缺乏关联性"，即取消参军资格是因为身体存在无法接受的生理缺陷，而不是因为体质测试结果差。比如，1948 年 9 月至 1963 年 6 月，征兵公告显示：青年未能获得参军资质的主要原因有"循环系统疾病""骨与运动性器官具有疾病或缺陷""精神疾病"等（Kennedy, 1962），这些原因与体质测试指标之间的关联性缺乏科学证明。最后，AAHPER 体质测试标准与州立体质测试标准难以统一。美国许多州都建立了自己的州立青少年体质测试标准，比如加利福尼亚州、伊利诺伊州、印第安纳州、纽约州、俄勒冈州、南卡罗来纳州、得克萨斯州、佛蒙特州等。各州的青少年体质测试指标类似于美国卫生、体育和娱乐研究委员会的 AAHPER 体质测试指标，但是自己拟定了州立的评价标准，而非使用 AAHPER 出台的（全国性的）评价标准（Clarke, 1975）。

20 世纪 70~80 年代，美国青少年体质测试向个体健康关联转型。1973 年，得克萨斯州州长健身委员会（TPFMAT）成立，发表了一篇题为《得克萨斯州体质与运动能力测试》（Texas Physical Fitness-Motor Ability Test）的调研报告，阐述了身体健康评价与运动能力评价之间的区别，对青少年体质测试的健康导向产生了深远影响，标志着美国青少年体质测试由运动技能关联向个体健康关联转变（Coleman & Jackson，1973）。针对青少年个体健康的评价，《得克萨斯州体质与运动能力测试》还打破了以前常模参照的评价方式，根据年龄、性别、年级等灵活调节测试标准，奠定了从常模参照转向标准参照的评价理论基础。1975~1980年，美国卫生、体育和娱乐研究委员会和体育健身协会、测量与评估协会等多次召开青少年体质测试的专题会议，诞生了"AAHPERD 与健康相关的体质测试"，简称 HRPFT（American Alliance for Health，Physical Education，Recreation and Dance，1980），是美国青少年体质测试发展的又一个重要里程碑（Safrit and Wood，1983）。AAHPERD 与健康相关的体质测试，取材于"得克萨斯州体质与运动能力测试"中个体健康关联的测试部分（Pate，1985），所研制的 HRPFT 技术手册是 HRPFT 测试的规范性指导标准（Safrit and Wood，1983），为个体健康关联测试提供了依据（Jackson，2006）。

20世纪80~90年代，美国个体健康关联体质测试创新。得克萨斯州州长健身委员会成立之后，美国青少年体质测试开始坚定不移地关注青少年的个体健康发展，与个体健康关联的体质测试项目涌现。比如，克莱斯勒 AAU 体质测试（Chrysler AAU Found Fitness Test）、纽约市体质测试（Fitnessgram）、总统的挑战体质测试（President's Challenge Physical Fitness Test）、基督教青年会青年健康测试（YMCA Youth Fitness Test）、全国青少年体质健康测试（National Youth Physical Fitness Test）等。克莱斯勒 AAU 体质测试的目标人群为6~17岁的青少年，必测项目包括心肺耐力、躯干力量耐力、腿部腰背灵活性和上肢力量耐力，选测项目包括腿部力量、上半身静态耐力、腿部静态耐力、敏捷性及灵活性，采取常模参照的方式来评价测试结果（Chrysler AAU Fund，1992）。纽约市体质测试的目标人群为5~17岁青少年，包括心肺耐力、身体组成、肌肉力量耐力和灵活性等四项测试项目。纽约市体质测试针对少数几个测试项目，采取标准参照的方式来评价测试结果（Meredith & Welk，1999）。总统的挑战体质测试的目标人群为6~17岁青少年，包括心肺耐力、躯干、上肢力量耐力、柔韧性成分等测试指标（President's Council on Physical Fitness and sports，1998），采用常模参照与标准参照结合的方式评价测试结果。基督教青年会青年健康测试的目标人群为 6~17 岁青少年，包括心肺耐力、身体组成、腰背力量耐力、肌肉力量耐力和柔韧性等五个测试项目，采用标准参照的方式评价测试结果（Franks，1989）。全国青少年体质健康测试的目标人群为 5~17 岁青少年，包括上半身力量、腹部肌肉力量、腿部力量、敏捷性、速度和耐力等测试指标（Safrit，1995）。

21 世纪之后，美国健康关联体质测试的发展趋势。(1) 建立青少年健康关联体质测试的生态竞争环境。目前，美国本土有"总统的挑战""AAHPERD 的最佳体质测试""体质成套测试"三种主流的青少年体质测试标准（见图 1-1）。1988 年，美国健康、体育教育和娱乐舞蹈联盟制定的"AAHPERD 的最佳体质测试"（AAHPERD'S Physical Best）包括有氧耐力、身体成分和肌肉力量、耐力及柔韧性三部分测试。2007 年，库珀公司健康与体质研究院制定的"体质成套测试"（FITNESSGRAM© battery）包括有氧能力、身体成分和肌肉力量、耐力及柔韧性三部分测试。2008 年，美国总统体质与竞技委员会制定的"总统的挑战"（President's Council on Physical Fitness and Sports，1998）包括运动体质测试和体质健康测试两部分测试。三种不同的青少年体质测试标准体现出联邦政府、专业组织和私营企业的多方利益博弈，也意味着美国青少年体质测试生态竞争环境的成熟。(2) 普及青少年健康关联体质测试中的计算机运用。1981 年，"得克萨斯州体质与运动能力测试"正式更名为"FITNESSGRAM©"，开始向大众推广。1982~1984 年，全国青少年体质健康测试首次通过计算机录入和管理，录入的软件被称为 FITNESSGRAM©（1.0）。全国青少年体质健康测试完成后，教师将学生体质测试卡扫描到数据库，因"学校可以有效对测试结果进行管理，可以迅速提供体质测试的学生报告、家长的单页报告和总结报告等特点"，受到学校行政人员、家长、学生的普遍认可。1994~2004 年，历经几次重要的软件更新，库珀公司推出 FITNESSGRAM©（6.0）网络版本，青少年体质健康的测试结果和评估报告首次可以通过互联网录入和管理。2005 年，FITNESSGRAM©（8.0）推出，这个增强版本包含一个体育活动评估工具"ACTIVITYGRAM"和一个基础行为测试工具"ACTIVITYLOG"，有利于学生掌握各项运动技能，也有利于体育活动监测和大规模跟踪监测。此外，FITNESSGRAM©（8.0）还提供日历型界面，方便青少年跟踪个人活动量（使用分钟或计步器步数）。(3) 完善青少年健康关联体质测试的奖励机制。建立青少年健康关联体质测试的奖励制度，不仅是对青少年体育参与行为及其过程的肯定和认可，还能通过奖励机制刺激青少年参与体育人口的增加。1965 年，美国青少年体质测试匹配了奖励制度，包括成绩奖励、金印奖（在所有测试项目中前80%的人）、成就奖（在所有测试项目中前50%的人）、认可证书和进步奖，进步奖是颁给那些身体受限但测试表现有进步的青少年（American Association for Health, Physical Education, and Recreation, 1965）。1966 年总统 Lyndon B. Johnson 批准授予"总统体质奖"，奖励给在所有体质测试项目中前85%的学生。AAHPERD 的最佳体质测试创立了健身活动奖、健身目标奖以及健康健身奖，学生五个测试项目都达到了健康标准就能获得相应的奖项（Gregory et al., 2008）。(4) 加强青少年健康关联体质测试的监督与管理。根据世界卫生组织的定义，公共健康监测是连续、系统地收集、分析和解释与健康相关的数据，用于做计划、实施和评估公共卫生实践（World Health Organization, 2013）。美国许多州都非常重视青少年公共健康的监测，甚至强制要求各类学校进行定期的健康关联体质测试与评估（National Association for Sport and Physical Education, American Heart Association, 2012）。比如，1995 年，加利福尼亚州颁发了美国历史上第一个学生体质健康测试的政府奖项，将5年级、7年级、9年级学生体质健康测试制度化。得克萨斯州在"530 参议院法案"基础上建立了全州范围内最大的体质健康测试计划，要求所有公立学校1~12年级的学生都要进行体质健康测试。目前，美国50个州都有体育教学标准，其中26个州要求进行学生评估，14个州要求进行体质健康评估。对于青少年体质健康测试标准的监测与管理，美国疾病控制中心社区预防服务工作组曾强烈建议：要将教育课程和政策作为有用的行为策略来促进儿童进行身体活动。美国医学研究所也重点强调学校体育教育是解决青少年肥胖症问题的基本策略。(5) 建立青少年健康关联体质测试的国家监测体系。20 世纪50~70年代，美国青年体质总统委员会进行了多次小范围的青少年体质调查活动。20 世纪80

年代，美国总统体质与竞技委员会组织了一次全国性的青少年体质调查。同时期，美国疾病防控中心、美国卫生和人类健康促进部门合作进行了一次"全国青少年儿童体质研究"，测试样本为2~9岁的儿童和10~18岁的青少年（Plowman et al.，2006）。1999~2002年全国健康和营养检查调查（NHANES）针对全国12周岁以下青少年进行了抽样调查，体质健康测试是其中的重点内容（Pate et al.，2006）。此后，美国就再也没有进行过全国范围的、大规模的体质测试调查研究，也没有形成国家级别的青少年体质健康监测体系。美国联邦政府建立国家青少年体质健康监测体系的愿望非常迫切，但是任何联邦机构不得控制学校的学术项目和体育项目这项规定导致困难重重。（6）构建青少年健康关联体质测试的合作机制。政府机构、专业组织、地方学区、研究机构、研究者以及家长之间加强联系，建立青少年体质测试的合作机制，提高青少年体质测试的健康关联性，已经成为未来青少年体质健康工作的发展趋势。美国青少年体质健康测试机构已经与国家健康和营养调查（NHANES）、国民健康访问调查（NHIS）、青少年危险行为监测系统（YRBSS）和行为危险因素监测系统（BRFSS）等调查机构合作，美国总统体质与竞技委员会和库珀公司健康与体质研究院也合作设立了总统积极生活方式奖（PALA），希望通过合作、沟通、协调机制，完善青少年健康关联体质测试的测评标准，降低青少年的疾病风险。（7）变革青少年健康关联体质测试的评价方式。青少年体质健康测试结果的直接评价，容易引发社会各界人士对青少年身体健康状况的担忧（Corbin and Pangrazi，2008）。所以，美国青少年体质健康测试一直采用间接评估方式，为青少年的个性健康提供测试、反馈、指导、跟踪等服务，将体质健康测试与体育活动相结合，向学校和老师提供适当的体育活动指引和课程指导（Silverman and Keating，2008），作为促进学生体育活动参与的工具（Wiersma and Sherman，2008）。（8）制订青少年健康关联体质测试国家级方案。美国由于政治体制的原因，长期以来并未形成青少年体质健康测试的国家级方案。面对此问题，美国试图通过新的总统青年健身计划（PYFP）来改变这种窘境。总统青年健身计划向学校提供免费的体质健康测试基础设施、体质健康测试软件、体质健康康复训练方案以及奖励措施,提高青少年体质健康测试的健康关联度,促进体育教师的专业发展,获得学生的认可。总统青年健身计划得到了库珀公司健康与体质研究院、美国健康、体育教育和娱乐舞蹈联盟、美国总统体质与竞技委员会三大机构的支持,疾病预防控制中心也参与了小学项目的合作。美国联邦政府、教育部门、专业组织等在青少年体质健康测试问题上的通力合作,有助于出台国家层面的青少年健康关联体质测试规划。综上所述,美国自20世纪50年代迫于兵役压力开始开展青少年体质测试工作,20世纪70年代中期青少年体质测试由运动技能关联向个体健康关联转变,目前已经发展成为关注青少年个体健康发展、降低疾病风险的体质测试体系。美国青少年的健康关联体质测试注重和与健康营养、健康访问、风险行为、危险行为等有关的调查机构合作,将体质测试作为促使青少年养成健康行为习惯的重要手段。同时,美国青少年的健康关联体质测试加强了联邦政府、地方政府、基层学校、专业组织、私人企业等多方合作,通过制定公共健康政策、颁布体质测试标准、推广体质教育课程、出台国家方案规划、构建健康监控体系等途径形成了青少年健康关联体质测试的社会治理模式,进一步加强了青少年体质健康测试工作的国家宏观调控和社会组织专业引导,推动青少年体质健康测试工作的有效开展以及青少年活跃生活方式、健康生活方式的养成。

表1-1 美国三种主流的青少年体质测试标准

测试标准	总统的挑战	AAHPERD的最佳体质测试	体质成套测试
主管部门	美国总统体质与竞技委员会,2008	美国健康、体育教育和娱乐舞蹈联盟,1988	库珀公司健康与体质研究院,2007
测试指标	体质测试(含5个指标)	有氧耐力(含1个指标)	有氧能力(含3个指标)
	仰卧起坐或局部仰卧起坐	1英里步行/跑	渐进式有氧心血管耐力跑
	折返跑	身体成分(含1个指标)	1英里步行/跑
	1英里耐力跑/步行 (6~9岁选择1/4英里或1/2英里)	皮褶 (三头肌和小腿)	步行测试

续表

测试标准	总统的挑战	AAHPERD 的最佳体质测试	体质成套测试
测试指标	引体向上或直角俯卧撑	肌肉力量、耐力及柔韧性（含3个指标）	身体成分（含2个指标）
	V 坐或坐位体前屈	修订的仰卧起坐（手到胸部）	皮褶的脂肪百分比
	体质健康测试（含5个指标）	引体向上	身体质量指数
	局部仰卧起坐	坐位体前屈	肌肉力量、耐力及柔韧性（含4个指标）
	1 英里耐力跑/步行（6～9 岁选择 2.5 英里或 5 英里）		腹部力量：屈膝两头起
	V 坐或坐位体前屈		躯干伸肌力量、柔韧性：躯干举起
	直角俯卧撑（或引体向上）		上肢力量：90°俯卧撑 屈臂挂 修订的引体向上
	身体质量指数		柔韧性：单腿坐位体前屈 肩部拉伸

（二）欧洲"EUROFIT"体质测试标准的发展阶段

20 世纪 60～70 年代中期，欧洲"EUROFIT"体质测试启动。20 世纪 50 年代，美国青少年体质测试启动（American Alliance for Health, Physical Education, Recreation and Dance, 1989），并于 1958 年正式发布了青少年体质测试标准（Seefeld and Vogel, 1989）。20 世纪 70 年代中期，美国青少年体质测试的重心从运动技能关联转向个体健康关联，测试指标侧重于心肺功能、身体组成和肌肉力量等测试与评价。20 世纪 80 年代中期，FITNESSGRAM 体质成套测试（Harold et al., 1994：33 - 55）、PCPFS 体质成套测试（Cooper, 1989）被美国体育老师广泛采用（Whitehead et al., 1990），用来帮助学生提高体质健康水平。20 世纪 60 年代，比利时的布鲁塞尔（Hebbelinck and Borms, 1969）、鲁汶（Simons et al., 1975）以及荷兰的哈勒姆（Leyten, 1981）开展了青少年的体质测试，但是均没有出台青少年体质测试标准（Simons et al.，1978）。所以从整体上而言，早期的欧洲青少年体质测试处在一种自发的、零散的状态，正式发布青少年体质测试标准的时间比美国大约迟了20年。

20世纪70~80年代中期，欧洲制定"EUROFIT"体质测试标准。80年代，随着欧洲政治、经济、科技、文化等全面复苏，欧洲国民生活质量普遍提高。欧洲急剧的社会变革也带来很多社会问题。比如，现代交通工具普及使人们的生活方式发生重大改变；工业生产自动化使人们的体力劳动时间减少；食物膳食结构改变使人们的三高（高热量、高脂肪、高蛋白）食物摄入量激增；激烈的社会竞争导致人们的紧张感和压抑感增强；高血压、糖尿病、肥胖症、心脏病、恶性肿瘤等"文明病"肆意蔓延、触目惊心（卢元镇、周志俊，2003：22~23）。为了增强民族体质、建设健康国家，欧洲各国政要无一例外地将目光聚焦在大众体育的普及与发展上。1977年，欧盟体育振兴协会成立并针对各国的青少年体质测试与评价制订了具体的指导方案："（1）将欧洲各国的学校体育教育标准统一为欧洲标准，在统一的欧洲标准之下推动各国的体育教学；（2）欧洲各国的体育教师对青少年进行体质测试，关注青少年体质的动态变化特征；（3）欧洲制定统一的体质测试标准，对青少年的体质测试情况进行评价"（国家体育总局体育信息研究所，1998：257~259）。欧盟体育振兴协会所制订的青少年体质测试评价指导方案拉开了研制欧洲青少年体质测试标准的序幕。1978年，在欧洲委员会的倡议下，欧盟体育振兴协会开始探讨制定"EUROFIT"体质测试标准。

20世纪80~90年代末，欧洲"EUROFIT"体质测试标准推广。1980~1982年，欧盟体育振兴协会为了编制欧洲青少年体质测试标准，对比利时、荷兰等欧盟成员国5万多名青少年进行了"EUROFIT"体质测试的试点工作，并召开了6次欧洲青少年体质测试座谈会。1983年，欧盟体育振兴协会出版了临时性的"EUROFIT"体质测试标准。1986年，欧盟成立了"EUROFIT"委员会，将它作为欧盟成员国合作开展青少年体质测试、评价与研究的专门机构，主要承担以下几个方面的任务：（1）协调欧盟成员国的学生体质测试工作，检查、比较欧盟各国学生的评定结果，并对体质测试的过程和评定结果出具具体的建设性意见；（2）制定测试标准手册，规定各个测试项目的测试顺序、测试方法及成绩和得分的换算方法；（3）编制总得分的综合评定表，简化测试环节，使测试工作不需要特殊的测试工具和测试条件，方便测试工作的开展；（4）明确学生体质健康测试的要求与伦理，对"EUROFIT"体质测试标准不能作为运动竞技人才选拔和运动竞技人才竞争标准等方面做出了明确规定。在"EUROFIT"委员会的努力之下，欧盟各国青少年体质的测试和评价工作得到进一步发展。1988年，欧盟各国召开青少年体质测试的专题会议，拟定了欧洲各国统一的"EUROFIT"体质测试标准，并出版了法语和英语两个版本的"EUROFIT"体质测试手册（Adam et al., 1988）。"EUROFIT"委员会制定的"EUROFIT"体质测试标准将青少年体质测试分为身体体格检查和身体运动素质测试两个重要组成部分，身体体格检查包括身高、体重、皮脂等测试指标；身体运动素质测试包括全身耐力（心脏、循环系统耐力）、肌力（静态肌力、爆发肌力）、肌耐力（上臂肌耐力、躯干肌耐力）、灵敏性（全身灵敏性、上肢灵敏性）、柔韧性、平衡性（全身平衡性）等测试指标（见表1-2）。"EUROFIT"体质测试标准还制定了相应的评分细则。比如，测试项目根据成绩和得分表进行评分，根据总得分进行综合评定，以及成绩与得分的换算方法；详细介绍了测试顺序、测试方法、测试工具和测试条件，使之容易实施。此外，"EUROFIT"体质测试标准还进一步明确了测试的目的，青少年的体质测试评价不能作为运动竞技人才选拔和运动竞技人才竞争的手段，而应该作为改善日常的生活和活动方式的手段，青少年要根据体质测试评价结果进行自我评价和实施改善策略。"EUROFIT"体质测试标准的颁布标志着青少年体质测试、评价与研究走向了一个国际化、专业化、合作化、科学化的发展轨道。"EUROFIT"体质测试标准虽然在颁布与实施的时间上要晚于美国，但是欧洲青少年体质测试在借鉴美国青少年体质测试经验和教训基础上的"后发展效应"特别突出。比如，"EUROFIT"体质测试标准注重青少年的个体健康（没有经历从运动技能关联向个体健康关联的转型），注重欧盟成员国之间的国际合作，等等。

表1-2 欧洲学生体质测试内容与指标体系

内容	指标	具体指标	测试项目
身体体格检查	身高		
	体重		
	皮脂（股二头肌、股三头肌、肩胛骨下角、腰部、小腿部等）		
身体运动素质测试	全身耐力	心脏、循环系统耐力	20米往返跑或PWC170功率自行车
	肌力	静态肌力	握力
		爆发肌力	立定跳远
	肌耐力	上臂肌耐力	曲臂悬垂时间
		躯干肌耐力	30s引体向上
	灵敏性	全身灵敏性	往返跑（5米×10次）
		上肢灵敏性	敲击目标
	柔韧性	柔韧性	直腿坐位体前屈
	平衡性	全身平衡性	睁眼单腿站立（1分钟内完成的次数）

资料来源：国家体育总局体育信息研究所：《欧洲各国的体质测试》，《国外体育动态》（内部发行）1998年第32期，第257~259页。

21世纪至今，欧洲"EUROFIT"体质测试标准的发展。儿童和青少年的体质测试一直是欧洲体育教育者、营养学家与健康科学家们感兴趣的话题，也是青少年体质健康专业组织讨论得最多的话题。1989年，《儿科运动科学》编辑Rowland（1989）探讨了儿童体质评估的科学基础问题。1990年，Safrit（1990）认为相对于智力人格与运动能力测试，体质测试的心理测量是不能让人接受的。21世纪之后，欧盟体质学者开始关注"EUROFIT"体质测试标准与青少年健康的关联性。比如，波兰的Władysław M.等选取了13~15岁的240个女生和276个男生作为测试样本，研究铅和镉污染环境对学生体细胞和功能发育的影响。研究结果证实，镉的积累损害了青少年的神经调节功能系统和运动协调能力，铅的积累引起了青少年神经组织的微损伤，镉、铅污染环境与青少年协调能力、有氧代谢能力呈负关联（Władysław et al., 2011）。英国的Wioletta D.等对工业污染区213名男生、工业郊区的98名男孩进行了肺活量、往返跑、立定跳远等测试项目的对比分析。研究结果表明工业郊区男生肺活量、灵活性、下肢爆发力等明显高于工业污染区的男生，而且工业污染区男生有轻微的换气障碍，影响青春期前的肺功能和运动能力（Wioletta et al., 2011）。Shauna 等（2008）运用 CDC 生长参考标准对 178 名 9~12 岁儿童进行了体重测量，发现 32.6% 儿童正常体重，23.6% 儿童超重，43.8% 儿童肥胖，其中，52.2% 儿童有中心性肥胖。通过进一步的 20 米折返跑测试发现，腰围与计步器步数（$r=-0.187$，$p=0.012$）、折返跑成绩（$r=-0.508$，$p<0.001$）都呈负相关，与含糖饮料的摄入量（$r=0.250$，$p=0.016$）呈正相关。Grassi 等（2006）对意大利 290 名 14~18 岁中学生的有氧运动进行了测试，研究发现身高与性别、年龄显著相关，随着年龄的增长男性身高的增量明显高于女性。最大摄氧量与性别、年龄显著相关，女性最大摄氧量明显高于男性，体重与最大摄氧量呈负相关。希腊的 Meksis E. 等选取了 10~12 岁的 55 名男生和 46 名女生参加了最大摄氧量测试，结果表明体脂百分比、身体质量指数（BMI）与最大摄氧量之间呈负相关（Meksis et al., 2006）。德国的 Leyk 等（2006）对 58000 名 17~26 岁的德国青少年进行了往返跑、仰卧起坐、俯卧撑、立定跳远等测试，其中 37% 以上的人未能通过体质（PFT）测试，而且体质水平与教育水平呈正相关，体质水平与身体质量指数呈负相关。德国非肥胖青少年的体重逐渐增加而体质水平逐渐下降。Cepero 等（2011）对西班牙格拉纳达地区 106 名儿童（49 名男孩，57 名女孩）的身体成分和体质健康进行了为期 5 个月的 EUROFIT 测试。研究表明，女孩比男孩增加了更多的脂肪量（$p<0.05$），男孩的身高则比女孩增长的幅度要大（$p<0.05$）。身体成分与体质水平的相关性表明，仅通过学校的体育活动不足以支撑理想的体质水平。此外，体质测试作为改善青少年体质健康状态的有效措施已被科学证实，但是必须具备以下条件：测试标准的服务对象要有针对性；测试标准要区分年龄、性别等重要特征；测试标准是关于健康因素的标准。因此，可以得出这样的结论，就像"EUROFIT"体质测试手册中描述的那样，"EUROFIT"体质测试标准需要进一步深化，以便成为一种对欧盟各成员国有用的体质教育服务工具。

二 国内学术史的梳理与述评

中国青少年体质健康测试起步于20世纪50年代，70年代照搬、模仿国际体力研究委员会（ICPER）和国外（如日本等）体力测定标准，21世纪之后逐渐形成具有中国特色、符合中国国情的青少年体质健康测评体系。以我国青少年体质健康测评体系为梳理主线，国内青少年体质健康研究大约经历了以下五个阶段：1949~1979年，中国青少年体质健康测评体系建立阶段；1980~1985年，中国青少年体质健康测试指标筛选阶段；1986~1995年，中国青少年体质健康测评体系完善阶段；1996~2002年，中国青少年体质健康测评体系稳定阶段；2003年至今，中国青少年体质健康测评体系创新阶段。

（一）中国青少年体质健康测评体系建立阶段（1949~1979年）

中华人民共和国成立以后，提升整个国家的国民素质成为十分紧迫的政治任务与社会需求。1951年，中央人民政府政务院颁布实施了《关于改善各级学校学生健康状况的决定》。这份新中国成立以来第一份有关青少年体质健康的政策文件指出："目前全国各级学校的学生健康不良的状况，颇为严重……这种情况必须加以改变。"增进身体健康，培养强健体魄，是现代青年的重大任务之一，各级人民政府教育行政部门和学校教员必须予以重视。在这样一种社会背景之下，国内早期具有欧美留学经历的归国学者自发开展了大量的青少年体质健康调研工作。例如，《近二十年来南京市儿童体质发育的增进》（吴定良，1957b）、《近二十年来丹阳县城市儿童体质发育的增进》（吴定良，1957a）分别对南京市、丹阳县儿童的体质发育状况进行了实地测试和动态分析。20世纪60年代，《一般学校体育课的安排应以增强体质为主》（阮立本，1961：21~22）中提出，"体育课它不同于课外锻炼，应把传授知识技能放在重要地位，完成国家体育教学大纲规定的基本教材和部分选用教材的要求；体育课要完成多方面的任务，这样的主张比较片面，达不到增强学生体质的要求"。《做好学校体育工作，增强学生体质》（刘瞠风，1964：6~7）中提到，青少年体质强弱"会影响他们以后在阶级斗争、生产斗争和科学实验三大革命运动中能否任重致远",应该扎实做好学校体育工作,从而达到增强学生体质的目的。1978年8月26日,国家体委、教育部、卫生部联合发布关于进行"中国青少年儿童身体形态、机能、素质调查研究"的通知和实施方案。1979年,我国体质研究会的专家、学者通过对国际体力研究委员会和国外(如日本等)体力测定指标进行初选,从形态、机能、素质三个方面确定了23项青少年体质健康测试指标。包括:反映青少年儿童的生长发育特点和规律的15项身体形态指标;反映青少年儿童心血管和呼吸功能的3项生理机能指标;反映青少年儿童速度素质、力量素质的5项运动素质指标。但是,1979年的青少年体质健康测试处在借鉴、模仿阶段,国内专家没有根据我国青少年体质发育特点和基本国情对青少年体质健康测试指标进行调整,"明显偏重身体形态发育",部分指标"缺乏国际通用的标准值"导致难以进行国际的跨区域比较,某些指标的"重测信度较差"导致测试指标的实用性不高(于可红、母顺碧,2001:14~16:23)。所以,1979年青少年体质健康测评体系虽然具有里程碑式的意义,但是由于时代的局限性,不可避免地出现一些设计缺陷。80年代之后,我国青少年体质健康测评体系做出多次调整和改变,以适应我国青少年的体质发育特征和基本国情。

(二)中国青少年体质健康测试指标筛选阶段(1980~1985年)

1978年3月,全国科学大会在北京隆重举行。同年10月,中共中央、国务院联合发布了《1978—1985年全国科学技术发展规划纲要(草案)》,成为当时我国科学技术发展的指南针。这份草案在主要任务十九第三项中指出:"对我国青少年、儿童的身体形态、机能和素质进行专题研究,摸清现状、特点和发展规律。"1979年我国进行了新中国成立以来的首次大规模青少年体质健康测试,教育、体育、卫生等国家行政部门首次掌握了全国青少年的身体形态、身体机能和身体素质情况。1980~1985年,我国对青少年体质健康测试指标进行筛选,青少年体质健康的研究成果呈井喷式出现。例如,《大学生体质状况调查和锻炼与不锻炼者的比较》(白永基等,1980:58~67)一文,通过对583名大学生的体质进行测量统计分析,发现"学生的身体形态发育情况良好,但是某些身体机能指标和身体素质指标达不到规定标准",特别是"视力不良检出率显著增加,这可能与学生缺乏体育运动有关。《学生体质下降 不能等闲视之——教育部副部长刘雪初答中国青年报记者问》（刘雪初，1980：4~6）一文中认为，"学生体质下降的原因是多方面的"，营养不良、照明不够等是造成学生身体发育延缓、视力不良检出率升高的因素。但是，影响学生体质健康最主要的原因还是学习负担过重、缺乏相应的体育锻炼。所以，学生的学业负担与体质健康之间呈现反比效应。《片面追求升学率造成恶果 苏州地区学生体质下降》（育文，1980）一文，将苏州地区学生的高考成绩与学生的体质测试情况进行了关联性分析，发现"苏州地区学生高考成绩连年上升"，但是"学生的体质却连年大幅度下降"，这可能与苏州地区的许多中学片面追求升学率、不重视体育保健工作、学生缺乏相应的体育锻炼存在某种必然的关联性。《试论"体质教育"与"体育教学"》（杨时勉，1980：42）一文认为，体质教育和体育教学不能等同起来，"体质教育"是存在论的观点，注重人体的可持续发展。"体质教育"认为身体先于运动技术，体育运动服务于人的身体，而不应该服务于运动技术本身，运动和体质之间是一种主从关系。但是许多学校的体育教学，特别是体育老师受自然教育思想的影响，将体育教学的着眼点放在运动技术的传习上，把身体（人的体质）作为运动技术传习过程中的副产品。1985年，国家教委、国家体委、卫生部、国家民委等中央部委为了进一步掌握我国学生体质健康状况，长期、系统地观察学生生长发育规律及疾病动态情况，将学生体质健康测试工作逐步规范化、制度化，指导学校体育、卫生工作的开展，在各级各类学校"体质、健康卡片"的基础上建立学生体质健康观测点，开展了第一次全国学生体质与健康调研工作。1985年第一次全国学生体质与健康调查筛选后的测试指标包括身体形态指标7项、身体机能指标3项、身体素质指标9项、健康检查7项、共26项体质健康测试指标。

（三）中国青少年体质健康测评体系完善阶段（1986~1995年）

20世纪90年代初，中国共产党第十四次全国代表大会确定了我国改革和建设的主要任务，出台了《中国教育改革和发展纲要》。1987年12月，依托《中国教育改革和发展纲要》的指导精神，国家教委、国家体委、卫生部、国家民委、国家科委、财政部联合颁布了《关于中国学生体质、健康状况调查研究结果和加强学校体育卫生工作的意见》,指导和改进学校体育、初级卫生保健和全民健身工作。1990年、1995年我国开展了第二次和第三次全国学生体质与健康调研,青少年体质健康的各项研究趋于成熟。比如,《毕业生体质检测及慢性病的调查》(陈雅斌,1990:93~96)中认为,"文理科学生由于所学专业各具特点,理科学生学习紧张度强于文科,专业用功量较大,近视发病率也高于文科。经常参加体育锻炼可以缓冲视力疲劳,调节视力,有助于保护视力"。《用营养、锻炼复合处方增强儿童体质的实验研究(三年实验报告)》(《营养、锻炼复合处方》课题组,1991:6~14)一文中认为,我国儿童青少年普遍存在早餐热量不足和蛋白质、维生素A、维生素B_2、钙等缺乏,导致"身体素质出现下降现象,与日本同龄儿童相比,差距明显",要进一步加强学校体育锻炼,并注重体育锻炼的科学性,促进"营养、锻炼复合处方"的普及和推广,才能达到改善儿童青少年体质健康状态的目的。《体育锻炼与胆固醇水平和体质的关系》(邹国林等,1991)一文通过血脂、动脉粥状硬化与体育锻炼之间相关性实验研究表明,"体育锻炼可以明显地增强体质并改善多种冠心病的易患因素"。所以,我国青少年必须长期坚持体育锻炼,减少冠状动脉硬化现象的发生,从而延长寿命、提升生活质量。《大学生体质"软指标"的综合评价方法》(邵如林,1995)一文,"运用模糊数学方法和理论"对大学生体质健康状态进行了综合评价,并着重研究了应用模糊数学进行多级综合评判的方法。研究结果表明,建立青少年体质健康的模糊数学评判模型和量化方法具有实用性、合理性和客观性。

(四) 中国青少年体质健康测评体系稳定阶段(1996~2002年)

1999年,为了进一步贯彻党的十五大精神,深化教育改革,推进素质教育,中共中央、国务院发布了《中共中央 国务院关于深化教育改革全面推进素质教育的决定》。该决定要求教育行政部门、各级各类学校及时了解我国青少年体质健康的发展趋势,进一步推动我国学校体育卫生工作。2002年,为了深化教育改革,推进素质教育,教育部建立了"全国学生体质健康监测网络",对学生的体质健康状况进行全面监测,并动员全社会的力量关注学生的身心健康问题。"全国学生体质健康监测网络"测试的对象为 7~19 岁小学、中学、大学在籍在校学生，测试指标包括身体形态、生理机能、运动素质、健康状况等四个方面的 13 项指标，测试过程、数据录入、统计分析等按照统一的监测方案进行，标志着我国青少年体质健康动态监测体系的形成。围绕青少年的身体健康发展问题，教育学、体育学、卫生学、营养学、管理学等跨学科、交叉学科的研究逐渐增多。比如，《关于"体质教育"思想实践的特点与反思》（卢忠谨、邵华，2000）中认为，"'体质教育'提倡'内容简单、大运动负荷'，这种单一的增强体质教学模式寄托着'体质教育'倡导者对科学、有效增强体质的期盼。然而，'内容简单、大运动负荷'的教学模式显然不能与增强体质的实践完全等同起来"（陈德珍，2000：295~297）。《中国学生体质发育的生长加速及与日本学生的比较》（陈德珍，2000：284~297）一文将我国学生的体质发育水平与日本学生的体质发育水平进行了横向比较，研究发现"我国学生和日本学生的体质发育水平都呈现明显的增长趋势"，特别是身高、体重两项指标的增长趋势比较明显。但是胸围指标与身高、体重指标相比，"二元城乡结构性差异"显著。"城市男女学生增长值较大，乡村学生的增长值偏低"，这将影响我国学生生长发育水平的整体性提高。所以，我国学校教育要减轻学生的学业负担，改善和提高膳食营养，加强体育锻炼，并制定相应的方针政策和实施措施，"对我国学生体质发育的促进的效果是可能达到的"。《对大学生体质发展趋势及预测方法的研究》（谢彬，2000）一文，以我国大学生体质测试的多个时期实测值为依据，"运用灰色分析 GM（1，1）模型对学生体质单项指标进行建模"，对体质发展趋势进行预测分析。研究表明，灰色系统具有应用数据少、方法可靠性高、数据计算简便等优势，"进行体质发展趋势的研究是可行的，具有实际研究意义"，可以为教育行政部门了解和掌握大学生体质健康发展状况提供有效的管理、决策依据。《大学生体质调研工作的组织程序与方法》（赵夏娣、校玉山，2002）一文认为，"学生体质调研工作是我国学校体育卫生工作的一个长期任务"，学校体质调研工作必须得到调研点校领导的高度重视和支持，制订详细的体质测试方案，政府部门、教育部门、卫生部门、体育部门等密切配合，体质测试与统计分析过程遵循严密的组织程序与方法等是青少年体质调研工作有条不紊开展的根本保证。除此之外，体质测试人员的工作态度、实事求是的科学态度，也是"保证检测程序的规范性、检测数据真实性的基本条件"。

（五）中国青少年体质健康测评体系创新阶段（2003 年至今）

2007 年 5 月，中共中央、国务院下发了《中共中央　国务院关于加强青少年体育增强青少年体质的意见》。该意见指出"增强青少年体质、促进青少年健康成长，是关系国家和民族未来的大事"。青少年体质健康发展是全面落实科学发展观、贯彻党的教育方针、推进素质教育的立足点和出发点。该意见犹如强心剂，推动着我国青少年体质健康的实践探索，也推动着青少年体质健康的理论创新。此时期，国内青少年体质健康研究的国际合作越来越多，各种高质量的研究成果如雨后春笋破土而出。比如，《寓〈学生体质健康标准〉之管理建"三合一"高校体育综合管理系统之研究》（翁惠根，2005：948~951）一文认为，高校体育综合管理系统要融入学生体质健康标准管理，将学生体质健康标准管理与学籍管理、教育管理和体育管理融为一体，加强"融学生体质健康标准管理的'三合一'建设"，"努力提高体育教育测量与管理水平，从而提升体育教育现代化水平"。《中国体质研究的进程与发展趋势》（江崇民、张一民，2008：25~32、88）认为"体质就是人体的质量"。中国"体质"一词具有悠久的历史，"形神合一"是青少年体质健康发展的诉求。"形"表现为一种身体无疾病的健康状态，"神"表现为精力充沛、乐观积极的状态，"形神合一"的统一体表现为日常生活状态的积极向上。我国青少年的体质健康研究"开始于 20 世纪 70 年代末的'中国青少年儿童身体形态、机能和素质的研究'，成熟于'中国国民体质监测系统'的建立，2000 年我国的体质监测工作标志着体质研究已上升为我国体育科学界最为活跃的研究领域之一"。《关于我国青少年体质健康问题的若干社会学思考》（陈玉忠，2007：83~90）一文从社会学视角思考了我国青少年体质健康的发展问题。该研究突破了将青少年体质健康当成纯粹生物性问题的弊端，也突破了将青少年体质健康当成单纯教育学问题的局限，认为青少年体质健康是包括"传统教育观念、现代生活方式和现代社会结构的变迁及学校体育价值判断"

的综合问题。所以，我国青少年体质健康的制约因素不仅局限在膳食营养、卫生条件和体育锻炼等方面，"落实青少年体质健康法规、拓展学校体育的教育职责、加强青少年的体质健康教育、完善体质监测程序和建立社会协同参与机制"等也具有不可替代的作用。《〈国家学生体质健康标准〉评价效能的反思与优化——大学生体质健康预警机制的构建》（戴霞等，2012：75~82）一文认为我国青少年体质健康监测系统基本覆盖了全国小学、中学、大学等在校学生。但是，青少年体质健康的预警机制与青少年体质健康的监测机制相比，存在"体质健康等级评定信息缺失、学生体质健康发展非均衡性、学生对体质健康评价结果不够重视等"诸多不足，需要对青少年体质健康水平下降状态分级评定，利用预警警示机制进行分析、监控、预警，从而推动自我健康管理，"促进学生从心理上产生健康危机意识，产生改善体质健康的紧迫感和危机感"以及改变青少年体质健康工作的被动状态。《中、小学学生体质健康教育模式的构建及干预策略分析》（章建成等，2012：15~23）一文基于九个城市中小学生的实验调查，认为"学校教育－社区教育－家庭教育"三位一体体质健康教育模式对改善青少年的体质健康状态具有显著作用。其中，"学校教育"中课堂教育、学校条件、教育制度和个体认知，"家庭教育"中家长示范和经济支持，"社区教育"中社区活动和社会条件等是体质健康教育模式的主要因素。此外，"学校教育－社区教育－家庭教育"三位一体体质健康教育模式是一个系统工程，需要学校、家庭、社区三个方面的合力，任何单因素缺失都有可能产生负效应。

  1979年我国组织实施了十六省市的学生体质健康调研，此后的1985年、1990年、1995年、2000年、2005年、2010年、2014年、2019年，由教育部、国家体育总局、卫生部、国家民委、科技部等中央部委每5年组织实施1次全国学生体质与健康调研。教育部从2002年开始组织实施每2年1次的学生体质健康监测。两者有机结合形成了比较完整的国家级数据库，这项成果在全世界都是绝无仅有的，显现出重大的社会意义，体现在如下几个方面。（1）全面总结、分析了我国青少年的体质与健康状况，以及学校体育卫生工作取得的成绩。（2）揭示了我国大、中、小学生群体中普遍存在的体质健康问题。(3) 我国青少年体质健康是国民经济取得巨大发展（表现为生活水平的迅速提高、营养改善）和社会进步（表现为儿童保健水平提高、疾病威胁下降）的真实反映。(4) 调研资料在许多应用领域具有很高的科研价值。比如，在国防（如征兵体检）、教育（如教学、卫生、学生体育锻炼标准）、疾病控制（如儿童肥胖和营养不良筛查标准）、卫生监督（如课桌椅卫生标准）、体育（如优秀运动员选材标准、国民体质综合评价）、工商业（如衣服、鞋帽生产标准）等领域都有广阔的应用前景（中国学生体质与健康研究组，2007：3~6）。

综上所述，我国青少年体质健康研究是一种基于顶层设计的科研启动机制，政策法规的宏观调控作用对体质健康研究影响深远，一方面要看到我国青少年体质健康研究取得的丰功与伟绩，另一方面要了解我国青少年体质健康研究的弱势与不足，正确客观的心态是进一步推动青少年体质健康研究的关键。

第四节 研究对象与方法

一 研究对象

本研究以青少年体质健康的社会治理为研究对象，在具体的操作环节，深入研究青少年体质健康现状及发展趋势，关注青少年体质健康生物性、社会性的时代特征以及更迭逻辑，建立科学、合理、可操作的青少年体质健康社会治理的模式与路径，旨在促进我国青少年体质健康的可持续发展。

二 研究方法

（一）文献资料法

本研究在中国期刊全文数据库、超星图书馆以"体质""体适能""体能""健康""健壮"等为关键词，在 PubMed、EBSCO 等数据库以"physical fitness""health-related fitness""physical inactivity"等为关键词进行文献资料查阅,收集与青少年体质健康发展、青少年体质健康促进、青少年体质健康社会治理等相关的研究资料。在文献资料收集、整理、分析过程中,从青少年体质健康的政策法规条例、测试标准文本、调查研究报告、监测数据报告等入手,分析我国青少年体质健康的演进历程和发展规律,结合我国青少年体质健康发展的动态分析结果,关注青少年体质健康和社会发展的内在规律,最后构建具有中国特色、符合中国国情的青少年体质健康社会治理模式和路径,促进青少年体质健康的可持续发展。

(二)访谈法

本研究采用拟定访谈大纲、围绕主题追问的半结构式访谈方式进行单独约谈和集体座谈,围绕青少年体质健康发展的主题进行研究方案设计、研究内容拟定、研究方案实施、研究理论预设等。访谈实施过程中,在征得专家同意的前提之下采用录音笔录音和笔记本笔录双重记录,保证访谈记录内容的完整性和可靠性。访谈的群体集中于国内各省市高等院校、体育科学研究所、教育局、体育局等单位长期关注青少年体质健康发展问题的专家教授,涵盖生理学、预防医学、体能训练、社会学、体育学等各领域。除此之外,本研究还对体育俱乐部的体能教练进行了访谈,了解青少年体质健康的运动处方和促进青少年体质健康发展的策略。访谈专家包括:国家体育总局科教司相关人员,美国伊利诺伊大学、美国库珀研究中心中国区总代表,美国运动科学院、美国体育联盟研究院的教授和博士生导师,南京师范大学体育科学学院、上海体育学院、武汉理工大学的相关教授,武汉市体育局相关人员;吉首一中雅溪校区相关领导,雅思中学体育组老师,乾州习之梦健身会所健身教练;等等。

(三)模型比较法

模式是一个社会中所有文化内容组合在一起的特殊形式和结构,这个特殊的形式和结构为人们提供一种相对稳定的系统行为模式。从另一个角度来说,一种模式具有一种针对形式和结构的特殊作用和效能,它有助于我们从整体上了解一个社会的文化,也有助于我们比较不同模式之间的存在意义和价值(陈雪飞,2010:64~66)。在本研究的具体操作环节,首先,对国外成熟程度较高的青少年体质健康的生态健康模型、格林模型、多层社区模型等进行横向对比，了解不同青少年体质健康社会治理模型在结构、功能、思路、方法、途径等方面的共性，分析不同青少年体质健康社会治理模型在范围、目的、条件、程序、特点等方面的差异；其次，在现有的制度框架内，结合中国青少年体质综合发展水平以及社会经济发展水平，构建具有中国特色、符合中国国情的青少年体质健康社会治理模式；最后，建立政府行政部门、社会组织、市场机构等双向互动的社会治理机制，促进青少年体质健康在自生产系统中的适应性发展。

（四）逻辑分析法

逻辑分析法是运用演绎、推理和判断等思维方式对研究资料进行分析的一种研究方法。在具体的研究环节，利用我国青少年体质健康已知的测试数据和文本资料，进行青少年体质健康与社会生态环境之间内在关系的定性分析。在明确青少年体质健康发展的已知条件之下，借鉴国外青少年体质健康社会治理的成熟经验，再进行青少年体质健康社会治理模式的推理和判断。首先，对国内外青少年体质健康研究资料进行整理、分类和编目，对测试数据进行统计分析处理，对政策法规等进行文本内容分析，掌握我国青少年体质健康发展的已知条件；其次，在明确已知条件的基础上运用演绎、推理、判断等思维方式，遵循社会治理模型中"结构－功能－绩效"分析框架和逻辑顺序，较为深入地分析我国青少年体质健康社会治理"结构－功能－绩效"之间的逻辑关系；最后，结合国外青少年体质健康社会治理的成熟经验，注重我国青少年体质健康发展的社会效益、经济效益和生态效益的协调一致，提出我国青少年体质健康社会治理模型与社会治理路径。

第五节 研究总体设计

一 研究任务

（一）厘清体质健康内涵的历史性和社会性

青少年体质健康的"体质"是什么，它和健康的关系是什么？从国内现有研究资料来看，部分学者将中医体质学说的"体质"与青少年体质健康的"体质",美国体质测试的"physical fitness"与青少年体质健康的"体质"等进行对比分析,希望通过词源对比的方式阐释体质的内涵,这样的研究具有一定的意义和价值。但是,"体质"终究不是一个静态的、书面的、生理的问题,它是一个动态的、历史的、社会性的问题,简单的词源对比无益于深入了解"体质"的内涵。比如,20世纪50年代"发展体育运动,增强人民体质"中的"体质"与90年代全球"健康促进"战略中的"体质",内涵显然存在比较明显的差异,这种差异无法通过词源对比的方式理解。此外,20世纪50年代《准备劳动与卫国体育制度暂行条例和项目标准》中的运动能力测试是"体质"吗?《国家学生体质健康标准》中的运动能力测试是"体质"吗?两种运动能力测试的"体质"内涵又存在什么区别与联系?这种差异也无法通过词源对比的方式理解。所以,青少年体质健康的"体质"是什么?我们不能将其作为纯粹的生物性、生理性问题去回答,必须从历史发展的动态视角去体验"体质"内涵的演变历程,必须从社会发展的变迁视角去厘清"体质"内涵的时代差异,才有利于推动青少年体质健康的发展。

(二)探寻青少年体质健康理念的嬗变逻辑

在全球面临公共健康危机的今天,青少年需要什么样的"体质"?青少年体质健康不是纯粹的生物性、生理性问题,而是历史性、社会性问题,青少年体质健康的政策法规、测试标准、测试指标、评价方式、测评目的等与国际形势、国家需要、社会发展、伦理价值等紧密相连。比如,20世纪50年代至60年代中期,"冷战"白热化,国家保家卫国的人才需求强烈,青少年体质健康测试以与生产劳动、国防军事相关的身体性能测试为主,体质健康测试主要为了满足农工生产、国防军事的人才选拔需求。60年代中期至70年代中期,"冷战"态势降温,国际政治格局相对稳定,青少年体质测试中与工业生产关联的运动技能测试比重加大,体质健康测试主要为了满足社会工业经济发展的人才选拔需求。70年代中期至90年代末,为了全面实现四个现代化,青少年体质健康测试关注青少年的全面素质提升,运动技能仅仅作为全面素质的一个组成部分,包含身体形态、生理机能、运动素质和健康状态的体质综合发展水平是青少年体质健康的主题。21世纪之后，慢性疾病成为全球性的公共健康问题，世界各国都关注青少年的个性健康，体质健康测试主要为了满足青少年健康生活行为的"全程健康"需求。现在的"体质"是健康的基础，而健康是满足日常生活工作需要的个体健康行为。所以，我们必须对青少年体质健康理念的历史演变脉络进行梳理，才能明确现阶段青少年体质健康需要什么性质的"体质"。

（三）剖析青少年体质健康社会治理元问题

我国青少年"体质"水平持续下滑，为什么难以治理？国家学生体质健康的调研报告及学生体质健康的监测报告显示，我国学生体质健康水平持续下滑，具体表现在肺活量、耐力素质等方面。由青少年体质健康水平持续下滑（特别是耐力素质下滑）引发的"学生在校园长跑中猝死""部分高校取消运动会"等媒体报道，更是将青少年体质健康问题推到了风口浪尖，体育、教育、卫生、营养、管理等领域的学术研究都聚焦于此，普通市民也将这个"国计民生"的问题作为茶余饭后的谈资。此外，青少年的肥胖检出率不断刷新纪录、视力不良检出率居高不下等也令人担忧。国内部分学者从社会变迁、法规制度、文化观念、生活方式、体育教学、家庭教育等方面对青少年体质健康水平下降的成因进行了探讨，但是青少年体质健康发展的元问题更加值得关注。比如，青少年体质健康测试的目的是服务国家需求，还是服务青少年的个体需要？这个元问题直接关系到测试标准的制定、测试指标的筛选、测试评价的方式以及测试结果的反馈等。青少年体质健康测试的目的是用于体育教学评价，还是用于学生个体健康评价？这个元问题直接关系到青少年体质健康政策法规的制定、体质健康测试的服务、体质健康测试的管理等。青少年体质健康发展是依赖政府行政主导，还是需要社会组织、私人企业的介入？青少年体质健康是体育教育问题，还是公共健康问题？这些元问题都值得思考。所以，我们必须对青少年体质健康社会治理的元问题进行深入剖析，探究我国青少年体质健康发展的内在规律。

（四）明确青少年体质健康社会治理的特征

我国青少年"体质"水平持续下滑，采取什么方式治理？我国青少年

"体质"水平持续下滑的原因复杂，解决青少年体质健康水平下滑问题首先要找对治理方式。从国外青少年体质健康的治理实践来说，生态健康模型、格林模型、多层社区模型等对我国青少年体质健康社会治理有一定的借鉴意义，但不一定符合我国青少年体质健康发展的实际，盲目地照搬、模仿可能引起"水土不服"。从我国青少年体质健康的发展实践来说，我国青少年体质健康一直基于"顶层设计"的政府主导，依靠体育、教育、卫生等各级政府部门的行政力量，从中央到地方自上而下垂直管理，采取行政命令、财政拨款的方式治理。这种治理方式存在两个方面的问题：一方面容易脱离青少年这一主体，造成对青少年体质健康的内在需求了解不够，不能从青少年的个体健康需求出发促进青少年体质健康，青少年不是主动参与而是被动接受体质健康测试等；另一方面容易忽视社会组织、市场机构的力量，造成社会治理力量单一，不能从社会发展的实际需求出发促进青少年体质健康，社会力量不是不主动参与而是无法参与到青少年体质健康的具体事务中等。所以，我们必须构建青少年体质健康社会治理的模型，探寻符合我国国情、体现中国特色的青少年体质健康发展的模式。

（五）构建青少年体质健康社会治理的模型

我国青少年"体质"水平持续下滑，从哪些方面进行治理？中国青少年体质健康可以遵循两种治理逻辑：一种是基于"顶层设计"的国家逻辑，强调国家的需求，主要采取财政拨款、行政命令的治理手段以及自上而下的垂直管理体系，另一种是基于"基层社区"的民众逻辑，强调民众的需求，主要采取基金筹募、协商合作的治理手段以及自下而上的多层治理体系。从我国青少年体质健康的发展历史来看，青少年体质健康的具体事务一直遵循第一种治理逻辑，在取得诸多优异成绩的同时也暴露出一些问题。本研究尝试从政府主导管理的思维定式中解放出来，建构基于"基层社区"民众逻辑的治理方式，提倡从政府管理模式向社会治理模式转型，作为现有青少年体质健康制度框架的有益补充。基于"基层社区"民众逻辑的社会治理方式，强调从"基层社区"的青少年内在需求出发，加强政府部门、专业组织、市场机构的协商共治和双向互动。政府部门应该作为监督力量参与青少年体质健康监管工作；专业组织应该作为主体力量参与青少年体质健康具体事务；市场机构应该作为青少年体质健康工作的有效补充，弥补政府部门、专业组织在体质健康工作中的缺陷或不足，群策群力、协商共治推动青少年体质健康发展，让青少年享受体质健康多样化、个性化的社会服务。所以，我们必须构建青少年体质健康社会治理的模型，探寻我国青少年体质健康社会治理的内在逻辑。

（六）设计青少年体质健康社会治理的路径

我国青少年"体质"水平持续下滑，运用哪些手段进行治理？"不畏浮云遮望眼"，"风物长宜放眼量"，我国青少年体质健康社会治理途径的合理性、科学性、可操作性也是应该值得注意的问题。社会治理途径是否可行，直接决定着青少年体质健康社会治理的效果。那么，从现有青少年体质健康改善策略来看，有一些针对性措施是值得推敲和斟酌的。比如，我们常把体育课程当成提升青少年体质健康水平的措施之一。体育课程是针对普通学生的体育运动知识传播和教育途径，它并没有针对体质弱势群体（体质不达标群体）开展有效的身体练习，所以提升青少年体质弱势群体体质健康水平的效果可想而知。一方面，从国外现有经验来看，针对体质弱势群体应该开展相应的体质课程，采取针对性的体能训练才更有利于其体质健康水平的提高。另一方面，青少年体质健康个人技术管理、学校技术管理、医疗技术管理的有效结合、多元干预方案的齐抓共举对提升青少年体质健康水平的意义重大。青少年体质健康促进的环境从单一的"学校环境"拓展到"家庭环境""社区环境"，生态结构越复杂越有利于青少年体质健康的发展。所以，我们必须完善青少年体质健康社会治理的途径，探寻我国青少年体质健康社会治理的有效方式。

二 研究的技术路线与构想

就历史发展而言，青少年的体质健康不是一个技术性概念，青少年体质健康与国际形势、政治制度、社会变迁、文化氛围、价值观念等相伴；就身体的主体性而言，青少年的体质健康不是一个纯粹的生物性问题，遗传、锻炼、营养、家庭、学校、社会等都是青少年体质健康的影响因素；就技术的角度而言，青少年体质健康需要检测项目、评估方法、诊断标准、运动处方、行为介入等多种技术的协作；就监测方法而言，青少年体质健康需要自我监测、学校监测、医疗监测等多种监测的交叉互动；就工作开展而言，青少年体质健康需要政府部门（体育、教育、卫生、共青团等）的共同组织，也需要政府部门与学术机构、私人企业、保险公司、医疗机构和社会团体等进行社会资源的整合。所以，体质健康不是单一的生物性、技术性问题，而是一个复杂的生态系统，需要多学科、多技术、多方法切入，共同推动青少年体质健康工作的展开。

本研究依托社会治理理论，从辨析、厘清青少年体质健康的词义和词义变迁入手，梳理青少年体质健康的政策法规、测试标准、测试指标、规模调研、数据平台、监测系统等发展历史及其嬗变逻辑，再通过国家学生体质健康调研数据和国民体质监测数据剖析青少年体质健康发展现状及其存在的问题，构建我国青少年体质健康的社会治理模型，设计我国青少年体质健康的社会治理路径等。从研究内容的框架体系来说，厘清青少年体质健康的词义是前提；梳理青少年体质健康发展的历史是基础；剖析青少年体质健康发展的现状是依据；明确青少年体质健康社会治理的特征是目标；构建符合中国国情、体现中国特色的青少年体质健康社会治理的模型和路径是核心。

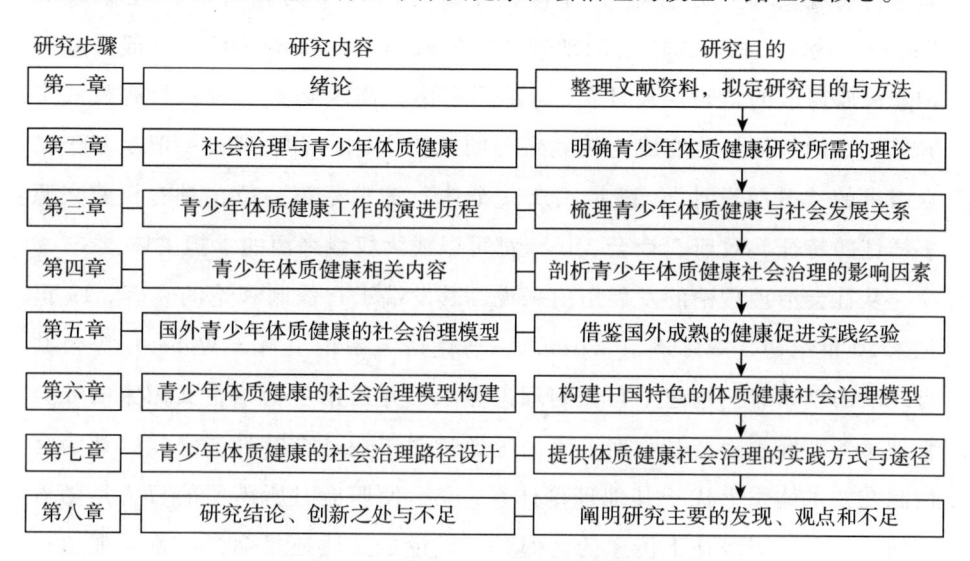

研究步骤	研究内容	研究目的
第一章	绪论	整理文献资料，拟定研究目的与方法
第二章	社会治理与青少年体质健康	明确青少年体质健康研究所需的理论
第三章	青少年体质健康工作的演进历程	梳理青少年体质健康与社会发展关系
第四章	青少年体质健康相关内容	剖析青少年体质健康社会治理的影响因素
第五章	国外青少年体质健康的社会治理模型	借鉴国外成熟的健康促进实践经验
第六章	青少年体质健康的社会治理模型构建	构建中国特色的体质健康社会治理模型
第七章	青少年体质健康的社会治理路径设计	提供体质健康社会治理的实践方式与途径
第八章	研究结论、创新之处与不足	阐明研究主要的发现、观点和不足

图 1-1 研究技术路线与构思框架

第二章
社会治理与青少年体质健康

第一节 社会治理的概念与内涵

治理（governance）一词作为日常用语有数百年的历史，治理的原意是控制、引导和操控，但运用在学术研究中，治理的内涵和外延都有所引申。治理指权威（政府、社会及其他）在特定的范围内实施某项计划或进而进行有效安排。在社会治理理论中，与治理一词相对应的还有政府（government）。此外，社会治理理论中的政府（government），一般是基于国家民族需求的"顶层设计"，满足国家民族需求是第一位，具有权威来源单一性的特征，政府成为权威来源的承担主体。而治理，一般是基于民众需求的"基层设计"，满足民众（个体）需求是第一位，具有权威来源多样性的特征，政府、社会、民众都可以成为权威来源的承担主体。

从社会治理理论的发展历史来说，其发端于官僚制理论的衰落。19世纪末20世纪初，威尔逊（Wilson）、马克斯·韦伯（Max Weber）等公共行政学的创始者们构建了官僚制理论体系，并运用于资本主义国家的社会管理事务。威尔逊、马克斯·韦伯等通过对工业社会特性的考察，认为官僚制在技术体系上优于其他理论体系，"行使职能时所需要的权力是随着上面的命令一级级往下传递的。但是，无论成文法还是命令，都不能给行政人员带来多于法律权威的任何东西"（斯蒂尔曼，1988：212），"调度和编排程序的世界，部件准时汇总，加以组装，人的待遇跟物件没有什么不同"（贝尔，1989：198）。威尔逊、马克斯·韦伯所创立的官僚制理论强调权威来源的单一性，政府垄断权威，采取自上而下的命令方式，推动社会事务的开展和社会事业的建设。此外，官僚制理论还将政府视为静态的、不受外界环境因素影响的实体，因而比较注重行政的执行效率，忽视了行政执行过程中的民主性。官僚制体系认为公共行政决策、公共事务仅需对国家和民族承担责任，不需要向社会负责，也不需要向社会、公民开放。威尔逊、马克斯·韦伯所创立的官僚制理论是官僚制公共行政管理的传统范式，所以又被学术界称为"威尔逊－韦伯范式"（奥斯特罗姆，1999：35）。

20世纪中后期，精英治国导致公共行政决策和公共事务神秘化、特殊化，精英群体与大众群体的阶层冲突、隔阂逐渐加大，公共行政管理在注重内部效率的同时忽视了基层民众的内在需求，从而导致行政管理发展方向的迷失。此外，随着经济全球化、文化全球化、公共决策全球化的普及，文化价值观的冲突与交融形势并存，官僚制政府无法应对全球化进程中的各种危机，社会治理理论逐渐从官僚制理论中脱颖而出，受到世界各国（特别是发达资本主义国家）学者的一致关注，公共行政决策和公共事务的社会治理也被提上日程。社会治理理论与官僚制理论存在以下本质区别。（1）主体不同。公共行政决策和公共事务社会治理的主体是多元的，可以是传统意义上的政府，也可以是社会组织，甚至可以是基层民众。公共行政决策和公共事务官僚统治的主体是一元的，一般是强权政府，现存社会制度不允许其他主体出现。（2）关系不同。公共行政决策和公共事务社会治理强调多元主体之间的平等协商关系，即政府部门、社会组织和基层民众均可以参与公共行政决策和公共事务，并且政府部门、社会组织和基层民众是通过平等协商的方式解决相关事宜。公共行政决策和公共事务官僚统治倚重自上而下的行政命令，政府部门具有至高无上的权力，社会组织和基层民众在公共行政决策和公共事务中只能服从。（3）目标不同。公共行政决策和公共事务社会治理的目标就是通过善政实现最终的善治，以期从根本上确保公共利益的最大化（侯保龙，2013：51～52）。公共行政决策和公共事务官僚统治将国家意志最大化，以满足国家需求为根本目标，基层民众的根本利益一般容易被忽视。所以，从学理意义上讲，社会治理理论是一套用于解释现代国家与社会结构变化特征的规范性理论分析框架。

1995年，全球治理委员会发表《我们的全球伙伴关系》研究报告，最先对"治理"的概念进行了界定："治理是各种公共的或私人的机构管理其共同事务的诸多方式的总和，是使相互冲突或不同的利益得以调和并且采取联合行动的持续的过程。这既包括有权迫使人们服从的正式制度和规则，也包括各种人们同意或以为符合其利益的非正式的制度安排"（Commission on Global Governance，1995：2~3）。20世纪90年代之后，社会治理理论逐渐流行，并取代了传统的官僚制理论。社会治理理论打破了以前公共行政决策和公共事务由政府主导管理的思维模式，强调政府、营利组织、非营利组织、基层民众等多元主体共同参与和协商合作，并逐渐成为发达国家公共行政决策和公共事务采取的主要模式（王旭光，2008：3）。社会治理理论是基于现行制度框架，强调政府与社会、政府与市场、政府与公民三种基本关系，以建立和发展公共责任机制为目的的一种新型社会管理方式。社会治理是多元主体共同参与的过程。

社会治理的内涵包含四个方面。①在治理的主体上，打破了公共领域把政府视为唯一治理主体的局限，构建包含个人、组织、公私机构、权力机关、非权力机构、社会、市场等主体的复杂网络结构。②在治理的基础上，打破了国家权力中心论，社会组织、市场机构和社区居民也同样可以参与。③在治理方式上，打破了自上而下的命令手段，行为主体之间通过民主协商谈判解决问题。④在治理的目的上，打破了服务国家意志第一位的局限，各行为主体在协商谈判、参与合作中以公共利益最大化为目的（南方日报社，2012：11）。我国学者张康之（2010：200）提出了"社会治理'三部曲'的总体性框架"：农业社会的政府强调统治思维，强权是其主要的特征；工业社会强调管理思维，法制是其主要特征；而后工业社会是治理思维，德治是其主要特征。郑家昊（2013：13~17）也认为：就治理关系而言，统治型社会治理模式以权力关系为基础；管理型社会治理模式以权力关系和法律关系的二元统合为基础；服务型社会治理模式以权力关系、法律关系和伦理关系的统一互动为基础。

青少年的体质健康是一种社会文化现象，它在不同的社会发展阶段体现出不同的时代特征。20世纪50~70年代，我国青少年体质健康工作将"强身救国"理念、"军事化兵操"和学生体质健康工作捆绑在一起，体现出十分鲜明的服务"国家"的意识特征，与满足国家民族需求第一位相一致。80~90年代，我国青少年体质健康工作加强了行政部门之间的统筹合作，体育、教育、卫生等政府行政部门齐抓共管学生体质健康标准的施行，并纳入学校工作计划（国家教育委员会体育卫生司，1988：86~89）。21世纪之后，我国青少年体质健康工作从服务人的运动能力转向了服务人的身体健康，"健康第一"的体质健康工作理念与人的尊重生命终极关怀呈现一致性。青少年体质健康的社会治理也尝试允许第三方机构介入青少年体质健康监测环节，并"依托第三方机构设立全国学生体质健康监测评价研究机构"（教育部体育卫生与艺术教育司，2011），开展政策咨询、技术研究、质量监测、结果公示和人员培训等工作。

21世纪之后，我国青少年的体质健康测评理念、方法、技术、评价紧随时代脉搏，与发达国家青少年的体质健康促进接轨，形成了具有中国特色的青少年体质健康测评体系。特别是中国社会的体制改革创新进入新阶段，中央提出创新社会治理体制，社会组织发展的空间会更大、资源会更多。政府向社会放权力度加大，政府社会管理体制会更加合理和完善，地方和基层治理方式会更加丰富多彩，新的公共安全体制会逐渐形成，社会治理法治化水平会进一步提高。所以，我国青少年体质健康也应该打破单一性的政府管理模式，推动公共行政决策和公共事务的多样化管理，在保证政府拥有权威来源的基础上，允许第三方力量介入具体工作。政府部门与学术机构、私人企业、保险公司、医疗机构和社会团体等实现社会资源的整合，共同推动青少年体质健康向多样化的社会治理模式转变。

第二节 社会治理的特征与原则

中国共产党第十八届中央委员会第三次全体会议全面论述了中国社会

治理方式改进的意见，决定用"社会治理"来代替"社会管理"的发展方针，还提出了"系统治理"、"依法治理"、"综合治理"和"源头治理"四个社会治理基本原则。我国社会学权威郑杭生（2014）在这四个社会治理基本原则的基础上提出了六个结合："治标治理与治本治理相结合；刚性治理与柔性治理相结合；社会服务与社会治理相结合；社区治理与社会治理相结合；政府主导与多方参与相结合；科学精神与人文关怀相结合"。

一　系统治理的基本原则

"系统治理"即国家政府与社会组织、公共部门与私人部门、政府机构与市场机构、社会组织与社区居民等共同治理社会的一种社会管理方式。社会自治不是让"政府走开"，而是政府要通过有效的活动，将行政主体权力转化为行政主导权力，以满足社区居民的内在需求为导向开展公共行政决策和公共事务；社会组织要从"边缘走向中心"，通过有效的自我调节活动，搭建社会组织与社区居民之间的桥梁，在现有的制度框架内将公共事务落在实处；社区居民要通过有效的自治活动，充分发挥"参与性、主体性和能动性"，推动公共行政政策和公共事务活动。社会治理要"实现政府治理和社会自我调节、居民自治良性互动"的目标，"自治"是社会治理的核心，将社会管理从外造秩序营造转变为内生秩序增长，建立满足政府、社会和居民共同需求的公共责任机制。社会治理不能全盘照搬西方的社会治理理论，要深度考虑中国的国情。我国宪法明确规定了中国共产党的领导地位，这是中国的基本国情，也是中国化的特点。所以，党的领导、政府的主导作用不应削弱，而是应该加强，脱离党的领导和政府主导作用的社会治理不可想象，也一定不能实现。从某种意义上来说，中国共产党就代表最广大人民的根本利益，党的宗旨全心全意为人民服务也是为了满足广大人民的根本需求，所以坚持党的领导、政府主导作用与社会治理的基本理念并不冲突。对于西方的社会治理理念，我们在借鉴治理经验的同时一定要尊重我国的特殊国情，将西方社会治理经验本土化，结合我国国情制定相应的社会治理方略，脱离国情的社会治理方略一定难以取得成功。

目前我国青少年体质健康工作主要依靠政府行政力量推行，遵从"教育部—省（区、直辖市）教育厅—市教育局—县（市）教育局"的垂直行政管理模式，各级教育主管部门在青少年体质健康工作中有明确的责任与义务，"上传下达"的行政命令方式有效地保障了青少年体质健康工作的开展。但是，这种纯粹依靠政府行政力量的执行方式，导致社会组织的灵活性和市场机制的调节作用并没有得到充分发挥。在很长一段历史时期，社会组织没有"参与"社会公共事务的意识和能力，造成了青少年体质健康专业组织缺乏的现状。青少年体质健康专业组织具有提供服务、反映诉求、规范行为的积极作用，是青少年体质健康发展的主体和依托。利用好、保护好、发挥好青少年体质健康专业组织的作用，有利于降低管理成本，增强青少年的健康意识，对优化公共服务也具有重要作用。所以，我们要突破"政府行政主导"模式的瓶颈，推动青少年体质健康专业组织、基金会、民办非企业单位等社会组织的发展，进一步激发社会活力、巩固青少年体质健康事业基础。在我国长期计划经济基础上形成的行政管理固有思维，让各级政府认为青少年体质健康这种"公益型"事业是地方政府应该承担的政府责任，也是地方政府必须承担的政府工作，容易忽略市场对青少年体质健康事业的调节作用。在市场经济里，青少年健身消费行为、健身消费意识和健身消费力之间必然存在紧密的联系，增强青少年的健康消费意识和提升青少年的健身消费力在一定程度上就能提高青少年的体质健康水平，而这正是市场机构所具有的"敏锐的洞察力"。在市场经济里，"花钱买健康""休闲找体育"已经成为社会的一种时尚，青少年体质健康测试及其评定也一定会成为市场经济的"香饽饽"。国有企业、民营企业参与青少年体质健康产业，具有得天独厚的先天优势。比如，注重青少年体质健康需求的细分，可以针对市场需求开发青少年体质健康产品；注重青少年体质健康服务的质量，可以根据不同客户需求有针对性地搞好体质健康测评的跟踪与服务；注重青少年体质健康产品的市场宣传和推广，增强青少年的健康消费意识。这种青少年体质健康测评的市场运营模式在国外比较成熟，比如美国有 FITNESSGARM 公司。这种青少年体质健康测评的市场运营模式在国内却才刚刚起步，部分中外合资企业开始介入青少年体质健康的测评服务，比如康比特公司。当然，青少年体质健康的系统治理并不是让"政府走开"，政府应该在青少年体质健康事业中发挥主导作用，体现社会主义制度的中国特色，在"政府主导、市场运作、社会参与、稳步推进"的系统治理原则之下，正确处理好政府主导、社会参与、市场补充之间的关系，既要发挥政府主导作用，不断增强政府对公共产品和公共服务的供给能力，又要鼓励引导各类企业和社会力量参与到青少年体质健康的公共服务中，实现青少年体质健康资源的共建共享。

二 依法治理的基本原则

中国共产党第十八届中央委员会第三次全体会议审议通过《中共中央关于全面深化改革若干重大问题的决定》（以下简称《决定》）。该《决定》指出："坚持依法治理，加强法治保障，运用法治思维和法治方式化解社会矛盾。"我国社会开始"依法治理"，从"人治"向"法治"转变。法律作为国家意志的最高体现，是统治因素、管理因素和治理因素等的结合体，所以社会治理要有法律依据、法律支撑和法律保障。我国的"依法治理"体现出以下几个特点。（1）社会治理的各个主体在实施治理时都要注意自觉维护法治的公平正义。无论是政府部门还是社会组织和社区居民，都要自觉维护法治的公平正义，让每一个人都能感受到法治的公平正义。（2）社会治理的各个主体在实施治理时都有遵守法律的义务。"法律面前人人平等"，政府部门、社会组织和社区居民都有遵守法律的义务，任何机构或个人都没有超越法律界限的特权。（3）社会治理的各个主体在实施治理时超出法律范围就要失去自由。法律具有比较严明的惩罚处理机制，任何机构或个人的行为超出法律界限，都会依据法律受到相应的处罚，严重者会失去相应的自由。所以，"依法治理"中的人是"法律规约之下的人"，任何人都必须遵守法律的规范，并承担相应的法律义务和责任。

中国的法治时代已经来临，已经从"人治"的统治思维转型为"法治"的治理思维，青少年体质健康的发展也不能脱离法律制度的框架，必须遵守法律制度的规范,任何组织和个人也不能超越法律的界限。1949年9月,中国人民政治协商会议制定的《共同纲领》第五章第四十八条就明文规定:"提倡国民体育。"我国《宪法》第三十三条规定:"国家尊重和保障人权。"《2000年中国人权事业的进展》白皮书以显著篇幅强调了中国人民身体素质不断提高——"体育事业蓬勃发展,全民健身活动广泛开展,国民身体素质普遍提高",肯定了体育工作对促进中国人权事业发展所做出的努力和贡献。1995年8月,《中华人民共和国体育法》将保障青少年的体质健康放在重要的位置,"国家对青年、少年、儿童的体育活动给予特别保障,增进青年、少年、儿童的身心健康","学校应当建立学生体格健康检查制度。教育、体育和卫生行政部门应当加强对学生体质的监测"。各级教育、体育和卫生行政部门,特别是学生体质健康测试单位和测试人员在测试环节和数据上报过程中弄虚作假、玩忽职守等;部分行政负责人为了在教育工作中评优评奖夸大事实、颠倒黑白等;部分青少年体育锻炼场地被占用、被乱用等;部分青少年体质健康专项资金被克扣、被挪用等,在坚持"法律面前人人平等"的"依法治理"过程中会得到缓解和遏制。此外,法律制度的完善是一项公共事务得以推进的基础条件,国家应该出台专门的"青少年体质健康法"来保障青少年体质健康工作的顺利开展。

三 综合治理的基本原则

"综合治理"是指行政治理、法律治理、经济治理和道德治理等多种治理手段的综合运用,特别是社会公德、职业道德、家庭美德、个人私德等道德治理在综合治理中所占的比重逐渐增大。行政治理、法律治理、经济治理等作为硬控制手段,具有显性强制力,是社会良性运行的基础和保障。而道德治理作为软控制手段,具有隐性约束力,是社会良性运行的有效补充。在传统的社会管理方式中,我国比较重视行政治理、法律治理、经济治理等治理方式的运用,体现出"调节利益关系,协调社会关系"等方面的不足,在"规范社会行为,树立价值观念导向"等方面也比较乏力。所以,社会治理注重道德治理的应用,用道德来约束人的行为,调节利益关系、协调社会关系，从而解决社会问题。从道德建设方面来说，我国具有悠久的注重道德塑造传统，儒家道德观念深入人心，宗法伦理已内化为社会准则，这些宝贵的精神文化是西方社会国家不具有的，应当在"综合治理"环节充分加以利用，这既能体现出中国特色，也是中国社会发展的迫切需要。"综合治理"着重解决的是社会治理实施的依据和手段问题，除了运用法律治理手段之外，道德治理也成为不可替代的治理手段，并越来越重要。

目前我国青少年体质健康的社会治理主要集中在学校领域，希望通过学校体育教学和校外体育活动达到改善青少年体质健康状况的目的。但是，青少年体质健康终究不是单一的教育问题，单是教育技术的改变很难实现。首先，整个社会应该在"智商""情商"的基础上树立"动商"的理念，改变目前整个社会"重文轻武"的价值观念，将青少年的体育运动能力作为人才培养的基本诉求，作为人才评价的基本指标。其次，整个社会要提倡积极运动的行为理念，改变"久坐不动"的生活习惯。比如，居住在住宅低层的青少年尽量不乘坐电梯；居住在校园附近的青少年尽量不乘坐公共汽车，稍远一些的青少年尽量骑行自行车；养成每天早上和傍晚长跑的锻炼习惯；课程学习之余能从事一定强度的肢体运动；等等。再次，学校、家庭和社区要形成青少年体质健康的综合治理模式，青少年不仅在学校环境中能从事相应的体育锻炼，社区作为基层行政单位也要承担相应的体育活动和体育竞赛工作，家庭的娱乐方式更应该从看电视、电影转向亲子体育活动等。最后，学校、社会组织和市场之间要构成青少年体质健康的促进网络，促进青少年体质健康测试、体育锻炼和竞赛的普及，促进青少年体质健康公共服务开展，提供满足青少年体质健康个性需求的高品质服务等。我国青少年体质健康从单一的教育治理过渡到"强化道德约束，规范社会行为，调节利益关系，协调社会关系"的综合治理，通过构建政府部门、社会组织、市场机构的综合干预环境，"学校教育-家庭教育-社区教育"三位一体的综合教育平台，法律、政策、纪律、道德、风俗、习惯、信仰等综合介入方式，饮食行为、生活行为、教学行为、休闲行为等综合干预手段，营养结构调整、体育锻炼参与、健康知识培训、健康理念养成等综合干预方法，提升青少年体质健康的综合治理成效。综合治理的成效一定大于单方面治理成效的总和，有利于避免仅注重教育治理的各种弊端。

四 源头治理的基本原则

"源头治理"强调的是社会治理的标本关系以及选择次序问题。《中共中央关于全面深化改革若干重大问题的决定》指出，"坚持源头治理，标本兼治，重在治本"。源头治理具有三个方面的要点。一是以改善民生为重点。社会治理的根本目的是满足广大人民的根本利益，改善民生不仅是社会治理的重点，也是党和国家制定发展战略的基点。政府部门着力改善民众生活，改变高高在上的行政工作方式，从了解熟悉基层民众的内心需求入手，并将其作为制定现行制度的依据。二是网格化管理。网格化管理就是运用高科技技术手段建立基层综合服务平台，通过基层综合服务平台服务基层民众。三是标本兼治。社会治理的标本兼治，就是打破过去习惯的应急处理方式，将社会问题处理转向社会问题预防，从源头上杜绝恶性问题的产生和传播。长久以来，传统的社会管理方式对源头治理的重视程度不够，面对社会问题经常采取"拆东墙补西墙"的应急管理方式，并没有将治标治理与治本治理有机结合。大部分社会问题根源于经济发展的成果不能落实到民生福利上，所以标本兼治应该从改善民生方面入手。源头治理将改善民生作为重点，通过高科技的网格化管理技术手段，将民生福利落在民众需求的实处，特别是增加低收入群体、弱势群体的民生福利。

我国青少年体质健康要强调源头治理，正确处理好标本兼治的问题。从我国青少年体质健康的措施来看，习惯于应急性的"治标"治理。比如，面对青少年的耐力素质下滑，许多学校都采取了相应的晨跑措施，但是这种"治标"的晨跑措施并未能促进青少年晨跑锻炼习惯的养成。我国的政策法规一直存在现状牵引政策、政策实施落后于发展实践的问题，没有起到相应的引领性作用。我国青少年体质健康问题要强调源头治理，注重"标本兼治"。比如，让体育运动、体育游戏成为幼儿园的主修课程，适当减少幼儿的拼音和算术课程教学,加强婴幼儿的"动商"培养。小学学业的减负已成为小学教育改革的一种发展趋势,小学体育的增压也应该成为小学教育改革的一种发展趋势。同时,整个教育环境、舆论环境、政策环境都应该向青少年体质健康、体育运动、竞技比赛等倾斜,将体育运动理念从"标"转为"本",由内向外地构建一种尊重青少年体质健康发展的大环境。

社会治理不是一整套规则,也不是一种活动,而是一个过程;社会治理过程的基础不是控制,而是一种协商的态度;社会治理既涉及政府行政部门,又包括社会组织和私人机构;社会治理不是一种正式的制度,而是一种持续的互动。所以,青少年体质健康应该在《中共中央 国务院关于加强青少年体育增强青少年体质的意见》的指导下,从青少年根本利益出发,这种根本利益"不是抽象的、虚无缥缈的东西",而应该更加贴近青少年的日常生活,贴近青少年的内心需求,将"系统治理"、"依法治理"、"综合治理"和"源头治理"四个社会治理基本原则有效结合在一起,"系统治理"是思想、"依法治理"是保障、"综合治理"是方法、"源头治理"是途径,共同促进青少年体质健康水平的提升和可持续发展。

第三节　社会治理理论与青少年体质健康研究

青少年体质健康的社会治理是一个复杂的系统性工程,需要教育系统、体育系统、卫生系统、文化系统等子系统的相互协作,通过构建青少年体质健康的生态系统从而达到系统治理的目的。所以,青少年体质健康社会治理就是实现从善政走向善治,最终使公共利益最大化的社会管理过程(王东,2014:37~39)。

首先,青少年体质健康在治理主体上,社会治理强调多元共治,社会组织、企事业单位、基层社区等对社会拥有合法的管理权力,表现为权威来源的多样性、运作过程的双向性、社会参与的灵活性、权力行使的平等性等特征。教育部和国家体育总局等政府行政部门依然是青少年体质健康工作的权威性、合法性来源,但也应该承认社会组织、市场机构参与青少年体质健康工作的权威性与合法性。

其次，青少年体质健康在治理方式上，社会治理强调多元主体之间平等的协商式管理，把有效的管理看作主体之间的合作过程；而社会管理往往是命令式管理，表现为政府对社会进行命令和控制。青少年体质健康工作自上而下的单向行政命令方式应有所改变，青少年体质健康工作应该允许专业组织、市场机构发出声音。青少年体质健康工作应该采取自上而下、自下而上双向结合的方式，强调行政部门、专业组织、市场机构的双向上下互动。

再次，青少年体质健康在治理政策上，社会治理强调社会参与、自主表达、协商对话、达成共识；专业组织应该作为有生力量参与到青少年体质健康工作的具体环节中，甚至有可能演进成青少年体质健康工作的主体力量。市场机构应该作为青少年体质健康工作的有效补充，完善、弥补行政部门、专业组织在青少年体质健康工作中的缺陷或不足。通过合作、协调以及确定共同目标等手段实现青少年体质健康的社会治理。

最后，青少年体质健康在治理途径上，社会治理强调依法治理，而社会管理则主要依靠政府凭行政权力发号施令来实行。政府行政部门应该在青少年体质健康工作中履行更多的服务职能，行政部门、专业组织、市场机构等才能建立一种平等互动的沟通机制，采取平等协商的方法，群策群力、共同努力推动青少年体质健康的发展，青少年也才能享受多样化、个性化的社会服务。

青少年体质健康社会治理除了要坚持"系统治理"、"依法治理"、"综合治理"和"源头治理"四个基本原则，还要做到"治标治理与治本治理相结合；刚性治理与柔性治理相结合；社会服务与社会治理相结合；社区治理与社会治理相结合；政府主导与多方参与相结合；科学精神与人文关怀相结合"，在现有的政策制度框架内，通过政府部门、社会组织、基层社区、社区居民等合力推动青少年体质健康的多元共治、协商管理、公共决策和依法治理。

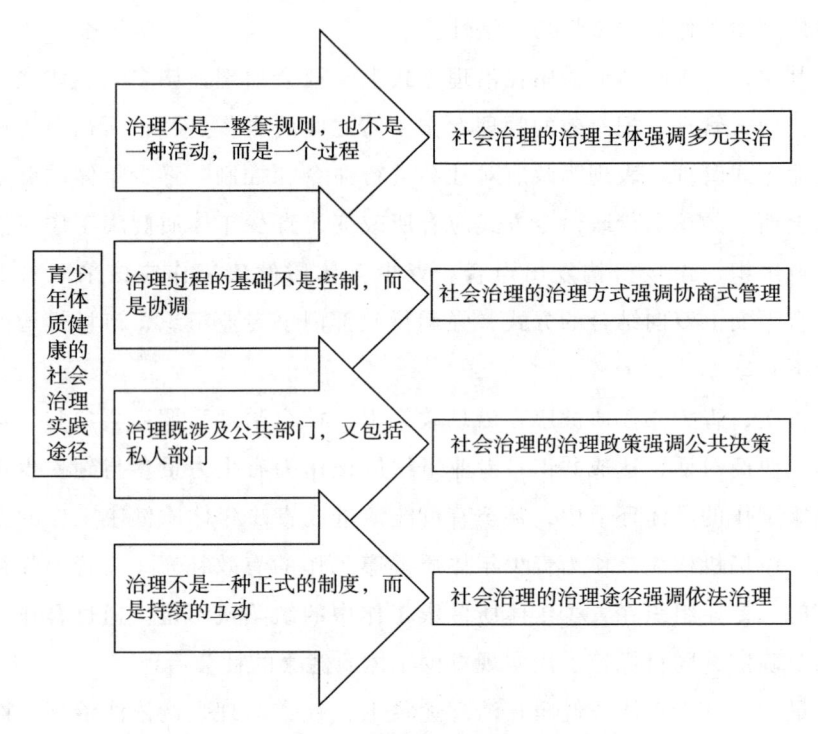

```
                    ┌─────────────────────────┐      ┌──────────────────────────┐
                    │ 治理不是一整套规则，也不是 │─────▶│ 社会治理的治理主体强调多元共治 │
                    │ 一种活动，而是一个过程    │      └──────────────────────────┘
                    └─────────────────────────┘
┌──────┐            ┌─────────────────────────┐      ┌──────────────────────────┐
│青少年│            │ 治理过程的基础不是控制，而│─────▶│ 社会治理的治理方式强调协商式管理│
│体质健│            │ 是协调                  │      └──────────────────────────┘
│康的社│───────────▶└─────────────────────────┘
│会治理│            ┌─────────────────────────┐      ┌──────────────────────────┐
│实践途│            │ 治理既涉及公共部门，又包括│─────▶│ 社会治理的治理政策强调公共决策 │
│径    │            │ 私人部门                │      └──────────────────────────┘
└──────┘            └─────────────────────────┘
                    ┌─────────────────────────┐      ┌──────────────────────────┐
                    │ 治理不是一种正式的制度，而│─────▶│ 社会治理的治理途径强调依法治理 │
                    │ 是持续的互动             │      └──────────────────────────┘
                    └─────────────────────────┘
```

图 2-1　青少年体质健康的社会治理实践示意图

第三章

青少年体质健康工作的演进历程

第一节 体质概念的溯源、祛魅与求真

一 中医体质学说的"体质"溯源与求真

世界卫生组织将"Physical Fitness"定义为："个人除足以胜任日常工作外，还能有余力享受休闲，及能够应付压力与突如其来的变化的身体适应能力。""Physical Fitness"一词在不同的国家或地区有不同的翻译和理解，应用在不同学科或领域也会呈现一定程度的差异。比如，美国的体育教育领域一般翻译成"体适能"，是全身适应性的一部分，是人类精神与身体对于现代生活的适应能力，即包括体格、各内脏器官的工作效率及身体适应能力，偏向"健康促进"的理解；美国的竞技运动领域喜欢译成"体能"，是运动技能的学习过程及锻炼身体的作用，即拥有休闲活动的建设性、自我驱使及从参与中获得满足感的特性，偏向"运动能力"的理解。欧洲共同体的各个国家主要译成"体能"，指运用"大肌肉"进行身体活动的能力，又可以分为竞技运动和非竞技运动。竞技运动是以争取优异成绩和取得好名次为目的、遵循既有的运动规则、运动负荷量较大的一种运动形式。竞技运动通常进行重量和阻力锻炼，以增强肌肉骨骼为主。非竞技运动是以游戏娱乐和个体健康为目的、不一定有特定规范和竞争对手、运动负荷量适中的一种运动形式。非竞技运动通常进行耐力锻炼，以增强心肺功能为主。20世纪初日本政府制定并实施的"日本的活力80健

康计划",直接将"Physical Fitness"译成"体力"。日本学者所认为的"体力",是指由骨骼肌收缩引起的、能使机体能量消耗增加的一切身体运动。从这个意义上来说,日本"体力"概念的外延相比美国、欧洲的"体适能"或"体能"概念的外延更加宽广,包括与工作相关的体力活动(如搬运物品、访问客户中的行走等)、家庭中的体力活动(如较大运动量家务、园艺工作等)、交通中的体力活动(如上下班途中的步行、骑自行车等)、闲暇时间的体力活动(如周末的徒步远足、登山等)。所以,日本学者对"体力"的理解,基本可以认为是对身体发展有益的一切肢体活动及其行为,无论是趋向身体健康,还是趋向运动竞技,无论是工作过程之中,还是闲暇活动之中。我国主要存在"体质""体适能""体能"三种译法,又以"体质"的翻译最为主流并一直沿用至今,特别是1985年以来每5年一次的"全国学生体质与健康调研"工作的推广与普及,使得普通群众和部分学者也将"Physical Fitness"直接译成"体质健康"。20世纪90年代之后,国内部分学者将"Physical Fitness"译成"体适能",但是日常生活中几乎不用"体适能"的说法。国内也有部分学者将"Physical Fitness"意译成"体能",一般作为运动健身活动的可操作性术语,而不作为专业术语使用。此外,我国台湾、香港、澳门等地区由于学术的谱系关系与大陆不同,一般将"Physical Fitness"译成"体适能",偏向以促进个人健康为目的,通过耐力锻炼增强心肺功能的肢体运动形式。

我国体育教育领域将"Physical Fitness"翻译成"体质"脱离不了两种学术体系的研究情结:一是中医医疗体系中基于体质辨识系统的体质学说;二是研究人类种群体质形态、遗传特征的体质人类学。

中医医疗体系的"体质"与病因、发病、病机、辨证、治疗及养生保健均有密切的关系,故又被称为体质学说。中医体质学说认为体质多表现为生理及病理上所反映的特征或发病倾向性,强调的是个体的形态结构及生理功能的特性。国内中医文献记载,人体的致病因素主要来自两个方面,一方面是人体的身体机能不能适应外部环境的变化而导致的身体不适,另一方面是人体的身体内部的机制紊乱所导致的身体不适。人体的身体内部的机制不同决定着人体有不同的体质类型,而且体质的类型不是固定不变的，会随自身的发育条件、生活条件和外界环境条件的改变而改变。体质决定着人体对某些致病因素的易感性，具有不良体质状态的人群可以通过改善营养状况、改变生活习惯、加强体育锻炼来促进不良体质的改变，从而提高自身抵御疾病的能力，降低体质不良的致病概率。我国医学古籍《黄帝内经》最早提出了"体质"一词，并建立了中国传统文化独有的"体质学说"。《黄帝内经》分为《素问》《灵枢》两部分，其中在《灵枢·阴阳二十五人》篇目中提到了"先立五形，金木水火土，别其五色，异其五形之人，而二十五人具矣"的中医体质分类学说（太古真人，2002：178～185）。《灵枢·阴阳二十五人》中根据阴阳五行学说、脉象学说、藏象学说、经络学说、病因学说，结合病证、诊法、论治、养生、运气等中医诊断方法，将人的体质归纳为木、火、土、金、水五种大类，每个大类又以五音的阴阳属性及左右上下等各分出五种小类，搭建起包含25种体质类型的中医体质学说。除此之外，《黄帝内经》这本医学古籍还记载了体质的形成、特征、分型，以及体质与疾病发生、发展、预防及治疗的关系，提出在治病与养生时不仅要了解人的病，还要区分病的人。

中医体质学说认为人体来源于父母，禀受于先天，先天禀赋是体质形成的基础。按照中医体质学说，父母体内阴阳气血会使后代产生同样的倾向性，人的阴阳气血不同会产生功能活动的差异。人体体质的差异，实际上是体内气血阴阳之偏倾和功能活动之差异，体质实质上是身体在常态之下自我调节控制能力以及对外界环境适应能力的反映。东汉医学家张仲景继承《黄帝内经》有关体质学说的理论，创造了辨证论治的中医体质理论。西晋王叔和《脉经》也强调"凡诊脉，当视其人大小、长短及性气缓急"体质特征的脉象诊断（王叔和，2010：6～7）。唐代医学家孙思邈还指出"凡人秉形气有中适，有躁静，各各不同，气脉潮动，亦各随其性韵"的体质辨病方法（孙思邈，2002：624～625）。明代医学家张介宾《景岳全书·传忠录》有"脏象别论十八"的体质阴阳学说（张介宾，1994：21）。清代医学家叶天士《外感温热篇》提到根据不同的体质类型确立相应的治疗方法，提高临床治疗的效果（杨达夫，1963：89）。所以，"体质"一词在我国医学古籍中不乏大量细致的描述，而且历朝历代的医学家利用阴阳五行的朴素唯物主义哲学对人体的"体质"进行了分类甄别，进而强调了治法须顾及体质的理念。

现代中医体质学说是对传统中医体质学说的传承，或者说现代中医体质学说是基于传统中医体质学说的创新和发展。传统中医体质学说是以阴阳五行朴素唯物主义为哲学基础，以"望、闻、问、切"经验为判断标准，以辨析体质与疾病发生、发展、预防及治疗的关系为手段，以促进人体内环境调治为目的的一种中医经典学说。而现代中医体质学说以唯物主义辩证法为哲学基础，以流行病学、免疫学、分子生物学、遗传学、数理统计学等现代医学诊断为方法，结合先天、年龄、性别、精神、生活条件及饮食、地理环境、疾病、体育锻炼、社会因素等，以"治未病"和降低疾病发生率为目的的一种现代临床体质分型设计。2009年，为了弘扬中国传统文化，推动中医医学的现代化，中华中医药学会体质分会联合北京中医药大学发布了《中医体质分类与判定》标准（中华中医药学会，2009：1~4）。《中医体质分类与判定》是我国第一部指导和规范中医体质研究及应用的文件，是在"治未病"思想的指引下，根据人体结构、生理功能及病理状态，以传统中医体质分类为基础，结合科学化、规范化的现代科学分类标准，所建立起来的用于研究及应用的现代标准化工具。《中医体质分类与判定》将人的临床体质分为平和质、气虚质、阳虚质、阴虚质、痰湿质、湿热质、血瘀质、气郁质、特禀质等九种类型，并对每种临床体质类型拟定了临床判断标准与方式，经过中医临床专家、流行病学专家、体质专家多次论证，具有较强的临床应用性、指导性、普遍性及可参照性，可作为临床实践、判定规范及质量评定的重要参考依据。有关研究表明，国外也存在30多种体质类型学说。比如，古罗马医生盖伦（Galenus）在希波克拉底（Hippocrates）体液学说的基础上，将体质分为胆汁质、多血质、黏液质和抑郁质等四种类型，并对这些类型的体质特征、心理特征以及临床表现做出一定程度的解释。由于盖伦对古罗马医学的贡献，其体质分类学说一直被西方医学界奉为信条。近代以来，俄国著名生物学家巴甫洛夫（Ivan Petrovich）根据高级神经活动类型的特点，把人的体质分为兴奋型、活泼型、安静型、弱型等四种类型，对西方近代医学也产生了巨大影响。虽然国外也存在体质分类学说,但是与中国的中医体质学说相比,还是存在一定的差距。比如,国外的体质分类学说,仅仅作为医学研究的理论基础,无法直接指导临床治疗与养生康复实践。中医体质学说不仅作为医学研究的理论基础,也被用于大量的临床治疗和养生康复实践。简单而言,中医体质学说是唯一具有应用性的中医理论(魏睦新、杜立阳,2013:117)。此外,国外的体质分类学说没有历史的延续性和传承性,往往表现为某个医学名家的一种论断,缺乏理论生命力。中国的中医体质学说,从《黄帝内经》开始一直被医学名家延续和创新,不仅有丰富的医学理论积累,也具有大量的诊断经验、实践,为后来创立现代《中医体质分类与判定》标准奠定了坚实的基础。所以,中医体质学说不仅服务于古人的医疗实践、养生康复,而且通过与流行病学、免疫学、分子生物学、遗传学、数理统计学等现代科学相结合,焕发出传统文化的时代生命力,能为现代人的医疗实践、养生康复做出更大的贡献。

由此可见,青少年体质健康的"体质"与中医体质学说的"体质"存在一定的联系。首先,两者都关注身体无疾病的健康状况。青少年体质健康的"体质"希望通过科学的测试指标与评估方式,对受试者的身体健康状态进行测试与评价,通过合理的干预措施促进受试者的身体健康发展。中医体质学说中的"体质"也强调通过"望、闻、问、切"等方式对受试者的身体健康状态进行测试与评价,通过合理的医疗技术(如针灸、按摩、灸艾、拔罐、放血等)和药物改善青少年的身体健康状态。其次,两者都强调"治未病"的理念。青少年体质健康的"体质",强调通过科学的测试技术与手段来预防受试者的身体健康水平下滑,是基于"预防"的"治未病"的理念。中医体质学说的"体质"也强调"治未病"的思想,通过体质分类标准进行基础医疗判定,实施个体化诊疗。最后,两者都是作为一种测试或评价手段而存在。青少年体质健康的"体质"、中医体质学说的"体质"都是身体无疾病的一种测试或评价手段。所以,由于青少年体质健康的"体质"与中医体质学说的"体质"之间存在较高的相似性,部分从事青少年体质健康的研究人员,将青少年体质健康的"体质"作为中医体质学说"体质"理论的延续和发展。

青少年体质健康的"体质"与中医体质学说的"体质"存在一定的区别。首先，两者之间的理论与实践基础存在较大的差异。青少年体质健康中的"体质"以实证主义为理论与实践基础，受试者的身体健康状态可以量化和分析，能利用合理的科学技术手段逐渐认知。中医体质学说的"体质"以经验主义为理论与实践基础，受试者的身体健康状态来自医生的经验与判断，通过中医古籍及诊断经验的累积可以逐渐认知。其次，两者之间产生的时间和背景存在较大的差异。青少年体质健康的"体质"概念产生于西方启蒙运动之后，它与理性主义共同经历了文艺复兴、启蒙运动的熏陶。中医体质学说的"体质"却可以追溯到《黄帝内经》时期，在理性主义诞生之前。最后，两者之间测试的技术与手段也存在一定的差异。青少年体质健康的"体质"强调用数字化、科学化、量化的测试仪器和评价方式进行客观测量。中医体质学说的"体质"强调用经验、推理、逻辑的测试方法与评价方式进行主观判断。虽然青少年体质健康的"体质"与中医体质学说的"体质"两者之间存在关注身体无疾病的健康状况、强调"治未病"的基础理念、作为一种测试或评价手段等共性，但是将青少年体质健康的"体质"作为中医体质学说"体质"的延续和发展，甚至将两者等同起来是缺乏科学依据的。所以，我们必须厘清青少年体质健康的"体质"与中医体质学说的"体质"两者之间的区别与联系，正确认知"体质"的内涵、外延与机理，推动我国青少年体质健康科学化、理性化发展。

二 体质人类学的"体质"溯源与求真

体质人类学是从生物学角度研究人类进化及体质差异的人类学分支学科。体质人类学主要关注从猿到人的进化发展过程以及人类体质特征和类型在地域上的变异规律（夏征农、陈至立，2012：14）。早在古希腊时期就出现了体质人类学的萌芽，试图通过比较人类与其他哺乳动物，解释种族之间的体质差异。达·芬奇提倡尽可能地研究大量人体结构的变异。1501年，德国的洪德（Magnus Hundlt）将人体解剖和人体生理的结合性研究称为"人类学"，用以描述人的身体形态特征和身体机能特征，作为区分种族、民族、族群的基础性判断标准。随后，比利时的解剖学家维萨里（Andre Visalli）也进行了大量尸体解剖，并且纠正了盖伦解剖学中的许多错误记载。维萨里冲破世俗偏见的勇气，赢得了近代解剖学奠基人的崇高荣誉。

18世纪近代体质人类学开始形成。当时，欧洲的人类学界分为哲学派和博物学派两大派别，博物学派中贡献最大的学者包括瑞典的林奈（Karl von Linnaeus）、法国的布封（Georges Louis Leclere de Buffon）和德国的布鲁门巴赫（John Blumenbach）等，他们从体质的角度来研究人类，认为人类学就是人类的自然史。布封和林奈这两位同年出生的博物学家分别成为进化论的先驱者和分类学的奠基人。布封对各类化石进行了细致的观察，从化石的分布特点上觉察到了地球的海陆变迁历史，提出生物的变异取决于环境影响的进化原理。林奈则建立了生物的分类系统，他把人与蝙蝠、狐猴、猿猴都归为一类，称之为灵长目。他还在灵长目中划分出智人属再进一步区分为四个人种。布鲁门巴赫作为一名杰出的人类学家，他创立了颅骨测量学的基本理论和方法，因而获得了"体质人类学之父"的美誉（朱泓，2004：7~10）。体质人类学按照人的皮肤、眼睛、头发的颜色和形状、骨骼的尺寸和比例、血型、指纹等生物特征，进行人种分类和类属判定，也通过生物的遗传特征及其与自然环境之间的关系探究环境的变迁问题。

20世纪以来，体质人类学作为独立的学科得到学界的高度认可，许多学者深入大洋洲、非洲、美洲等原始部落开展了大量的体质人类学测量工作。比如，法国的鲍尔（Ursula Graham Bower）在古人类学研究方面做了大量的工作；美国海德列希加（Hrdlicka）对人体骨骼的研究成绩斐然，他也是美国人类学的创始人；德国的马丁（R. Martin）对现代人的体质特征进行了广泛的研究，他的《人类学教科书》至今被各国人类学家引为经典；英国的基斯（A. Keith）则注重人类化石和人体发育的研究；苏联的格拉西莫夫（M. M. FepacumoB）系统地建立了一整套根据颅骨遗骸复原容貌的可靠方法，被古人类学、考古学和法医学等领域广泛应用。近年来，随着现代科学技术的发展，体质人类学除了传统的骨骼测量和形态测量之外，引入了动物血型、血浆蛋白质和细胞染色体 DNA 等分子生物学和群体遗传的研究手段，促使体质人类学的理论和方法得到进一步充实和完善（周隆宾，1993：280）。

20 世纪初，我国早期具有欧美留学经历的归国学者开始从事体质人类学的研究，他们的体质人类学调研成果受到西方学界的密切关注。例如，1914 年，留学英国剑桥大学的丁文江归国后，对云南、四川等少数民族群体的体质进行了测量调查，并出版了《云南的土著人种》一书。书中对武定的傈僳人、武定环州的罗婺人、会理龙爪山的黑夷人及武定迤那厂的青苗人进行了体质人类学的介绍（Ting，1921：10－15）。丁文江是中国人种学、优生学、少数民族语言学等学科的奠基人，温源宁称其为"百科全书"，傅斯年称其为"新时代最良善最有用的中国人之代表"。20 世纪 30 年代，吴定良、李济、刘咸等也开展了中国早期的体质人类学研究，出版了一批体质人类学的译著和专著，这些学者被誉为"中国第一代体质人类学家"。1925 年，李济发表了《湖北人种测量之结果》，根据身高、鼻阔和颅圆等测试指标对鄂西北与鄂东南居民的身体形态进行了测量，研究发现鄂西北与鄂东南居民的体质构造差异很大。翌年，李济又对山西介休居民的面部特征、身体形态进行了测量调查。1928 年，吴金鼎对"龙山文化"发源地之一的山东居民进行了体质人类学的测量调查，并著有《山东人体质之研究》。1929 年，凌纯声对东北赫哲族进行了体质人类学调查，1933 年对湘西苗人进行了体质人类学测量。1934 年，陶云逵、赵至诚携带人体、面部、头部测量尺和颜色表、皮色表、发色表、照相机等先进工具对丽江、中甸、维西及滇缅、滇越边境等地区傈僳族、傣族等少数民族进行了体质测量，并把少数民族的体质调查与社会文化调查结合起来，探寻中国境内各少数民族的体质特点。1935 年，费孝通对广西瑶族进行了体质人类学调查，并在研究项目计划书中说："人种研究之目的，除以正确数量规定人种体型类别外，尚可籍以明了中国民族扩张、迁移之大势，及各族分布交融同化之概况。其方法则赖人体测量，遍量人体各部之长宽、周围、色彩、形状，然后用统计方法加以分析，以获结论。"（张冠生，1988：29~30）1935~1936 年，芮逸夫先后对滇缅边境地区的摆夷人、傈黑人进行了体质调查测量，最终获取了数百人的体质调研数据，完成了题为《云南倮黑体质之研究》的调查报告（芮逸夫，1972：411~469）。1937年抗日战争爆发，国民政府也提出了"边政救国"的治学理念，希望通过边疆地区的社会科学研究，探寻中国"兴邦救国"的治国策略。北京大学、清华大学、天津大学、中央研究院社会科学研究所、中央研究院历史语言研究所等单位的研究人员迫于战争的压力开始转移到西南边疆开展体质人类学研究工作。1941年，吴定良、吴汝康、张洪燮等对贵州"青苗、坝苗、水苗、补龙苗、仲家、打牙仡佬与披袍仡佬"等2000余人进行体质人类学调查，获得了体质测量数据以及民族文化、人口统计资料。1942年，吴定良、张洪燮对贵州苗族支系中的大花苗、小花苗及彝族的不同支系等进行了体质测量和文化调查。1943年林耀华率领边区考察团到大、小凉山彝族聚居区进行了体质人类学考察，撰写出版了《凉山彝家》（林耀华，1947：1）。

回顾中国体质人类学发展，我们发现青少年体质健康的"体质"与体质人类学的"体质"存在一定的联系与区别。从两者之间的共性来说，首先，两者都以近现代解剖学、生物学、测量学为学科理论基础，从某种意义上来说，两者的"体质"理论基础同源。其次，两者在进行体质测试过程中都必须借助一定的测量仪器，将测试内容标准化、数量化、科学化。比如，体质人类学的体质测试主要包括活体测量和骨骼测量两大类，常用的便携测量仪器包括直脚规、弯脚规、活动直脚规、三脚平行规、圆杆直脚规、附着式量角器、软尺、游标卡尺、体重计等。青少年体质健康的测试也使用一些便携式的测量工具，包括身高测量计、杠杆秤或电子体重计、台阶试验仪、电子肺活量计、秒表、丈量尺、电子握力计或弹簧式握力计、坐位体前屈测试计等。最后，两者对测量结果的统计方式和评价方法可能相同。两者一般都运用统计学的原理与方法对受试者的测试数据进行统计、分析、评价并出具统计分析报告。从两者之间的区别来说，首先，两者体质测试的目的明显不同。体质人类学体质测试的目的在于从生物角度解释人种的差异或联系；青少年体质健康测试的目的在于对人体的身体形态、生理机能、运动素质以及健康状态等进行分析，进而通过制订干预方案促进族群身体健康水平的提升。其次，两者测试指标选择的差异性较大。体质人类学选择的测试指标一般为颅面特征指标、骨骼特征指标、体型特征指标等，包含"骨骼的性别鉴定和年龄鉴定，颅骨的测量与观察，一般骨的测量与观察，牙齿的形态测量与观察，头面部的活体测量，体部的活体测量以及毛发、肤色、眼色、头面部形态、体型等活体观察"（常伦荣、武杰，2007：165~216）。青少年体质健康选择的测试指标一般为身高、体重、胸围、坐高、皮脂厚度等身体形态指标，肺活量、血压、脉搏等生理机能指标，50 米跑、1000 米跑（男）、800 米跑（女）、坐位体前屈、立定跳远、引体向上（男）、1 分钟仰卧起坐等运动素质指标，视力、蛔虫卵、血红蛋白、龋齿、月经初潮、首次遗精等健康状态指标。青少年体质健康关注青少年的身体成分、生理机能、运动素质与身体健康水平之间的关联性。最后，两者测试的受试者群体存在一定的差异。体质人类学测试的受试者是具有生物遗传特征的各个族群，将生物遗传特征测试与地域传统文化调查结合，分析族群与族群之间的联系与差异，一般属于人种志的研究范畴。青少年体质健康测试一般不强调生物群体的遗传特征，而更加关注生物群体的社会特征，比如经济收入、营养状况、教育水平、体育锻炼、生活方式对青少年体质健康状态的影响。所以，青少年体质健康的"体质"与体质人类学的"体质"虽然理论同源，都以近现代解剖学、生物学、测量学为学科理论基础，但是两者体质测试的目的截然不同，从而带来测试群体、测试指标和测试方法等方面的差异。

三　体质健康中的"体质"溯源与求真

1840 年，西方列强不仅以坚船利炮轰开了中国的国门，还以"东亚病夫"一词侮辱中国人。辛亥革命之后，国民政府希望通过"强身救国"摘掉"东亚病夫"的帽子。1885 年，基督教青年会在天津成立。教会学校经常组织竞技体育活动吸引青年学生参与，近代体育运动的推广让民国教育界似乎看到了通过国家"体育"提升国民"体质"的曙光。此后的一百年期间，"青少年体质及其背后的体育运动，一直与救国、强国的强烈动机纠结在一起，青少年的体质状况也被视为中国现代化程度的标志"（王子涵，2011：16~20）。1917年6月，恽代英在《青年进步》第四册发表《学校体育之研究》指出："学校重视体育之目的，在社会心理上颇不一致"，"学校之所谓体育，应对于各学生，无论其体质强弱，平均加以注意"。文章针对当时学校体育的种种弊端提出"学校之体育，断不可不研究改良"的论断。对于体育改良的方法，恽代英认为"改片断的体育，为有系统的体育；改偏枯的体育，为圆满的体育；改骤进的体育，为渐进的体育；改枯燥的体育，为有兴趣的体育"，文章还提出了若干改进措施："1.生理卫生学之教授；2.学生体格之检查；3.体操钟点之加时；4.猛烈运动之提倡；5.安全运动之强迫；6.女子之体育应与男子有所不同。"（吴兆祥，1998：150）这是辛亥革命以来国内学者对学生体质最早的论述。

中国早期的青少年体质健康测量工作，主要和教会学校有关。1915年，美国医学博士和体育哲学博士麦克乐受北美协会派遣来到中国，1915~1919年担任基督教青年会全国协会体育干事。1916年南京高等师范学校体育专修科成立，麦克乐在担任第一任主任期间对日本、德国式"兵式操"予以否定（赵晓阳，2008：216）。1924年，麦克乐在中华教育改进社的资助下，将美国"体质"的概念和测试方法首次引入中国，并带领东南大学的师生对南京中小学生进行了体质调查研究。首次青少年体质健康测量包括人体体格测定统计、身体健康检查统计、体育测定统计等，并结合中国青少年的体质特征，建立了体格的测试与统计标准、体育测验标准等。麦克乐的青少年体质健康测量创立了多个"首次"：首次引入基于现代科学的"体质"概念；首次进行了青少年体质规模化的、标准化的测量；首次研制了体格的测试与统计标准；首次制定了体育测验标准。对中国青少年体质健康测试的发展起到了非常重要的推动作用。值得一提的是，麦克乐的青少年体质健康测量和国内早期学者的体质人类学测量存在本质的区别：麦克乐所进行的青少年体质健康测量除了体格测定之外，还包括健康检查，目的是掌握青少年体质发育水平和健康状态，而国内早期学者所进行的体质人类学测量主要是人群的面部特征测定和骨骼特征测定，其目的是进行人种、民族或族群的区分和认定。1931年，陈登科在国民政府教育部的支持下，开展"官方对全国专科以上学生体格检查统计，全国受检查的人数为20977人，其中有脊弯、肺病、心脏病、眼病等主要疾病者达7553人，占受检人数36%。学生健康状况的恶化，反映了中国学校体育的不正常发展"（吴兆祥，1998：131），陈登科对学校体育中"放羊式"体育教学和选手体育问题提出了批评。1933年，国民政府教育部又一次检查了41所大学，检查出"患有各种疾病的学生占65.9%"（王子涵，2011：16~20）。陶行知在《民国十三年中国教育状况》中写道："1.各种体型重量的研究已完成。采用新的体重统计数据而拟定的新的重量卡片已准备完毕；2.胸腔测量的研究已准备就绪；3.所有通常采用的测量都被彻底地研究过，以确定它们在诊断上是否真正有用，研究的范围压缩到了少数真正重要的测量，并研究了它们如何能对学生的福利做出贡献；4.测定退化遗传痕迹的胸腔标准已编排并接近完成；5.研究了最重要的测量和年级，以了解它们彼此之间可能存在的关系；6.年龄、身高、体重及运动成绩的一种新的测量方法已设计出来；7.医疗检查做了精细的统计研究，一种新的用图形表示结果的形式同用数字表示的形式一样已经制定。"并指出"当一切完成时，中国的体育及身体检查水准至少要比当时进步10年"（陶行知，2005：191~221）。

新中国成立以后，增强学生体质成为我国体育教育的基本目标之一。1956年，国家教育委员会颁布了第一部《中小学体育教学大纲（草案）》。1987年，出台了《全日制中学体育教学大纲》。1992年，颁布了《九年义务教育初中体育教学大纲》。2011年，出台了《九年义务教育新课程标准（初中体育）》。这些教学大纲都将体育教学的目的和任务用三个语句概括：增强学生体质；掌握体育基础知识、基本技能、基本技术；向学生进行思想品德教育。其中，增强学生体质作为体育教学的首要目的，学生体质增强与否常常被作为体育教学效果的判断标准。1984年，《体育词典》中这样定义"体质"条目："在遗传变异和后天获得性的基础上，人体所表现出来的机能和形态上的相对稳定的特征。包括人体形态结构、体型、各器官系统的机能能力，表现为肌肉运动中的能力，对外界环境的适应能力和抵抗疾病的能力。"1988年，在第二届全国体质研究学术讨论会上，体质领域专家提出:"理想的体质是指良好的人体质量,是在遗传的基础上,经过后天的努力塑造所达到的形态结构、生理功能、心理素质和对外环境适应的整体良好状态。"1991年,体育学院通用教材《体育概论》认为"体质"是"在遗传性和获得性的基础上表现出来的人体形态结构、生理机能和心理素质的综合的、相对稳定的特征","体质的外延包含体格、体能、机能、适应能力和精神状态等"(张洪潭,2000:2~8)。此教材中的"体质"定义与《体育词典》中的"体质"条目相比,外延做出了相应的延伸:"体质"由躯体(肉体)的质量延展到人体(头脑)的心理素质和适应环境能力。虽然"体质"概念的外延在国内学术界存在诸多争议,但是关注人体的体格、机能和素质的重心却一直没有改变。由此,在党和政府的支持和关怀之下,我国开展了多次青少年体质健康的大规模调研,构建了青少年体质健康的监测网络,探索了青少年体质健康的发展规律和存在的问题。

从恽代英的振臂疾呼,到麦克乐首次中小学生体质健康测量,到陈登科的全国学生体质健康抽查,到新中国成立以后将增强学生体质作为我国体育教育的基本目标之一,国内早期的青少年体质健康测评体现出如下特征:"强身救国"理念、"军事化兵操"和学生体质健康抽查捆绑在一起;"体质"的测评理念、测评的技术与方法处在摸索阶段,体质健康测评体系的合理性存在问题;学生体质健康测量主要依赖医学的疾病监测手段,将"有无疾病"作为学生体质健康的判定标准,很难建立规范化、科学化和现代化的青少年体质健康测评体系。从青少年体质健康测评体系的自身发展而言,早期青少年体质健康工作体现出时代的局限性:首先,受内忧外患政治格局的影响,"强身救国"理念、"军事化兵操"和学生体质健康工作捆绑在一起,很难体现出学生体质健康测评的真正意义,很难对学生体质健康测评的成绩和结果进行深入分析;其次,"体质"的概念及其测评方法处在引入的初步阶段,没有根据中国国情进行指标筛选,难以建立科学化、规范化和现代化的体质健康测量和评定体系;再次,无论是地方性的还是全国性的学生体质健康测评工作,从指标体系的构成来说主要依赖医学的疾病监测手段,将"有无疾病"作为学生体质健康的判定标准,凸显出指标体系构建的局限性；最后，学生体质健康测评工作不能处于一个长期稳定的状态，缺乏持久性和稳定性，不利于学生体质健康的动态评定和关联分析。新中国成立以后，《中小学体育教学大纲（草案）》《全日制中学体育教学大纲》《九年义务教育初中体育教学大纲》《九年义务教育新课程标准（初中体育）》等体育教学大纲都将增强学生体质作为我国体育教育的首要目标。21世纪之后，"体质"概念又引发了学界的一次大讨论，青少年"体质"概念的外延做出了相应的延伸：由躯体的质量（身体有无疾病）延展到人体的心理素质和适应环境能力。"体质论"倾向于学校体育课程的设置和开展教学工作的目的是增强学生的体质；"竞技论"倾向于学校体育教学的目的是提升学生的体育能力和健身水平。无论哪种"体质"观念都关注人体的体格、机能和素质，将提高人体的质量作为青少年体质健康工作的重心。由此可以看出，新中国成立之前，国民政府将青少年体质健康状态与"强身救国"理念、"军事化兵操"捆绑在一起，将身体的"体质状态"等同于身体的"军事性能"，身体"无疾病"满足了战争的人才储备需求。新中国成立之后，在"冷战"背景下，我国将青少年体质健康与"保家卫国"理念、"军事化兵操"捆绑在一起，将身体的"体质状态"等同于身体的"军事技能"，青少年军事技能的掌握满足了随时应对战争冲突的人才需求。但是，现在的中国繁荣富强，长期处在一个和平稳定的国际环境之中，在党和政府的支持和关怀之下开展了多次青少年体质健康的大规模调研，构建了青少年体质健康的监测网络，完善了青少年体质健康的政府工作机制。青少年的"体质"也应该脱离"竞技论"的倾向，从关注青少年的军事技能、运动技能转向关注青少年的"健康第一"，满足青少年积极、有活力生活状态的内在需求。

第二节　青少年体质健康政策法规演进

中华人民共和国成立以后，获得了一个相对稳定的政治格局，但是邻国及边境地区的局部冲突并没有完全消除，西方敌对势力也加强了封锁和限制，我国政治、经济、文化、教育等事业百废待兴，提升整个国家的国民素质成为十分紧迫的政治任务与社会需求。新中国成立初期，我国中小学生的体质健康状态不容乐观，具体表现为：各级政府教育部门和学校老师对学生的体质健康问题并未给予足够的重视；学生的学业功课负担过重，日常的学习压力过大；学校的卫生工作不健全，伙食营养不均衡；课余社团活动过多，体育活动偏少；等等。为此，1951年，中央人民政府政务院出台了《关于改善各级学校学生健康状况的决定》，该决定指出："目前全国各级学校的学生健康不良的状况，颇为严重。……，立即纠正忽视学生健康的思想和对学生健康不负责任的态度，切实改善各级学校的学生健康状况"（国家教育委员会体育卫生司，1988：1~4）。为了提高青少年的体质健康素质，提升整个国家的国民体质水平，1952年，中央人民政府政务院建立了中央人民政府体育运动委员会，并建立了从中央到基层的体育行政机构网络，在"体育工作必须积极地为国家的总路线服务"的方针指引下（张彩珍，1984：13），将我国的学校体育、群众体育和竞技体育事业纳入国家政府的宏观调控体系之中。从1947年开始，以美国为首的资本主义国家和以苏联为首的社会主义国家两个阵营在经济、政治、军事、外交、文化、意识形态等各方面都处于"冷战"状态。我国的学校体育受"冷战"的影响，坚决抵制和摒弃了美国体育的"锦标主义"思想，"以适应学生不同的年龄、性别和身体状况，并防止'锦标主义'及运动过度损害健康的偏向"（国家教育委员会体育卫生司，1988：1~4）。1954年，在党和国家宏观政策的指引下，体育事业开始借鉴苏联的《准备劳动与卫国制度条例》。

50年代末，我国完成了生产资料的社会主义改造，执行高度集中的计划经济体制，暴露出管得太多、统得太死、忽视价值规律等弊端。1958年，中共中央在国家体委党组《关于体育运动十年规划的报告》的批语中提出，"体育运动应在人民公社的统一安排下，结合劳动生产"，通过树立"红旗"，掀起学、赶、超运动，推广体育和生产拧成一股绳的经验。随后，"体育大跃进"的口号越喊越响，各种不切实际的高指标"浮夸风"愈演愈烈，群众体育出现了"体操城""全市劳卫化""挑灯夜战做体操""普及田间广播操"等现象，学校体育出现了"急于求成、反复测验""弄虚作假、限时报捷"等现象，违背体育发展规律的各种现象影响了体育事业的健康发展（伍绍祖，1999：79~80）。一方面，"1958年在浮夸风影响下，学校体育突击测验，弄虚作假，限时'报捷'。数月内，21113名小学生达到少年劳卫制、等级运动员标准；6386名中学生达到一级、二级劳卫制、普通射手、等级运动员标准，实现省体委规定的'双红'、'四红'县，造成不良影响"（文登市地方史志编纂委员会，1996：863）。另一方面，"将国防体育项目纳入综合性的体育活动中，是国防体育得以迅速开展的重要原因。1958年在中等学校开展的'四红'活动，就是将射击等级同劳卫制等级合在一起的综合性达标活动。当时一些较为大型的体育运动会，都将射击、投弹等军事项目列入比赛"（张剑，2009：117）。

1960~1962年，国民经济三年困难时期，部分县市撤销了体育运动委员会，学校体育活动几乎全面停止，"一般学校都不搞较为剧烈的体育活动，学校体育处于低谷，学生体质下降"（江都市地方志编纂委员会，1996：117）。"市教育局于1962年6月对市内6个区13所中小学的14666名学生体质情况作了调查……值得重视的是发育上的障碍，身长、体重、胸围三项发育指标，与1959年同年龄组比较均有下降：男女生平均身长下降2.2厘米，下降幅度为1.4%，体重下降2.3公斤，下降幅度为6.4%，胸围下降1.4厘米，下降幅度为1.90%。发育障碍特别严重的是在青春发育期（男、女一般在10~15岁），已经出现青春发育高峰推迟现象。经过分析，除营养不良是主要原因外，课业负担重、参加劳动过多、睡眠不足、劳逸安排不当也是学生体质下降的重要原因"（天津市地方志编修委员会，2000：575）。大跃进、浮夸风、形式主义、三年困难时期，我国青少年的体育活动基本停滞，学生体质健康水平逐年下滑。1964年8月，《国务院批转教育部、体育运动委员会、卫生部关于中、小学学生健康状况和改进学校体育、卫生工作的报告的通知》中指出："学生身体的发育仍未恢复；学生患常见疾病的还不少；学生患近视眼的很多。由于学生健康状态不好，不少学生毕业后参加劳动、服兵役或者升学，身体不合格。"该文件还指出了学生体质健康状况不好的原因，"由于三年严重的自然灾害和国家财政困难……学生健康受到影响，体质的恢复还需要一定的时间"，"学校的课多、作业多、考试多、教学方法、考试方法不当，使学生学习的负担过重；学校经常的卫生保健工作做得不好；教育行政部门对学校体育、卫生工作一般号召多，具体指导少"（国务院，1960：388~392）。1966 年 1 月，教育部党组《关于减轻学生负担，保证学生健康问题的报告》、高等教育部党委《关于减轻高等学校学生学习负担，促进学生德智体全面发展问题的报告》和高等教育部《关于增进高等学校学生健康，实行劳逸结合的若干规定（草案）》等政策相继出台，提出增进学生健康、实行劳逸结合的措施，减少学生的活动总量、保证学生的休息时间和自由支配时间，减轻学生的学习负担，改进学校伙食工作和卫生医疗工作等（中华人民共和国国史全鉴编委会，1996：3590~3591）。

1974 年 2 月，国家体委发布的《一九七四年体育工作要点》中指出，"提倡学生每天体育活动 1 小时。坚持广播体操、保健操。在学校广泛试行《体育锻炼标准》，先抓好三分之一的学校（每校要有 70% 以上的学生坚持长年锻炼）"，并对"根据学龄前儿童的身心特点，开展幼儿体育"提出了具体要求（国家体委政策研究室，1982：117~120）。1979 年 3 月，国家体委和教育部联合发布的《关于在学校中进一步广泛施行〈国家体育锻炼标准〉的意见》中指出，"《国家体育锻炼标准》活动至今没有开展起来，有的虽已开展，但时起时伏，不能坚持下去。为了改变这种状况，使青少年儿童增强体质……全国各级教育、体育部门和各级各类学校必须采取有效措施，把施行《国家体育锻炼标准》工作进一步开展起来"（杨放，1990：331~332）。同年 9 月，《教育部、国家体委、卫生部、共青团中央关于贯彻全国学校体育、卫生工作经验交流会议纪要精神的联合通知》中指出，"对体育、卫生工作重视得不够，加上一些学校特别是农村中、小学，教学条件不好，体育、卫生设备很差，很多学生的健康状况不好，不少学生体质趋于下降"，并提出"首先，学校的主要领导必须关心和过问体育、卫生工作"，"其次，班主任对学生的全面发展和成长，起着主导的作用，对小学生更有决定性的影响"，"再次，体育教师、学校卫生人员和保健教师对于学校的体育、卫生工作和学生的身体健康负有直接的责任"，"建立体育、卫生组织，带领同学自觉参加体育锻炼和注意养成良好的卫生习惯"等具体要求。

1983 年，教育部发布《全国学校体育卫生工作会议纪要》指出，当前学生的健康和体质状况很不好，主要反映在"高考招生体检合格率低；在校学生中体弱、患病的增多；视力减退情况严重"等方面，学校体育卫生工作必须进一步肃清"左"的错误和陈旧落后教育观点的影响，端正办学指导思想，认真、切实地全面贯彻党的教育方针（国家教育委员会体育卫生司，1988：186~193）。1982 年 8 月，国家体委、教育部等八个单位联合发布《关于做好新〈国家体育锻炼标准〉推行工作的联合通知》，对《国家体育锻炼标准》和《国家体育锻炼标准测验规则（试行）》做出了详细规定和说明。1983 年 12 月，教育部、国家体委、卫生部、国家民委联合印发《关于进一步建立健全"体质、健康卡片"，进行全国学生体质、健康调查研究的实施方案》，要求中小学校建立健全学生的"体质、健康卡片"，关注中小学生的体质健康动态变化特征。1985 年 3 月，教育部、国家体委、卫生部、国家民委联合发布《关于中国学生体质、健康调研工作的若干具体问题的通知》，对 1985 年中国学生体质健康调研工作进行了统筹计划，对体质健康测试的准备工作、测试工作、测试方法、验收方法、统计方法等做出了具体的安排。1985 年 6 月，国家教委发布《关于搞好夏季饮食卫生工作保护学生身体健康的通知》，要求各级各类学校从注重饮食卫生入手，保障学生的体质健康。1987 年 2 月，国家教委、国家体委、卫生部、国家民委联合发布《关于印发全国学生体质、健康调研工作总结与论文报告会若干文件的通知》，该通知指出，"1985 年的全国性大规模体质健康测试……填补了我国在这一领域的空白"，"初步掌握了我国学生体质、健康的基本状况及某些方面的变化规律，建立了一批观测点校，培训、锻炼了一支骨干队伍，积累了这方面的宝贵经验及其成果，不仅对促进社会主义精神文明建设，改进和加强学校体育卫生工作起到了巨大的推动作用，而且也为提高全民族的素质奠定了科学基础"（国家教育委员会体育卫生司，1988：473~480），并对未来青少年体质健康测试工作和学校体育卫生工作做出了进一步的安排。随后，国家教委、国家体委、卫生部、国家民委、国家科委、财政部联合印发《关于中国学生体质、健康状况调查研究结果和加强学校体育卫生工作的意见》，对中国学生体质健康状况的研究结果进行了公告，并就加强学校体育卫生工作进行了具体安排。

1995年，我国相继出台了《中华人民共和国体育法》、《全民健身计划纲要》和《奥运争光计划纲要》，推动了我国体育事业整体性的飞速发展。《中华人民共和国体育法》作为新中国成立以来第一部体育专门法，在第二十三条中明确规定："学校应当建立学生体格健康检查制度。教育、体育和卫生行政部门应当加强对学生体质的监测。"（国务院法制办公室，2014a：275~278）国家体委发布的《关于贯彻〈全民健身计划纲要〉实施"全民健身一二一工程"的意见》强调学校一定要做到"保证学生每天参加一小时体育活动，每年组织学生开展二次远足、野营活动，每年对学生进行一次身体检查"（国家体委群众体育司，1995：7~10），使体育健身逐步成为一种人人享有、人人参与、人人有责的社会活动。1995年，教育部出台《中小学卫生保健机构工作规程》，要求中小学卫生保健机构协助教育行政部门、学校全面开展卫生工作，其中包括"本地区学生的体质健康监测工作；建立健全学生健康档案；根据学生健康状况和发育水平，指导学校卫生保健工作"等具体内容（国家教育委员会，1995）。1997年1月，《关于加强体育法制建设的决定》中将"九五"期间"学校是否依法开设体育课和开展课外体育活动"作为体育执法监督检查工作的重点之一（国家体育总局政策法规司，2006：72~76）。1999年6月，《中共中央 国务院关于深化教育改革全面推进素质教育的决定》作为新世纪青少年体质健康促进政策的重要承接点，提出"健康体魄是青少年为祖国和人民服务的基本前提，是中华民族旺盛生命力的体现"的身体素质教育发展战略（国务院法制办公室，2014b：75~79），为新世纪青少年体质健康促进指明了发展方向。

2000年12月，《2001—2010年体育改革与发展纲要》颁布，这部新世纪的第一部关于体育事业发展的长期规划，对推动青少年体质健康发展起到了非常重要的作用。该纲要对体育改革与发展面临的机遇与挑战做出了具体分析，其中就"国民的身体素质是国民素质的重要组成方面，是世界公认的社会进步的重要标志"做出了明确定位，对经济建设和社会发展中的国民素质提出了新的、更高的要求。该纲要还对"建立国民体质监测系统，实施国民体质监测制度，将国民体质监测指标纳入社会统计指标体系,定期公布国民体质监测结果"做出了明确规定（国家体育总局，2001：67~72）。2001年8月，《〈全民健身计划纲要〉第二期工程（2001—2010年）规划》颁布，该规划十分重视学生的身体健康，明确要求以学校为重点加强青少年体育工作，要求"保证学生每天有不少于1小时的体育锻炼时间，按照教育性、科学性、趣味性、全面性的原则，坚持寓学、寓练于乐，使学生掌握基本的运动技能，养成锻炼身体的良好习惯"（国家体育总局，2002：85~87）。2002年7月，中共中央、国务院出台了《关于进一步加强和改进新时期体育工作的意见》，该意见要求"完善国民体质监测系统"，"提高体育教学质量，确保学生体育课程和课余活动时间，把具有健康体魄作为青少年将来报效祖国和人民的基础条件"（国务院法制办公室，2005：225~229）。2003年6月，教育部办公厅、国家体育总局办公厅、共青团中央办公厅联合发布《关于开展"全国学生体质健康标准推广活动"的通知》，将"培育'健康少年'、'健康青年'、'健康大使'群体，带动广大青少年学生争创'健康少年'、'健康青年'，激发学生积极参加体育锻炼的主动性，帮助学生养成良好的锻炼行为和习惯"作为推广的主要目标，并对"全国'健康少年'和'健康青年'评选和竞赛活动、学生体质健康达标单位评选活动、'健康大使'的招募活动"等做出了明确安排（中小学体育器材和场地研究课题组，2006：310~312）。2005年1月，《卫生部关于印发〈全国健康教育与健康促进工作规划纲要（2005—2010年）〉的通知》将青少年体质健康工作纳入健康促进的公共健康工程，并要求"按照《学校卫生工作条例》要求及相关规定，城乡各类学校开设健康教育课，开展多种形式的健康教育活动，加强健康行为养成教育，重点做好心理健康、控制吸烟、环境保护、远离毒品、预防艾滋病、意外伤害等健康教育工作"。2006年12月，教育部和国家体育总局联合发布《关于进一步加强学校体育工作，切实提高学生健康素质的意见》，该意见指出"青少年学生的健康是一个民族健康素质的基础，是每个学生健康成长的基本条件，关系到千家万户的幸福，关系到民族的未来和国家的竞争力"（国家体育总局体育文化发展中心，2008：111~113），对建立《学生体质健康标准》测试报告书制度、建立《学生体质健康标准》公告制度、建立新生入学体质健康测试制度、建立《学生体质健康标准》监测制度等做出了规定，并对健康促进的学校创建活动做出了要求。2007年5月，《中共中央 国务院关于加强青少年体育增强青少年体质的意见》出台，该意见将"青少年体质健康的发展"提升为人才强国的国家战略，指出，"广大青少年身心健康、体魄强健、意志坚强、充满活力，是一个民族旺盛生命力的体现，是社会文明进步的标志，是国家综合实力的重要方面"，"青少年时期是身心健康和各项身体素质发展的关键时期"，"当前和今后一个时期，加强青少年体育工作的总体要求是：认真落实健康第一的指导思想，把增强学生体质作为学校教育的基本目标之一……"。该意见还要求"形成全社会支持青少年体育工作的合力"，这是社会发展的需要，也是时代的进步。

2011年4月，国家体育总局正式颁布《体育事业发展"十二五"规划》。作为"十二五"期间指导我国体育事业发展的重要文件，明确了"实施'青少年体育活动促进计划'，提高青少年健康素质"，"广泛开展青少年健身活动、竞赛交流、科学健身指导和体质监测等服务，努力营造全社会关心青少年体育的氛围，促进更多的青少年参与体育活动，全面提高青少年健康素质"（国家体育总局政策法规司，2011：9~24）。这份重要文件将体质测定与运动健身指导站、青少年户外体育营地、青少年体育活动促进计划、青少年校外体育活动中心等列入促进青少年全面健康发展的中长期发展规划。2011年7月，《教育部关于印发〈切实保证中小学生每天一小时校园体育活动的规定〉的通知》要求建立"保证中小学生每天一小时校园体育活动"的有效工作机制、专项督导制度、社会监督机制、科学评价机制、表彰奖励和问责制度等（教育部，2011）。2014年4月，《教育部关于印发〈学生体质健康监测评价办法〉等三个文件的通知》发布。《学生体质健康监测评价办法》、《中小学校体育工作评估办法》和《学校体育工作年度报告办法》等三个文件，分别对学生体质健康评价工作、中小学校体育评估工作、学校体育年度报告工作做出了明确要求和指示,推动学生体质健康测试、评价机制与学校体育工作、考核机制的协同发展。特别是《学生体质健康监测评价办法》提出了"鼓励第三方机构及公民个人以适当的方式监督学生体质健康监测评价工作"等具体意见和建议(教育部体育卫生与艺术教育司,2011)。2016年2月,《教育部体育卫生与艺术教育司关于印发〈教育部体育卫生与艺术教育司2016年工作要点〉的通知》中强调"深入推进《学生体质健康监测评价办法》……继续开展学生体质健康标准测试抽查复核工作",青少年体质健康工作仍然是体育、卫生、教育等部门工作的要点,是较长时期内中央政府和地方政府常抓不懈的工作之一(教育部体育卫生与艺术教育司,2016)。

中华人民共和国成立初期,提升整个国家的国民素质成为十分紧迫的政治任务与社会需求。我国青少年体质健康政策法规主要照搬、模仿苏联的体育政策法规,表现出"切实改善各级学校的学生健康状况"的迫切需求。20世纪50年代末至60年代中期,我国青少年体质健康政策法规具有高度集中的计划经济体制特征,暴露出管得太多、统得太死、忽视价值规律等弊端,将青少年体质健康与服务国防军事、农工生产紧密结合在一起。20世纪70年代初期,我国开始纠正青少年体质健康政策法规中的错误倾向,要求"青少年儿童加强体育锻炼,增强体质"。20世纪80年代,我国青少年体质健康的政策法规从注重运动能力转向注重身体健康,"健康第一"的发展理念得以树立。21世纪之后,《中共中央 国务院关于进一步加强和改进新时期体育工作的意见》和《中共中央 国务院关于加强青少年体育增强青少年体质的意见》等政策法规相继出台,我国青少年体质健康步入"法治"轨道,"健康促进"成为制定青少年体质健康政策法规的出发点。我国青少年体质健康的政策法规演进体现出如下规律。(1)党和国家政府历来十分重视青少年体质健康的发展,力图通过政策法规的宏观调控满足服务国家、服务社会的人才储备需求。(2)青少年体质健康政策法规的颁布单位,由单一部门发布走向多部门联合发布。这不仅是青少年体质健康发展的自身需要(青少年体质健康问题涉及体育、卫生、教育、营养等因素),而且是青少年体质健康社会治理的需要(青少年体质健康工作涉及国家体育总局、卫生部、教育部、财政部、国家民委、科学技术部等多部委的合作）。（3）青少年体质健康政策法规的聚焦点从关注青少年运动能力、关注青少年的群体健康转向关注青少年的个体健康（全程健康），增进青少年的个体身心健康成为时代的主旋律。（4）青少年体质健康政策法规中的具体措施，从学校教育拓展到社会领域，允许社会力量的介入，政府机关、中小学校、社会组织、企业机构、基层社区等协调合作，共同推动青少年体质健康的发展。

第三节　青少年体质健康测试标准演进

"准备劳动与卫国体育制度"是我国第一个体育锻炼标准，由当时的中央人民政府体育运动委员会颁布实施。"准备劳动与卫国体育制度"包括必测、体力、耐久力（少年级无耐久力）、速度、灵敏等五类30余项测试指标，并细化了各个测试指标的动作要求和划定成绩的标准，考虑到不同地区、不同学校、不同的性别与年龄的差异，要求测试指标不宜多，但亦不得少于4项（少年级不得少于3项），即每类不得少于1项，各地也可根据青少年体力、耐久力、速度、灵敏等生理特点以及当地体育运动条件适当做出调整。"准备劳动与卫国体育制度"将测试成绩分为"及格"、"良好"和"优秀"三个级别，并规定每组中同一类测试指标的难易度要相近。除此之外，中央人民政府体育运动委员会还公布"准备劳动与卫国体育制度"的证书、证章制度，参加一、二级测试及格者，由中央人民政府体育运动委员会授权各级体育运动委员会颁发统一的证书和证章。获得证书及证章人员有被选入国家、大区、省、市、县运动队的优先权，以及被业余体育学校及体育干部学校录取的优先权（人民体育出版社，1955：92～96）。我国"准备劳动与卫国体育制度"的指标设置分为必测指标和选测指标，选测指标由各级体育运动委员会根据本地的实际情况进行选择，做到了稳定性和灵活性的统一；包含必测、体力、耐久力、速度、灵敏等五类30多项测试指标，这是我国首次构建的体育运动测试与评价体系，为未来青少年体质健康测评体系的构建夯实了基础；测试实施主要采取行政分级控制的管理方式，迅速动员群众参与体育锻炼，保证党和国家各项体育任务的顺利完成。但是,"准备劳动与卫国体育制度"也存在许多历史局限性,比如,劳卫操、爬绳、射击、手榴弹、20公里骑马、6公里行军等与生产劳动、国防军事紧密关联的测试指标,反映了当时满足"国家需求第一位"的指导思想。青少年参与体育活动失去了主体性,成为体育活动的被动参与者,限制和禁锢了体育健康观念的形成。

1965年3月,中华人民共和国体育运动委员会颁布了《青少年体育锻炼标准条例(草案)》和《青少年体育锻炼标准少年级、一级、二级项目标准(草案)》,同时废除新中国成立初期实施的"准备劳动与卫国体育制度"。《青少年体育锻炼标准条例(草案)》根据全面发展、循序渐进的原则以及性别、年龄的不同,将13~30岁青少年分为少年级、一级和二级三个级别。一级和二级各有6个测试项目,能够使参加锻炼的人的身体在速度、耐力、灵敏和力量等方面得到发展,并使参加锻炼的人学到一些国防技能。少年级有5项,没有耐力项目。测试项目中前五项(少年级前四项)的项目标准由中华人民共和国体育运动委员会统一制定,最后一项由省、自治区、直辖市体育运动委员会自行制定(中国体育年鉴编辑委员会,1982:63~67)。1966年,"文化大革命"席卷全国,各地的体育教学以及体育运动测试由此中断。

1975年,中华人民共和国体育运动委员会制定《国家体育锻炼标准条例》,要求教育与达标相结合。颁布之时,"文化大革命"的社会风气并未完全遏制,《国家体育锻炼标准条例》还存在"为了贯彻执行伟大领袖毛主席'发展体育运动,增强人民体质'……鼓励青少年和儿童为革命锻炼身体,促使身体得到正常发育,增强体质,提高运动技术水平,为无产阶级政治服务","做好这项工作,必须认真学习毛主席关于理论问题的重要指示,坚持党的基本路线,用毛泽东思想占领体育阵地,在体育领域实行无产阶级对资产阶级的全面专政"等内容表述(湖南省教材教学研究室,1976:9)。《国家体育锻炼标准条例》的测试项目以测试反应速度、耐力、灵敏和力量等素质的田径、体操为主,但"对我国青少年的体质状况、特点与发展趋势等,处于知之不多的状况"(陈明达、于道中,1993:17~18)。

1982年7月,"为了鼓励和推动人民群众,特别是青少年、儿童积极参加体育锻炼,以增强体质,提高运动技术水平",国务院制定了《国家体育锻炼标准》,同时废止了1975年颁布的《国家体育锻炼标准条例》。《国家体育锻炼标准》由国家体育运动委员会主管,各级体育运动委员会行政部门督促实施,要求学校将《国家体育锻炼标准》施行同体育课、课外体育活动紧密结合,并纳入学校的体育工作计划;在群众体育领域要求建立体育辅导站和体质测验站,为体育锻炼参与者提供方便;在基础设施方面要求施行单位根据需要设置相应的体育场地、器材、设备和体育场(馆)。除此之外,《国家体育锻炼标准》还出台了相应的奖励措施,对执行标准成效显著的单位和工作人员予以表彰;对达到体育锻炼标准的高考学生,同等条件下优先录取;对达到优秀级体育锻炼标准者颁发由国家体育运动委员会制定的证书和奖章。

1990年1月,"为了鼓励和推动人民群众,特别是青少年、儿童积极参加体育锻炼,以增强体质,提高运动技术水平",经国务院批准,中华人民共和国体育运动委员会实施《国家体育锻炼标准施行办法》。《国家体育锻炼标准施行办法》规定,学校、机关、团体、事业单位和城市街道、农村乡镇都要根据条件施行《国家体育锻炼标准》,并且对军人、职工体育锻炼标准分别在军队、工矿企业中施行也做出了明确规定。除此之外,《国家体育锻炼标准施行办法》首次对卫生部门做出了相应的要求,要求卫生部门有计划、有组织地负责卫生医务监督工作。《国家体育锻炼标准施行办法》颁布之后,青少年体质健康工作的体育、教育、卫生等政府部门的协作方式开始形成。

2002年,教育部、国家体育总局联合印发《学生体质健康标准(试行方案)》及《〈学生体质健康标准(试行方案)〉实施办法》,提出该标准是"促进学生体质健康发展、激励学生积极进行身体锻炼的教育手段,是学生体质健康的个体评价标准,也是学生毕业的基本条件之一"。《〈学生体质健康标准(试行方案)〉实施办法》对各级各类学校实施标准的情况做出了具体规划和明确要求:2002年,"各省级教育行政部门确定3%左右的中小学校和2所以上的高等学校"实施标准;2003年,"实施标准的学校达到50%";2004年,"各级各类学校全面实施标准"。并建立了标准实施的监督机制,由教育部对各级各类学校实施标准情况进行抽查,并公布抽查结果(教育部,2002:392~395)。

2007年4月,《国家学生体质健康标准》颁布。该标准是《国家体育锻炼标准》的有机组成部分,是学校环境中青少年体质健康促进工作的具体实施标准,是贯彻落实"健康第一"指导思想的重要举措。《国家学生体质健康标准》从身体形态、生理机能、运动素质和健康状态等方面综合评定学生的体质健康水平,并将其作为个体评价标准。《国家学生体质健康标准》适用于全日制小学、初中、普通高中、中等职业学校和普通高校的在籍在校学生,测试指标包括身高标准体重、肺活量体重指数、握力体重指数、坐位体前屈、掷实心球、仰卧起坐、台阶试验、立定跳远、跳绳、篮球运球、足球颠球、排球垫球等。

2014年7月,"为建立健全国家学生体质健康监测评价机制……促进青少年身心健康、体魄强健、全面发展",教育部对《国家学生体质健康标准》进行了修订,颁布《国家学生体质健康标准(2014年修订)》,并发布了《教育部关于印发〈国家学生体质健康标准(2014年修订)〉的通知》(辽宁省教育厅,2013:993~994)。《国家学生体质健康标准(2014年修订)》与《国家学生体质健康标准》相比,做出了许多相应的调整和改变。比如,测试分组更细致、更合理(将大一、大二分为一组,将大三、大四分为一组);测试项目取消了选测项目(身体素质的力量素质、耐力素质、柔韧素质、速度弹跳素质直接指定必测项目);权重系数做出了相应调整(身体形态权重增加、身体机能权重降低、身体素质权重做出了微调);成绩评定做了调整(总分从100分提高到120分)。《国家学生体质健康标准(2014年修订)》的细则调整,对普通学生的体质健康综合水平评定影响不大,但对评优、评先学生的体质健康综合水平提出了更高的要求(张丽萍、杨雨轩,2015:92~93,120)。

中华人民共和国成立初期,我国"准备劳动与卫国体育制度"分必测、体力、耐久力(少年级无耐久力)、速度、灵敏等五类30多项测试指标,主要满足国家农工生产和国防军事的人才储备需求。20世纪60年代,中华人民共和国体育运动委员会颁布了《青少年体育锻炼标准条例（草案）》和《青少年体育锻炼标准少年级、一级、二级项目标准（草案）》，根据身体全面发展、循序渐进的原则以及性别、年龄的不同，对级别分组、测试标准、评价标准等进行了修订。20世纪70年代，"文化大革命"的社会风气并未完全遏制，《国家体育锻炼标准条例》主要"鼓励青少年和儿童为革命锻炼身体"。20世纪80~90年代，拨乱反正期间，国务院制定了《国家体育锻炼标准》，"鼓励和推动人民群众，特别是青少年、儿童积极参加体育锻炼，以增强体质，提高运动技术水平"。21世纪之后，教育部、国家体育总局联合印发了《学生体质健康标准（试行方案）》及《〈学生体质健康标准（试行方案）〉实施办法》，明确了该标准"是学生体质健康的个体评价标准"，学生个体体质健康成为关注的焦点，"健康第一"的体质健康发展理念得以确立。《国家学生体质健康标准（2014年修订）》建立健全了国家学生体质健康监测评价机制，青少年体质健康综合水平评定的科学性显著提升。我国青少年体质健康测试标准的演进，体现出如下规律。一是青少年体质健康测试标准遵循"借鉴、模仿苏联—根据国情调整、修订—根据身心发育特点自主研发"的路径，说明我国具备了青少年体质健康测试标准的自主研发能力。二是青少年体质健康测试标准具有比较鲜明的时代特色和政治烙印，测试目的遵循"服务农工生产、服务国防军事—服务工业生产—服务群体健康—服务个体健康"的发展路径，折射出我国青少年体质健康测试"以人为本"理念的逐步呈现。三是青少年体质健康测试的级别分组、测试指标、测试方法、统计方法、评价方法等科学化、合理化、国际化程度越来越高，形成了与国际接轨的标准参照体系。四是青少年体质健康测试标准具有较强的时代性，每个发展时期的青少年体质健康测试标准都有其鲜明的时代特征。从20世纪50年代的"准备劳动与卫国体育制度"到21世纪《国家学生体质健康标准（2014年修订）》，我国青少年体质健康测试标准的测试理念、测试指标、测试方法、评价方法以及工作方式等，随着国际形势、政策导向、社会需求、身体发育的变化而调整。所以，"体质"内涵除了生理、生物的特征之外更多地体现出历史、社会的特征。

第四节　青少年体质健康测试指标演进

1931年，苏联开始推行"苏联准备劳动和保卫祖国体育制度"。"苏联准备劳动和保卫祖国体育制度"是以"准备劳动和保卫社会主义祖国"为目的一种全民体育制度，测试的指标包括"跑、跳跃、投弹、游泳、滑雪、引体向上、仰卧起坐、划船、自行车、射箭、戴防毒面具、紧急救护、体育运动的基本知识、自我监督方法、做早操"等。1942年，因苏联处于战争时期，又增设了许多结合军事的测试指标，"如越野跑、武装泅渡、匍匐前进、拼刺、卧姿投弹等"（翁士莹，1990：7~8）。1947年、1955年、1959年、1972年，苏联又对该制度做出了许多修改。1952年，在东西阵营的"冷战"背景下，我国模仿"苏联准备劳动和保卫祖国体育制度"建立的"准备劳动与卫国体育制度"（暂行条例、暂行项目标准、预备级暂行条例），"是中华人民共和国向劳动人民进行全面体育教育的基本制度……使每一位参加者通过劳动制的训练成为健壮、勇敢、坚毅、乐观的祖国保卫者和社会主义建设者"（中央人民政府体育运动委员会，1954：45~56）。面对"冷战"的复杂国际形势，加强国防军事、农工生产的人才储备就成为非常紧迫的政治任务。青少年国防军事、农工生产的身体性能直接与准备兵役、准备劳动等需求紧密相关。所以，"准备劳动与卫国体育制度"（暂行条例、暂行项目标准、预备级暂行条例）的测试指标主要包括劳卫操、500公尺自行车、爬绳、爬山等农工生产测试指标，手榴弹、6公里行军、20公里骑马、200公尺超越障碍赛跑等国防军事测试指标，双臂屈伸、引体向上、100公尺跑、游泳、垫上运动、单杠、铅球、铁饼、标枪等运动技能测试指标（见表3-1、表3-2）。"准备劳动与卫国体育制度"（暂行条例、暂行项目标准、预备级暂行条例）的测试指标与国防军事、农工生产人才储备的社会需求相一致，也与应对"冷战"复杂国际形势的政治需求相一致。此时期的青少年体质健康测试更多地关注青少年的身体性能，特别是与国防兵役、农业工业生产有关的身体性能，将体质健康检测合格的青少年作为满足国防军事、农工生产需求的后备人才储备。

表3-1 "准备劳动与卫国体育制度"男子测试指标

必测指标	选测指标			
	速度	灵敏	体力	耐久力
劳卫操 (1、2、3)	100公尺跑 (1、2、3)	垫上运动 (1、2、3)	铅球 (1、2、3)	3000公尺跑 (2、3)
双臂屈伸(双杆) (1、2、3)	25公尺游泳 (1)	跳箱 (1、2、3)	铁饼 (2、3)	400公尺游泳 (2、3)
引体向上(单杠) (1、2、3)	50公尺游泳 (2、3)	单杠 (1、2、3)	标枪 (2、3)	3000公尺滑冰 (2、3)
1000公尺跑 (1)	500公尺自行车 (1、2、3)	双杠 (1、2、3)	手榴弹 (1、2、3)	10~15公里 自行车(2、3)
1500公尺跑 (2、3)	500公尺滑冰 (1、2、3)	跳高 (1、2、3)	举重 (2、3)	6公里行军 (2、3)
200公尺超越 障碍赛跑(2、3)	200公尺跑 (2、3)	跳远 (1、2、3)	扔沙袋 (1、2、3)	20公里骑马 (2、3)
	110公尺高栏 (1、2、3)	跳水 (1、2、3)	爬绳 (1、2、3)	爬山 (1、2、3)
		三级跳远 (2、3)		
		撑杆跳高 (2、3)		

注：1. "准备劳动与卫国体育制度"由预备级（少年级）、第一级、第二级共3个级别组成。2. 男子第一级、第二级分别分为15~17岁、18~28岁、29岁及以上三个年龄组。3. 男子级别不同，相同测试指标的规格和要求存在一定的差异。4. 括号中的1、2、3依次代表15~17岁、18~28岁、29岁及以上三个年龄组。5. 国家要求男子选测指标不得少于4项（少年级不得少于3项），即每类不得少于1项。

表3-2 "准备劳动与卫国体育制度"女子测试指标

必测指标	选测指标			
	速度	灵敏	体力	耐久力
劳卫操 (1、2、3)	60公尺跑 (1)	垫上运动 (1、2、3)	铅球 (1、2、3)	800公尺跑 (2、3)
俯卧撑 (2、3)	100公尺跑 (2、3)	双杠 (1、2、3)	标枪 (2、3)	200公尺游泳 (2、3)
爬绳 (1)	25公尺游泳 (1)	跳箱 (1、2、3)	铁饼 (2、3)	1000公尺滑冰 (2)

续表

必测指标	选测指标			
	速度	灵敏	体力	耐久力
400 公尺跑（1、2、3）	50 公尺游泳（2）	跳高（1、2、3）	垒球投掷（1）	1500 公尺滑冰（2、3）
80 公尺跳绳跑（1、2、3）	300 公尺滑冰（1、3）	跳远（1、2、3）	手榴弹（1、2、3）	
	500 公尺滑冰（2）	跳水（1、2、3）	爬绳（1、2、3）	
	10 分钟跳绳（1、3）			

注：1. "准备劳动与卫国体育制度"由预备级（少年级）、第一级、第二级共 3 个级别组成。2. 女子第一级、第二级分别分为 14~15 岁、16~23 岁、24 岁及以上三个年龄组。3. 女子级别不同，相同测试指标的规格和要求存在一定的差异。4. 括号中的 1、2、3 依次代表 14~15 岁、16~23 岁、24 岁及以上三个年龄组。5. 国家要求女子选测指标不得少于 4 项（少年级不得少于 3 项），即每类不得少于 1 项。

1965 年，《青少年体育锻炼标准条例（草案）》基本沿袭了"准备劳动与卫国体育制度"的测试方式，但在测试指标上做出了一些调整。首先，选测标准由各省、自治区、直辖市参考国家标准自行制定，并减少了测试指标的数量，有利于简化测试环节和测试过程；其次，将原来不利于定量的测试指标进行整合，比如垫上运动被体操所取代，扔沙袋被垒球投掷所取代，铅球、铁饼、标枪被举重所取代，有利于不同地域青少年测试成绩的相互比较；最后，与生产劳动和国防军事有关的测试指标相应弱化，比如取消了劳卫操、骑马、爬山、自行车、超越障碍赛跑等测试指标（见表 3-3、表 3-4）。但是，"国家需求第一位"的指导思想并没有改变，青少年体质测试和评定并没有回归到学生身心健康发展上面来。

表 3-3 《青少年体育锻炼标准条例（草案）》男子测试指标

速度	灵敏	体力	耐久力
60 米跑（1）	跳高（1、2、3）	引体向上（单杠）（2、3）	1500 米跑（2）
100 米跑（2、3）	跳远（1、2、3）	举重（2、3）	3000 米跑（3）
400 米跑（1）	射击运动（2、3）	手榴弹（1、2、3）	1500 米滑冰（2）

续表

速度	灵敏	体力	耐久力
100米游泳（2）	体操（2、3）	垒球投掷（1）	6公里行军（2）
200米游泳（3）		爬绳（1、2）	10公里行军（3）

注：1.《青少年体育锻炼标准条例（草案）》由预备级（少年级）、第一级、第二级共3个级别组成。2. 男子第一级、第二级分别分为13～15岁、16～18岁、19～30岁三个年龄组。3. 男子级别不同，相同测试指标的规格和要求存在一定的差异。4. 括号中的1、2、3依次代表13～15岁、16～18岁、19～30岁三个年龄组。

表3-4 《青少年体育锻炼标准条例（草案）》女子测试指标

速度	灵敏	体力	耐久力
60米跑（1）	跳高（1、2、3）	俯卧撑（2、3）	800米跑（2、3）
100米跑（2、3）	跳远（1、2、3）	手榴弹（1、2、3）	800米滑冰（2）
400米跑（1）	射击运动（2、3）	垒球投掷（1）	4公里行军（2）
50米游泳（2）	体操（2、3）	爬绳（1、2）	6公里行军（3）
100米游泳（3）			

注：1.《青少年体育锻炼标准条例（草案）》由预备级（少年级）、第一级、第二级共3个级别组成。2. 女子第一级、第二级分别分为13～15岁、16～18岁、19～30岁三个年龄组。3. 女子级别不同，相同测试指标的规格和要求存在一定的差异。4. 括号中的1、2、3依次代表13～15岁、16～18岁、19～30岁三个年龄组。

1975年，"为了贯彻执行伟大领袖毛主席'发展体育运动、增强人民体质'"，同时也为了"鼓励青少年和儿童为革命锻炼身体，促使身体得到正常发育，增强体质，提高运动技术水平，为无产阶级政治服务，为工农兵服务，与生产劳动相结合"，中华人民共和国体育运动委员会制定了《国家体育锻炼标准条例》。《国家体育锻炼标准条例》的测试对象为儿童组、少年一组、少年二组、青年组等四个组别（见表3-5、表3-6）。必测指标由国家体育运动委员会统一制定，选测指标由各省、自治区、直辖市自行制定。"各级体委应在当地革委会的领导下，负责组织实施工作。教育部门、人民解放军、工会等领导本系统有关单位《国家体育锻炼标准条例》的施行工作。卫生部门负责医务监督工作。共青团、妇联、红卫兵和红小兵等组织在施行中起积极作用"。

表 3-5　《国家体育锻炼标准条例》男子测试指标

速度	灵敏	体力	耐久力
60 米跑（1、2、3）	跳绳（1）	引体向上（2、3、4）	800 米跑（2）
100 米跑（2、3）	跳高（1、2、3、4）	双臂屈伸（3、4）	1500 米跑（2、3、4）
200 米跑（4）	跳远（1、2、3、4）	手榴弹（1、2、3、4）	3000 米跑（4）
400 米跑（1、2）	体操（1）	垒球掷远（1、2）	背包行军拉练 4 公里（2）
25 米游泳（1）		爬绳（1、2、3、4）	背包行军拉练 6 公里（3）
25 米滑冰（1）		铅球（2、3、4）	背包行军拉练 10 公里（4）
100 米游泳（2、3、4）			
100 米滑冰（2、3、4）			

注：1.《国家体育锻炼标准条例》由儿童组（10~12 岁）、少年一组（13~15 岁）、少年二组（16~17 岁）、青年组（18 岁及以上）共 4 个组别组成。2. 男子组别不同，相同测试指标的规格和要求存在一定的差异。3. 括号中的 1、2、3、4 依次代表 10~12 岁、13~15 岁、16~17 岁、18 岁及以上四个年龄组。

表 3-6　《国家体育锻炼标准条例》女子测试指标

速度	灵敏	体力	耐久力
60 米跑（1、3）	跳绳（1）	俯卧撑（2、3、4）	800 米跑（2、3、4）
100 米跑（2、3、4）	跳高（1、2、3、4）	仰卧起坐（4）	背包行军拉练 4 公里（2、3）
400 米跑（1、2）	跳远（1、2、3、4）	手榴弹（1、2、3、4）	背包行军拉练 6 公里（4）
25 米游泳（1）	体操（1）	垒球掷远（1、2）	
25 米滑冰（1）		爬绳（1、2、3、4）	
50 米游泳（2、3、4）		铅球（2、3、4）	
50 米滑冰（2、3、4）			

注：1.《国家体育锻炼标准条例》由儿童组（10~12 岁）、少年一组（13~15 岁）、少年二组（16~17 岁）、青年组（18 岁及以上）共 4 个组别组成。2. 女子组别不同，相同测试指标的规格和要求存在一定的差异。3. 括号中的 1、2、3、4 依次代表 10~12 岁、13~15 岁、16~17 岁、18 岁及以上四个年龄组。

1982 年，《国家体育锻炼标准》对测试指标进行了大幅度的修改，取消了与国防军事相关的手榴弹、背包行军拉练等指标，也取消了不利于测试和量化的体操指标。这个修订的标准第一次明确了体育课、课外体育活动对于青少年体质增强的重要作用和意义，首次采用了百分制评分法评定测验成绩，测试指标和评价方式向科学化、合理化和系统化发展（见表 3-7）。

表 3－7　1982 年《国家体育锻炼标准》测试指标

类别	儿童组	少年乙组	少年甲组	成年组
第一类	50 米跑 25 米计时往返跑 10 秒 25 米往返跑	50 米跑 25 米计时往返跑 10 秒 25 米往返跑 100 米跑	50 米跑 25 米计时往返跑 10 秒 25 米往返跑 100 米跑	50 米跑 100 米跑
第二类	1 分钟跳绳（9～10 岁） 400 米跑（11～12 岁） 2 分钟 25 米往返跑（11～12 岁） 100 米游泳（11～12 岁） 500 米滑冰（11～12 岁）	1000 米跑（男） 1500 米跑（男） 800 米跑（女） 3 分钟 25 米往返跑 200 米游泳 1000 米滑冰	1000 米跑（男） 1500 米跑（男） 800 米跑（女） 4 分钟 25 米往返跑 200 米游泳 滑冰（男 1500 米，女 1000 米）	1500 米跑（男） 1000 米跑（男） 1500 米滑冰（男） 800 米跑（女） 1000 米滑冰（女） 200 米游泳
第三类	跳远 跳高 立定跳远	跳远 跳高 立定跳远	跳远 跳高 立定跳远	跳远 跳高 立定跳远
第四类	掷垒球（25.42 厘米） 掷沙包（0.25 公斤）	掷实心球（2 公斤） 推铅球（3 公斤）	掷实心球（2 公斤） 推铅球（男 5 公斤，女 4 公斤）	掷实心球（2 公斤） 推铅球（男 5 公斤，女 4 公斤）
第五类	爬杆 1 分钟仰卧起坐	引体向上（男） 1 分钟仰卧起坐（女） 举重物（男 15 公斤，女 10 公斤）	引体向上（男） 1 分钟仰卧起坐（女） 举重物（男 20 公斤，女 12.5 公斤）	引体向上（男） 1 分钟仰卧起坐（女） 举重物（男 20 公斤，女 12.5 公斤）

注：1.《国家体育锻炼标准》由儿童组（9～12 岁）、少年乙组（13～15 岁）、少年甲组（16～17 岁）、成年组（18 岁及以上）共 4 个组别组成。2. 组别不同，相同测试指标的规格和要求存在一定的差异。3. 以上未注明的测试指标均为男女同测指标。

1990 年，为了促进"青少年、儿童积极参加体育锻炼，以增强体质，提高运动技术水平，培养共产主义道德品质，更好地为社会主义现代化建设和保卫祖国服务"，国家体育运动委员会颁布实施《国家体育锻炼标准施行办法》。该施行办法由国家体育总局、教育部、全国总工会根据《中华人民共和国体育法》《全民健身条例》修订，经由国务院批准颁布。《国家体育锻炼标准施行办法》分为总则、分组和项目、测验及标准、奖励、附则五章，与1982年颁布的《国家体育锻炼标准》相比，在测试指标上进行了一定程度的修改，比如取消了25米计时往返跑、爬杆等测试指标，采取了百分制的评价标准，对测试时间做了一些硬性的规定，要求利用信息化手段定期收集和反馈《国家体育锻炼标准施行办法》的实施情况，其他的修改并不太多（见表3-8）。

表3-8 1990年《国家体育锻炼标准施行办法》测试指标

类别	儿童组	少年乙组	少年甲组	成年组
第一类	50米跑 10米×4往返跑 10秒25米往返跑 （以上男女同）	50米跑 100米跑 10米×4往返跑 10秒25米往返跑 （以上男女同）	50米跑 100米跑 10米×4往返跑 10秒25米往返跑 （以上男女同）	50米跑 100米跑 10米×4往返跑 （以上男女同）
第二类	1分钟跳绳（9～12岁） 50米×8往返跑 （以上9～12岁，男女同） （以下11、12岁男女同） 400米跑 2分钟25米往返跑 100米游泳 500米滑冰	1000米跑（男） 1500米跑（男） 800米跑（女） （以下男女同） 3分钟25米往返跑 200米游泳 1000米滑冰	1000米跑（男） 1500米跑（男） 800米跑（女） （以下男女同） 4分钟25米往返跑 200米游泳 1000米滑冰	1000米跑（男） 1500米跑（男） 1500米滑冰（男） 800米跑（女） 1000米滑冰（女） 200米游泳（男女同）
第三类	跳远 跳高 立定跳远 （以上男女同）	跳远 跳高 立定跳远 （以上男女同）	跳远 跳高 立定跳远 （以上男女同）	跳远 跳高 立定跳远 （以上男女同）
第四类	掷垒球（25.42厘米） 掷沙包（0.25公斤） 掷实心球1公斤 （以上男女同）	掷实心球（2公斤） 推铅球（3公斤） （以上男女同）	掷实心球 （男女均2公斤） 推铅球（男5公斤，女4公斤）	掷实心球 （男女均2公斤） 推铅球（男5公斤，女4公斤）

续表

类别	儿童组	少年乙组	少年甲组	成年组
第五类	1分钟仰卧起坐	引体向上（男）	引体向上（男）	引体向上（男）
	20秒立卧撑	双杠背屈伸（男）	双杠背屈伸（男）	双杠背屈伸（男）
	斜身引体	1分钟仰卧起坐（女）	1分钟仰卧起坐（女）	1分钟仰卧起坐（女）
	（以上男女同）	斜身引体（女）	斜身引体（女）	斜身引体（女）
		屈臂悬垂（男女同）	屈臂悬垂（男女同）	屈臂悬垂（男女同）

注：1.《国家体育锻炼标准施行办法》由儿童组（9~12岁）、少年乙组（13~15岁）、少年甲组（16~18岁）、成年组（19岁及以上）共4个组别组成。2. 组别不同，相同测试指标的规格和要求存在一定的差异。

2002年《学生体质健康标准（试行方案）》将青少年体质健康测试分为小学一、二年级，小学三、四年级，小学五、六年级，初中、高中、大学各年级等组别，不同组别体质健康测试指标有所差异。测试指标除了坐位体前屈、投沙包、50米跑（25米×2往返跑）、立定跳远、跳绳、踢毽子、400米跑（50米×8往返跑）、台阶试验、掷实心球、仰卧起坐、握力体重指数、篮球运球、足球颠球、排球垫球等常规指标之外，还增加了"身高标准体重"指标（见表3-9）。"身高标准体重"通过身高、体重两个变量之间的关系反映人体体重的理想状态，它是反映和衡量一个人健康状况的重要标志之一。"身高标准体重"是青少年体质健康测试适应新时代需求的积极信号，标志着青少年体质健康测试由运动技能关联向个体健康关联转变。除此之外，《学生体质健康标准（试行方案）》要求选测指标原则上每年不得重复。从学生的体质健康评价方式来说，仍然采用了身体形态、生理机能、运动素质和健康状态的体质综合评价方式，身高标准体重等身体成分测评成为体质综合评价的重要组成部分，青少年的营养状况、肥胖的动态变化与发展趋势颇受社会关注。

表 3-9 2002 年《学生体质健康标准(试行方案)》测试指标

组别	评价指标(测试指标)	分值	备注
小学一、二年级	身高标准体重	20	必测
	坐位体前屈、投沙包	40	选测1项
	50米跑(25米×2往返跑)、立定跳远、跳绳、踢毽子	40	选测1项
小学三、四年级	身高标准体重	20	必测
	坐位体前屈、掷实心球、仰卧起坐	40	选测1项
	50米跑(25米×2往返跑)、立定跳远、跳绳	40	选测1项
小学五、六年级	身高标准体重	10	必测
	肺活量体重指数	20	必测
	400米跑(50米×8往返跑)、台阶试验	30	选测1项
	坐位体前屈、掷实心球、仰卧起坐、握力体重指数	20	选测1项
	50米跑、立定跳远、跳绳、篮球运球、足球颠球、排球垫球	20	选测1项
初中、高中、大学各年级	身高标准体重	10	必测
	肺活量体重指数	20	必测
	1000米跑(男)、800米跑(女)、台阶试验	30	选测1项
	坐位体前屈、掷实心球、仰卧起坐(女)	20	选测1项
	50米跑、立定跳远、跳绳、篮球运球、足球运球、排球颠球	20	选测1项

注:"身高标准体重"测试项目为身高、体重,"肺活量体重指数"测试项目为肺活量、体重,"握力体重指数"测试项目为握力、体重。

2007年4月,《国家学生体质健康标准》正式颁布,该标准将测试对象分为小学一、二年级,小学三、四年级,小学五、六年级,初中、高中、大学各年级。小学一、二年级,小学三、四年级的测试指标为3类,包括身高标准体重、坐位体前屈、掷实心球、仰卧起坐、50米跑、立定跳远、跳绳、踢毽子等指标。其余组别的测试指标为5类,包括身高标准体重、肺活量体重指数、握力体重指数、1000米跑(男)、800米跑(女)、台阶试验、坐位体前屈、掷实心球、仰卧起坐(女)、引体向上(男)、50米跑、立定跳远、跳绳、篮球运球、足球颠球、排球垫球等指标(见表3-10)。同时,拟定了《国家学生体质健康标准》评分表。

表 3-10　2007 年《国家学生体质健康标准》测试指标

组别	评价指标（测试指标）	分值	备注
小学一、二年级	身高标准体重	20	必测
	坐位体前屈、投沙包	40	选测 1 项
	50 米跑（25 米×2 往返跑）、立定跳远、跳绳、踢毽子	40	选测 1 项
小学三、四年级	身高标准体重	20	必测
	坐位体前屈、掷实心球、仰卧起坐	40	选测 1 项
	50 米跑（25 米×2 往返跑）、立定跳远、跳绳	40	选测 1 项
小学五、六年级	身高标准体重	10	必测
	肺活量体重指数	20	必测
	400 米跑（50 米×8 往返跑）、台阶试验	30	选测 1 项
	坐位体前屈、掷实心球、仰卧起坐、握力体重指数	20	选测 1 项
	50 米跑、立定跳远、跳绳、篮球运球、足球颠球、排球垫球	20	选测 1 项
初中、高中、大学各年级	身高标准体重	10	必测
	肺活量体重指数	20	必测
	1000 米跑（男）、800 米跑（女）、台阶试验	30	选测 1 项
	坐位体前屈、掷实心球、仰卧起坐（女）、引体向上（男）、握力体重指数	20	选测 1 项
	50 米跑、立定跳远、跳绳、篮球运球、足球颠球、排球垫球	20	选测 1 项

2014 年 7 月，教育部对《国家学生体质健康标准》进行了修订，颁布《国家学生体质健康标准（2014 年修订）》。《国家学生体质健康标准（2014 年修订）》与 2007 年的《国家学生体质健康标准》相比，测试指标做出了许多调整和改变。测试指标取消了选测指标，全部改成必测指标，体重指数等身体形态类指标，肺活量等生理机能类指标，50 米跑、坐位体前屈等运动素质类指标为共测指标（见表 3-11）。学生体质健康测试的成绩评定采取各单项指标得分与权重乘积之和的方式，通过标准分评定学生包括身体形态、生理机能、运动素质与健康状态的体质综合发展水平。

表 3-11 《国家学生体质健康标准（2014 年修订）》测试指标

测试对象	单项指标	权重（%）
小学一年级至大学四年级	体重指数（BMI）	15
	肺活量	15
小学一、二年级	50 米跑	20
	坐位体前屈	30
	1 分钟跳绳	20
小学三、四年级	50 米跑	20
	坐位体前屈	20
	1 分钟跳绳	20
	1 分钟仰卧起坐	10
小学五、六年级	50 米跑	20
	坐位体前屈	10
	1 分钟跳绳	10
	1 分钟仰卧起坐	20
	50 米×8 往返跑	10
初中、高中、大学各年级	50 米跑	20
	坐位体前屈	10
	立定跳远	10
	引体向上（男）/1 分钟仰卧起坐（女）	10
	1000 米跑（男）/800 米跑（女）	20

20 世纪 50 年代，"准备劳动与卫国体育制度"为了"使每一位参加者通过劳动制的训练成为健壮、勇敢、坚毅、乐观的祖国保卫者和社会主义建设者"，测试指标包括"跑、跳高、跳远、游泳、滑冰、引体向上、仰卧起坐、自行车、劳卫操"等与劳动生产关联的指标和"超越障碍赛跑、爬绳、手榴弹、行军"等与国防军事关联的指标。20 世纪 60 年代，《青少年体育锻炼标准条例（草案）》将原来不利于量化的测试指标进行规范和整合，比如垫上运动被体操所取代，扔沙袋被垒球投掷所取代，铅球、铁饼、标枪被举重所取代。另外，与劳动生产和国防军事有关的体育测试指标相应弱化，比如取消了劳卫操、骑马、爬山、自行车、超越障碍赛跑等测试指标。20 世纪 70 年代，《国家体育锻炼标准条例》测试指标的修改、

调整不大。20 世纪 80 年代,《国家体育锻炼标准》的测试指标进行了大幅度的修改,取消了与国防军事相关的手榴弹、背包行军拉练等指标,也取消了不利于测试和量化的体操指标,首次采用了百分制评分法评定测验成绩。20 世纪 90 年代,《国家体育锻炼标准施行办法》取消了 25 米计时往返跑、爬杆等测试指标,采取了百分制的评价标准,对测试时间做了一些硬性的规定。21 世纪之后,《学生体质健康标准(试行方案)》除了身体形态、生理机能、运动素质和健康状态等四大类测试指标外,还增加了"身高标准体重"指标,标志着青少年体质健康测试从运动技能关联向个体健康关联转变。《国家学生体质健康标准》和《国家学生体质健康标准(2014 年修订)》的成绩评定采取各单项指标得分与权重乘积之和的方式,通过标准分评定学生包括身体形态、生理机能、运动素质与健康状态的体质综合发展水平。我国青少年体质健康测试指标的演进,体现出如下规律。(1) 青少年体质健康测试指标由与劳动生产、国防军事关联及与运动技能关联向与个体健康关联转变,意味着青少年体质健康测试从以服务国家社会为重心向以服务个体健康为重心转变。(2) 由单一指标评定向体质综合发展水平评定转型,注重青少年包括身体形态、生理机能、运动素质与健康状态的体质综合发展水平评定。(3) 心肺呼吸机能、身体耐力素质、超重和肥胖问题成为青少年体质健康测试的重点,测试结果引起全社会的密切关注。(4) 青少年体质健康测试指标的调整和修正与青少年的发育特征接轨,与时代特征接轨,与国际合作接轨,有利于推动青少年体质健康促进工作的国际合作。

第五节 青少年体质健康规模调研演进

1979 年第一次大规模学生体质与健康测试。1978 年 3 月,全国科学大会在北京隆重召开,这是新中国科技发展史上的一座里程碑。邓小平在大会上重申了"科学技术就是生产力"的重要理念,并通过了《1978—1985 年全国科学技术发展规划纲要(草案)》(张云,2011:291)。1978 年 8 月 26 日,国家体委、教育部、卫生部联合发布《关于进行"中国青少年、儿童身体形态、机能、素质调查研究"的通知》。这个由三大部委联合发布的通知，开宗明义地指出作为"了解和掌握我国青少年、儿童的体质状况、发展趋向，更有效地进行教学、训练和学校卫生工作，增强下一代体质的一项基本建设"的青少年体质健康测试的目的、任务和意义（国家教育委员会体育卫生司，1988：86~89）。在这样一个时代背景之下，"摸清青少年、儿童体质的现状、特点和发展规律"成为青少年体质健康测试的重要工作，摆脱了以前仅仅重视体质测试实践，不重视体质理论探索的弊端，这与"科学技术就是生产力"的发展理念完全一致。

1979年，首次进行了全国范围内的青少年体质健康分层抽样和测试工作。这次青少年体质健康的大规模测试由国家体委、教育部、卫生部共同领导，涵盖北京、上海、天津、黑龙江、辽宁、山西、山东、安徽、福建、湖北、湖南、广东、四川、云南、陕西、甘肃等16个省、直辖市的1210所大、中、小学25万名在校学生。测试指标包括反映青少年儿童生长发育规律的15项身体形态指标，反映青少年儿童心血管和呼吸功能的3项生理机能指标，以及探索我国青少年儿童身体素质变化规律的5项运动素质指标（见表3-12）。除此之外，在测试程序上也做了相应的规定和处理，出台了《中国青少年儿童身体形态、机能与素质调查研究测试细则》《中国青少年儿童身体形态、机能与素质调查研究测试卡片检查验收细则》等，明确了青少年体质健康调查卡片的填写、检查、验收细则和抽样方式，将青少年的体质健康测试工作纳入了程序化、科学化、正规化的轨道。1979年中国学生体质健康调研课题组获取了大量翔实的青少年体质健康测试基础数据，并以团队科研攻关的方式开展了一系列中国青少年体质健康的基础研究工作。研究主题包括"中国青少年儿童身体形态的现状、特点与某些规律的研究""人体生长发育规律的研究""身体发育指数的规律及评价方法的研究""中国青少年儿童身体发育的评价""用足长预测身高的初步探讨""中国青少年儿童的脉搏、血压、肺活量的分析与研究""中国青少年儿童身体素质的现状、特点和发展规律的探讨""身体素质的自然增长规律""中国青少年儿童身体素质评分表和身体素质单项及综合评价表"等。这批重量级研究成果的集中涌现，对未来青少年体质健康测评研究起到了重要的推动作用。但是，1979年16省市的学生体质健康调研工作由于经验不足也暴露出诸多问题。比如，"由于全国没有统一的规划和组织，各地测试的内容、指标、方法、要求、器材、时间以及统计处理等不尽一致，致使各地区的资料难以比较，也不可能汇集成全国统一的资料"。

表3-12　1979年全国学生第一次大规模体质与健康测试指标

指标分类	指标	数量
身体形态	1. 身高 2. 坐高 3. 体重 4. 肩宽 5. 骨盆宽 6. 手长 7. 上肢长 8. 小腿加足高 9. 小腿长 10. 足长 11. 胸围 12. 大腿围 13. 小腿围 14. 上臂紧张围 15. 上臂放松围	15
生理机能	1. 脉搏 2. 血压 3. 肺活量	3
运动素质	1. 一分钟快速仰卧起坐 2. 60米跑 3. 屈臂悬垂 4. 立定跳远 5. 400米跑（50米×8往返跑）	5

1985年第二次大规模学生体质与健康调研。1985年，"为了使青少年体质健康测试工作逐步做到规范化、制度化"（中国学生体质与健康研究组，1987：3~4），国家体委、教育部、卫生部和民族事务委员会等部门合作，开展了第二次大规模的中国学生体质与健康调研活动。1985年的全国学生体质与健康调研工作，与1979年相比，取得了明显的进步：首次设立、固定了学生体质健康调研点，使调研的指标和数据具有长期性、动态性和可比性；首次对27个少数民族的学生样本进行了调查、统计、分析和研究；增加了健康指标，比如视力、沙眼、心脏、肺、肝、脾、神经衰弱、龋齿、脊柱侧弯等医学指标，更能反映学生健康的整体状态；统一了测试的内容、指标、方法、要求、器材、时间以及数据处理方式（见表3-13）。通过1979年、1985年我国学生体质与健康的两次大规模调研，首先，学生体质健康的动态研究成为趋势。例如，"中国汉族学生形态发育的分析研究""中国汉族学生脉搏、血压和肺活量的研究""中国汉族学生身体素质的现状、特点及发展变化规律的研究"等。其次，学生健康问题成为研究热点。例如，"中国学生常见疾病的现状调查研究""中国学生视力不良、沙眼、脊柱侧弯、神经衰弱的现状分析""应用身高标准体重指标对中国

学生营养现状的研究""中国女学生月经初潮年龄的研究"等。最后，学生体质健康的关联分析受到重视。例如，"近半个世纪来北京市学生生长发育动向研究及其影响因素的分析""四川学生身体发育特点及其有关因素的宏观分析""对女生月经初潮年龄变化趋势及其生长发育水平关系的研究"等。除此之外，各个测试省市将统计数据汇总之后，都开展了以省（市）为单位的学生体质健康的统计分析，学生的肥胖和营养等问题引起了体质健康专家们的关注。比如，"甘肃省7~22岁学生肥胖调查和营养评价""学龄期儿童血中微量元素锌、铜、铁的调查研究"等。

表3-13　1985年全国学生第二次大规模体质与健康测试指标

指标分类	指标	数量
身体形态	1. 身高 2. 体重 3. 胸围 4. 坐高 5. 肩宽 6. 骨盆宽	6
生理机能	1. 脉搏 2. 血压 3. 肺活量	3
运动素质	1. 50米跑 2. 立定跳远 3. 引体向上（男）4. 斜身引体（男）5. 仰卧起坐（女）6. 1000米跑（男）7. 800米跑（女）8. 50米×8往返跑 9. 立位体前屈	9
健康指标	1. 视力 2. 沙眼 3. 心脏 4. 肺 5. 肝 6. 神经衰弱 7. 龋齿 8. 脊柱侧弯	8

1990年第三次大规模学生体质与健康调研。从体质与健康调研的科学性来说，1985年全国学生体质与健康调研是一次真正具有资料性、研究性和应用性的大规模青少年体质健康调查和研究工作，这次研究纠正了1979年学生体质与健康调研过程中的测试指标选用不当、测试程序不严谨、测试方法误差较大以及统计方法中的问题，对未来青少年体质健康测试工作、监测工作、研究工作都具有里程碑的意义。1990年第三次大规模学生体质与健康测试与研究工作，应该说是1985年学生体质与健康调研工作的延续，通过两次学生体质与健康测试数据的对比，能深入了解我国青少年体质健康发展的动态趋势。1990年全国学生体质与健康调研工作覆盖全国30个省、自治区、直辖市，包括18个民族，其中汉族中小学生253007人、少数民族中小学生55781人，调研样本全面反映了我国学生的身体形态、生理机能和运动素质的发展状况。1990年第三次大规模学生体质与健康调研的测试指标包括身高、坐高、体重、胸围、肩宽、骨盆宽等身体形

态指标,脉搏、收缩压、肺活量等生理机能指标,斜身引体、引体向上、仰卧起坐、立定跳远、立位体前屈、50米跑、50米×8往返跑、800米跑、1000米跑等运动素质指标,以及视力、龋齿、血红蛋白、粪蛔虫卵、月经初潮、首次遗精等医学检查指标(见表3-14)。在1990年第三次大规模学生体质与健康调研期间,还达成了一种共识:从1991年开始,每次学生体质与健康调研数据都要汇编成册并公告,所出版的《中国学生体质与健康调研报告》统一使用蓝色封面,表明将体质与健康调研工作坚持下去的决心(宋尽贤、廖文科,2010:215~218)。除此之外,1991年,还成立了"全国学生体质、健康状况监测领导小组"及其办事机构——"全国学生体质、健康状况监测领导小组办公室",并组建调研组指导全国监测工作,监测数据来源于测试省、自治区、直辖市样本(简称为"省级样本")和国家样本,监测工作以省(自治区、直辖市)为基础,由国家相关部门汇总后发布调研结果公告。

表3-14 1990年全国学生第三次大规模体质与健康测试指标

指标分类	指标	数量
身体形态	1.身高 2.坐高 3.体重 4.胸围 5.肩宽 6.骨盆宽	6
生理机能	1.肺活量 2.脉搏 3.收缩压 4.收缩压(变音、消音)	4
运动素质	1.50米跑 2.立定跳远 3.引体向上(男)4.斜身引体(男)5.仰卧起坐(女)6.1000米跑(男)7.800米跑(女)8.50米×8往返跑 9.立位体前屈	9
医学检查	1.儿内科体检 2.视力 3.龋齿 4.血红蛋白 5.粪蛔虫卵 6.月经初潮(女)7.首次遗精(男)	7

1995年第四次大规模学生体质与健康调研。1995年,《中华人民共和国体育法》颁布施行,第二十三条明确规定"学校应当建立学生体格健康检查制度。教育、体育和卫生行政部门应当加强对学生体质的监测"。1995年我国体育各项工作走向了有法可依的"法治"阶段,国家教委、国家体育总局、卫生部、国家民委、科技部等5部委共同组织了第四次全国性学生体质与健康调研工作。1995年全国学生体质与健康调研覆盖全国30个省、自治区、直辖市的21个民族,调查样本量达到31万人。1995年学

生体质与健康测试指标包括身体形态、生理机能、运动素质、健康检查四个方面的 20 项指标。1995 年的必测指标与 1990 年基本相同，身体形态测试指标中的坐高、肩宽、骨盆宽由必测指标调整为选测指标；生理机能测试指标中的脉搏由必测指标调整为选测指标；运动素质指标基本没有变化；医学检查指标中粪蛔虫卵指标由必测指标调整为选测指标。为了了解学生肥胖趋势问题，选测指标中增加了反映人的身体成分的皮脂厚度测试指标（见表 3 – 15）。此外，1995 年学生体质与健康测试首次实行计算机管理，对学生体质与健康测试数据进行录入、统计和分析。测试方案要求各省、自治区、直辖市使用全国统一的学生体质与健康管理软件，按照统一的程序要求进行数据录入，核对无误后刻录软盘上报给全国学生体质、健康状况监测领导小组办公室。全国学生体质、健康状况监测领导小组办公室委托有资质的研究机构再进行全国学生体质、健康调研数据的统计、检查和验收工作。1995 年全国学生体质、健康的调研经费由国家财政支出，各省、自治区、直辖市的学生体质、健康调研经费由地方财政统筹支出，全国调研活动经费由中央财政专项、中央集中彩票公益金支持体育事业发展专项资金等多方筹集解决。

表 3 – 15　1995 年全国学生第四次大规模体质与健康测试指标

指标分类	指标	数量
身体形态	1. 身高 2. 体重 3. 胸围	3
生理机能	1. 肺活量 2. 血压	2
运动素质	1.50 米跑 2. 立定跳远 3. 引体向上（男）4. 斜身引体（男）5. 一分钟仰卧起坐（女）6.1000 米跑（男）7.800 米跑（女）8.50 米×8 往返跑 9. 立位体前屈	9
健康检查	1. 儿内科体检 2. 视力 3. 龋齿 4. 血红蛋白 5. 月经初潮（女）6. 首次遗精（男）	6
选测指标	1. 坐高 2. 肩宽 3. 骨盆宽 4. 皮脂厚度 5. 脉搏 6. 粪蛔虫卵	6

2000 年第五次大规模学生体质与健康调研。2000 年全国学生体质与健康调研工作的测试对象覆盖 31 个省、自治区、直辖市的 21 个民族，其中汉族学生 287295 人、少数民族 61473 人。学生体质与健康的测试指标和要求与 1995 年基本相似，增加了握力、背肌力等指标，对龋齿、血红蛋白、

粪蛔虫卵等测试指标的年龄组做出了具体要求（见表3-16）。学生体质与健康研究方面，动态分析和关联分析依然是关注的重点。例如，"改革开放20年中国汉族学生体质状况的动态分析""1985—2000年中国汉族学生身体形态、机能和素质的动态分析""1991—2000年中国学生缺铁性贫血患病率和贫血程度变化"等研究，通过2000年与1985年、1990年、1995年学生体质与健康调研数据的对比分析，掌握了改革开放以来我国青少年身体形态、生理机能和运动素质的长期动态变化特征，对缺铁性贫血等影响青少年生理机能的因素进行了深入的研究。我国学生生理机能和运动素质的普遍持续下降，引起了教育、体育、卫生等领域专家学者的重视。例如，《2000年中国学生体质与健康调研报告》及"1991—2000年期间中国汉族学生营养问题变化趋势和干预建议"、"中国中小学生运动素质下降的原因及其对策"等研究，通过1990年、1995年和2000年学生体质与健康调研数据的对比分析，掌握了我国学生营养状态的变化趋势，并提出了相应的干预方案建议。由此可以看出，我国青少年体质健康的调研工作已经从青少年运动技能测评转向身体健康测评，肥胖问题、营养问题、心肺机能和耐力素质下降问题等已经成为社会普遍关注的焦点。

表3-16 2000年全国学生第五次大规模体质与健康测试指标

指标分类	指标	数量
身体形态	1. 身高 2. 体重 3. 胸围	3
生理机能	1. 肺活量 2. 血压 3. 脉搏	3
运动素质	1.50米跑 2. 立定跳远 3. 引体向上（男）4. 斜身引体（男）5. 一分钟仰卧起坐（女）6.1000米跑（男）7.800米跑（女）8.50米×8往返跑 9. 立位体前屈 10. 握力	10
健康检查	1. 儿内科体检，2. 视力（以上为全体年龄组学生检查）；3. 龋齿，4. 血红蛋白，5. 粪蛔虫卵（以上为7、9、12、14、17岁学生检查）	5
选测指标	1. 坐高 2. 肩宽 3. 背肌力 4. 骨盆宽 5. 皮脂厚度 5. 月经初潮（女）6. 首次遗精（男）	6

2005年第六次大规模学生体质与健康调研。由于前五次全国学生体质与健康调研经验的积累，2005年全国学生体质与健康调研的方案制订、测试、复核、上报、统计等工作有条不紊，各级学生体质与健康测试管理体

系比较完善，学生体质与健康监控的各主体的职责明确，推动着学生体质与健康调研工作的顺利进行。2005年第六次大规模学生体质与健康调研由教育部、国家体育总局、卫生部、国家民委、科学技术部等中央五部委组织，测试样本覆盖全国31个省、自治区、直辖市，包括汉族学生303363人、少数民族学生79853人。2005年与2000年学生体质与健康调研样本相比较，少数民族由20个增加为24个，哈尼族、傈僳族、佤族、纳西族等少数民族纳入全国学生体质与健康调研体系。2005年全国学生体质与健康调研的测试仪器、技术方法和操作规范均已标准化，监测点、监测学校基本保持不变，测试数据具有鲜明的客观性、连续性和科学性。此次学生体质与健康调研工作还首次将单一的体质健康测试与问卷调查有效结合在一起，对小五、初二、高二、大二4个年龄组学生的生活方式、家庭影响、体育锻炼等进行了问卷调查，分析学生体质健康水平下降的原因（见表3-17）。2005年全国学生体质与健康调研的成果，主要体现出以下三个方面的特点。第一，青少年体质健康的动态分析依然是研究的重点。例如，"1985—2005年我国汉族学生身体形态特征的动态变化""1985—2005年我国汉族学生身体机能、素质的动态变化"。第二，青少年体质健康的趋势分析逐渐成为研究热点。例如，"1985—2005年我国部分少数民族学生身体形态发育趋势研究""1985—2005年我国部分少数民族学生身体机能、素质发展趋势研究""1995—2005年我国部分少数民族学生健康状况发展趋势研究"。第三，青少年营养卫生状况成为研究的聚焦点。例如，"我国中小学生营养不良流行现状及20年动态变化""我国中小学生超重肥胖流行现状、群体特征和动态发展趋势""我国中小学生视力不良和疑似近视检出率及20年动态变化分析""我国中小学生龋齿患病现状和十年变化趋势分析"等。

表3-17 2005年全国学生第六次大规模体质与健康测试指标

指标分类	指标	数量
身体形态	1.身高 2.坐高 3.体重 4.胸围 5.上臂部皮脂厚度 6.肩胛部皮脂厚度	6
生理机能	1.肺活量 2.血压 3.脉搏	3

续表

指标分类	指标	数量
运动素质	1. 50米跑 2. 立定跳远 3. 引体向上（男）4. 斜身引体（男）5. 一分钟仰卧起坐（女）6. 1000米跑（男）7. 800米跑（女）8. 50米×8往返跑 9. 立位体前屈 10. 握力	10
健康检查	1. 儿内科体检，2. 视力（以上为全体年龄组学生检查）；3. 龋齿，4. 血红蛋白，5. 粪蛔虫卵（以上为7、9、12、14、17岁学生检查）；6. 月经初潮（女），7. 首次遗精（男）；8. 问卷调查（小学五年级学生、初二学生、高二学生、大二学生）	8
选测指标	1. 肩宽 2. 背肌力 3. 骨盆宽	3

2010年第七次大规模学生体质与健康调研。每5年进行一次全国性学生体质与健康调研，并发布学生体质与健康测试结果公告，已经成为我国青少年体质健康工作的惯例，也表明了我国对青少年体质健康调研工作长期坚持的决心。2010年第七次大规模学生体质与健康调研由教育部、国家体育总局、卫生部、国家民委、科学技术部、财政部等中央部委组织，测试样本涉及31个省、自治区、直辖市的348495人，其中汉族学生262878人，少数民族学生85617人。2010年与2005年学生体质与健康调研样本相比较，少数民族由24个增加为26个，少数民族学生的体质与健康测试与监测范围逐渐扩大。测试指标包括身体形态、生理机能、运动素质和健康状况等四个方面的28项指标，与2005年相比，增添了腹部皮脂厚度必测指标，减少了肩宽、背肌力、骨盆宽测试指标，增添了腰围、臀围等选测指标（见表3-18）。2010年全国学生体质与健康调研工作继续将学生体质健康测试与问卷调查结合起来，分析影响青少年体质健康的各种社会因素。与2005年相比，2010年的问卷调查增加了教师问卷，关注学生体质健康与体育教学之间的内在联系。2010年全国学生体质与健康调研报告显示，我国学生身体形态发育数据持续增长，肺活量等生理机能数据出现上升拐点，运动素质继续缓慢下降，但爆发力素质、柔韧素质、耐力素质有止跌的趋势，肥胖检出率、视力不良检出率持续上升，龋齿检出率出现一定程度的反弹（教育部，2011）。

表 3-18　2010 年全国学生第七次大规模体质与健康测试指标

指标分类	指标	数量
身体形态	1. 身高 2. 坐高 3. 体重 4. 胸围 5. 上臂部皮脂厚度 6. 肩胛部皮脂厚度 7. 腹部皮脂厚度	7
生理机能	1. 肺活量 2. 血压 3. 脉搏	3
运动素质	1. 50 米跑 2. 立定跳远 3. 引体向上（男）4. 斜身引体（男）5. 一分钟仰卧起坐（女）6. 1000 米跑（男）7. 800 米跑（女）8. 50 米×8 往返跑 9. 立位体前屈 10. 握力	10
健康状况	1. 儿内科体检，2. 视力（以上为全体年龄组学生）；3. 龋齿，4. 血红蛋白，5. 粪蛔虫卵（以上为 7、9、12、14、17 岁学生检查）；6. 月经初潮（女），7. 首次遗精（男）；8. 问卷调查（小学四到六年级学生、初中生、高中生、大学生）	8
选测指标	1. 腰围 2. 臀围	3

《1978—1985 年全国科学技术发展规划纲要（草案）》颁布以来，我国青少年体质健康调研工作共开展了 8 次（2015 年的调研数据正在统计分析阶段）。1979 年全国学生体质与健康调研是我国首次大规模青少年体质健康测试，对青少年体质健康调研工作的延续具有里程碑式的意义，但同时存在测试样本覆盖面不足、测试工作程序不严谨、测试指标效度较低、数据统计分析有待完善等问题。1985 年全国学生体质与健康调研在 1979 年的基础上，扩大了测试样本的覆盖范围，增加了样本数量，完善了测试的方案设计、复核工作、上报工作、统计工作等程序，对测试指标也做出了相应的调整。所以，1990 年、1995 年、2000 年、2005 年、2010 年全国学生体质与健康调研是在 1985 年全国学生体质与健康调研工作基础上的进一步修正和完善。改革开放以来，我国学生体质与健康调研保持着每 5 年进行 1 次大规模测试、每 2 年进行 1 次体质监测的传统，积累了学生体质健康的系列基础数据。无论是数据样本量、样本覆盖面、样本的系列性，还是测试指标的类型、丰富度都是历史上绝无仅有的，是青少年体质健康发展史上的创举，也是"人类科学研究史的奇迹"。我国 8 次大规模青少年体质健康调研取得了如下贡献：掌握了全国青少年体质健康的发展状况，为改善青少年身体形态、生理机能、运动素质和健康状态提供了科学依据；全面了解了我国青少年体质健康的长期动态发展趋势，数据统计资

料可以与国外青少年体质健康统计资料进行对比分析；建立了全国范围内多民族学生体质健康的系统性资料，对促进民族发展、民族进步和民族团结具有不可替代的作用；初步建立了我国学生体质健康调研制度，形成了由教育部、国家体育总局、卫生部、国家民委、科学技术部、财政部、共青团中央等齐抓共管的监管机制；形成了青少年体质健康方案设计、测试工作、核对工作、上报工作、统计工作、公告工作等一体化的工作机制，保证数据资料的真实性、准确性和科学性；形成了全国青少年体质健康"测试工作—研究工作—干预工作"的研究机制，保证了青少年体质健康调研的理论性与应用性并重；构建了全国青少年体质健康测试、学校体育工作、卫生保健工作的生态链，通过综合干预促进青少年的身心发展；为我国青少年体育卫生科学决策工作、现代教育管理和决策工作提供了现实依据，有利于推动教育管理和决策工作的顺利进行。

第六节 青少年体质健康数据监测演进

一 学生体质健康标准数据库的演进

2004年，教育部为了配合《国家学生体质健康标准》，满足青少年体质健康测试数据的动态更新需求，提升青少年体质健康测试数据的利用率和应用性，建立了大型学生体质健康测试数据的信息系统——"中国国家学生体质健康标准数据库"（China National Student Health & Fitness Database，CNSHFD）。同年，"中国国家学生体质健康标准数据库"投入使用，为青少年体质健康测试的标准化管理、数字化管理、网络化管理、现代化管理搭建了一个有效的应用性信息平台。"中国国家学生体质健康标准数据库"基础数据与全国学生体质与健康调研基础数据的来源不同，它主要来源于各级各类学校每年向教育部上报的学生体质健康测试结果。这一数据来源的调整和改变，将我国青少年体质健康测试的"基层学校测试——省、自治区、直辖市教育厅汇总——教育部统计、分析"调整为"基层学校测试——教育部统计、分析"，简化了体质健康调研工作的流程，增强了基础数据的时效性。"中国国家学生体质健康标准数据库"的管理工作由全国学生体质健康标准数据管理中心委托有资质的企业负责，教育部各级行政部门逐渐从青少年体质健康的具体事务中解放出来，将青少年体质健康工作的重心转变成监督和管理。"中国国家学生体质健康标准数据库"可容纳全国2亿多名学生的体质健康测试数据，并可以对全国学生的体质健康测试数据进行长期跟踪管理，反映学生体质健康的动态变化特征。所以，该数据库被誉为"世界上最大的未成年个人健康数据库"，是21世纪以来我国青少年体质健康工作的又一创举。"中国国家学生体质健康标准数据库"的录入信息包括学校基本信息、学生基本信息、学生测试成绩、学校统计报表、地区统计报表等。学生测试指标共23项，学生按年级组进行选测的测试指标，每人只测3~6项，通过测试成绩结合权重的方式综合评价学生的体质健康状态。测试指标包括身高、体重等身体形态指标，肺活量、台阶试验等生理机能指标，1000米跑、800米跑、400米跑、50米×8往返跑等耐力素质指标，引体向上、仰卧起坐、掷实心球、投沙包、握力等力量素质指标，坐位体前屈等柔韧素质指标，50米跑、25米×2往返跑等速度素质指标，立定跳远、跳绳等下肢爆发力素质指标，篮球运球、足球颠球、排球垫球、踢毽子等运动能力指标。"中国国家学生体质健康标准数据库"可以按不同要求进行统计、分析、检索，可为政府机关、教育部门提供翔实的分析报告，社会公众和企事业单位也可以通过相关网站查询检索学生体质健康信息，推动青少年社会事业、体育产业的发展。但是，"中国国家学生体质健康标准数据库"的数字化、网络化建设与发达国家相比尚存在一定的差距。特别是在以问题为导向，整合多学科、多领域资源联合开展调研，系统、科学、全面地了解我国学生体质健康的发展趋势，提出干预措施等方面有待完善（董奇、林崇德，2011：7~8）。

二 学生体质健康网的历史演进

"学生体质健康网"（www.csh.moe.edu.cn），简称"学体网"，是由"全国学生体质健康标准数据管理中心"主管的官方门户网站，由教育部教育管理信息中心提供技术支持。2008年之前，"学生体质健康网"数据库服务器由外部托管。2008年开始，教育部体卫艺司和教育管理信息中心共同负责"学生体质健康网"的维护与运营,并推出了"全国学生体质健康标准数据库(2008年版)",杜绝了"往年上报数据的过程中很多教师或体育管理部门因对部分操作不熟悉而错过了上报的时间,影响了当地学生体质健康标准数据的上报工作"等现象(杜翠娟,2008:21~22)。"全国学生体质健康标准数据库(2008年版)"主要功能包括用户管理、信息发布、上报查询和统计查询等,有利于学生体质健康测试数据的上报、查询、统计和管理。"全国学生体质健康标准数据库(2008年版)"的其他功能,比如学校信息设置、测试项目设置、学生数据导入、自动评分、数据上报等基本功能与2004年版差别不大。

2014年7月,教育部颁布《国家学生体质健康标准(2014年修订)》。该标准对测试指标做出了许多调整和改变,细化了学生体质健康的测试对象,采取各单项指标得分与权重乘积之和的方式进行测试成绩评定,反映学生包括身体形态、生理机能、运动素质和健康状态的体质综合发展水平。为了适应《国家学生体质健康标准(2014年修订)》,帮助学校做好学生体质健康数据的分析利用,教育部教育管理信息中心所属北京网盟正通科技有限公司牵头,组织专家和合作单位开发了"校园学生体质健康数据管理与分析系统(2014年版)"。"校园学生体质健康数据管理与分析系统(2014年版)"具有数据采集、数据导入、数据上报、测试评分、登记卡打印、报表统计、运动处方开具等功能,可以更灵活地进行数据管理和报送工作。除了技术层面的改变之外,"校园学生体质健康数据管理与分析系统(2014年版)"还可以根据每个学生的体质健康测评状况开具个性化运动处方,使学生能够依据运动处方中的运动种类、运动强度、运动时间、运动频率、运动层级、运动进展等进行体育锻炼。目前,我国的青少年体质健康测评管理系统还是以数据上报、测试评分、统计汇总为主,与发达国家的管理系统相比还存在一定的差距。比如,在关注青少年的运动习惯和生活习惯、强调多元干预方式和手段、注重行为介入方式的应用等方面需要进一步完善。

三 学生体质健康监测网络历史演进

自2002年开始,教育部就开始组织实施学生体质健康监测工作。"全国学生体质健康监测网络"由学生体质健康监测中心、学生体质健康监测站、学生体质健康监测点学校组成，监测中心挂靠北京大学儿童青少年卫生研究所。"全国学生体质健康监测网络"要求每2年进行一次全国性学生体质健康的监测工作，并发布学生体质健康的监测报告。2002年全国学生体质健康监测是通过"全国学生体质健康监测网络"进行的第一次监测工作。2002年全国学生体质健康监测由14个省、自治区和直辖市的38个学生体质健康监测站组成，监测样本为176844人，监测指标分为身高、体重、胸围等身体形态指标，肺活量、台阶试验等生理机能指标，握力、立定跳远、坐位体前屈等力量素质指标，50米跑等速度素质指标，1分钟仰卧起坐等柔韧素质指标，以及视力、龋齿、血红蛋白等健康状态指标。共包含身体形态、生理机能、运动素质、健康状态四个方面的13项指标。2002年全国学生体质健康监测结果显示，"学生身体形态发育水平继续提高；学生营养状况得以改善；学生握力有所提高；几种常见疾病的患病率下降。但是，部分身体素质指标水平持续下降；肺活量呈现下降趋势；超重和肥胖检出率明显提高；视力不良检出率居高不下"等（教育部体育卫生与艺术教育司，2003）。

2004年全国学生体质健康监测是"全国学生体质健康监测网络"建立以来的第二次学生体质健康监测工作。这次监测与2002年相比，监测范围从14个省、自治区和直辖市扩展到16个，监测样本增加为7~22岁的小学、中学、大学在校学生182964人。按照统一的学生体质健康监测方案，监测指标增加了安静脉搏、血压2项生理机能指标，减少了血红蛋白1项健康状态指标，其他的基本沿用了2002年全国学生体质健康监测指标，共包含身体形态、生理机能、运动素质、健康状态四个方面的14项指标。2004年全国学生体质健康监测结果显示，"身体形态发育水平呈持续上升趋势；营养状况持续改善；50米跑速度素质有所提高；口腔卫生保健情况继续改善；学生握力与台阶试验指标水平没有明显变化"等（教育部体育卫生与艺术教育司，2005）。

"中国国家学生体质健康标准数据库"是贯彻《国家学生体质健康标准》的有力举措，将青少年体质健康测试纳入标准化管理、数字化管理、网络化管理、现代化管理的信息平台，提升了青少年体质健康测试数据的利用率和应用性。从2004年开始，"中国国家学生体质健康标准数据库"建设体现出如下几个特征：我国青少年体质健康测试由"基层学校测试——省、自治区、直辖市教育厅汇总——教育部统计、分析"调整为"基层学校测试——教育部统计、分析"，简化了体质健康测试的流程，基础数据的时效性也更强；我国青少年体质健康测试数据的利用率和应用性提升，可以为政府机关、教育部门提供翔实的教育基础数据，为社会公众和企事业单位提供学生体质健康信息；青少年体质健康测试的标准化管理、数字化管理、网络化管理、现代化管理等构成了有效的应用性信息平台，科学技术的创新为青少年体质健康测试数据的录入、检索、查询、统计、管理等提供了便利。但是，"中国国家学生体质健康标准数据库"管理与发达国家学生体质健康标准数据库管理相比，仍然存在一定的差距。比如，在关注青少年的运动习惯和生活习惯、强调多元干预方式和手段、注重行为介入方式的应用等方面需要进一步完善。除了加强数据库建设之外，我国青少年体质健康测试进一步加强了监测工作。"全国学生体质健康监测网络"要求每2年进行一次全国性学生体质健康的监测工作，并发布学生体质健康的监测报告，与每5年1次的全国学生体质与健康调研工作共同构成青少年体质健康动态数据链，提高我国青少年体质健康数据的动态性、科学性和应用性。我国青少年体质健康测试数据和监测数据的连续性、覆盖面、数据量等在全世界处于领先地位，青少年体质健康测试和监测是青少年体质健康统筹工作的一项历史性创举，美国、加拿大、日本等国家受政治体制的制约，与中国相比存在一定的差距。但是，国内政府部门、社会组织、市场机构、研究人员对青少年体质健康测试数据利用的深度和广度与发达国家有明显的距离，要逐渐提高青少年体质健康测试数据的实践性、运用性，使青少年体质健康测试数据服务社会发展需要，提升青少年体质健康水平。

第七节　青少年体质健康理念嬗变逻辑

一　性能关联的青少年体质健康测试

中华人民共和国成立初期，美苏两大阵营处于"冷战"状态，增强青少年的体质成为一项非常紧迫的政治任务。此时期，我国青少年体质与健康之间存在非常清晰的界限："体质"主要指与农工生产、国防军事相关的身体性能；"健康"主要指身体疾病、营养与卫生状态。比如，1951年中央人民政府政务院出台的《关于改善各级学校学生健康状况的决定》中指出："目前全国各级学校的学生健康不良的状况，颇为严重。"这种"健康不良的状况"主要指视力下降、营养缺乏和患常见疾病。1964年，《国务院批转教育部、体育运动委员会、卫生部关于中、小学学生健康状况和改进学校体育、卫生工作的报告的通知》中指出，"学生身体的发育仍未恢复，学生患常见疾病的还不少，学生患近视眼的很多。由于学生健康状态不好，不少学生毕业后参加劳动、服兵役或者升学，身体不合格"（国务院，1960：388~392）。1952年6月，毛泽东在中华全国体育总会成立大会上题写了"发展体育运动，增强人民体质"，并在当年唯一的体育刊物《新体育》杂志上整幅刊登了《发展体育运动，增强人民体质》，增强体质为生产建设、国防建设服务成为当时的指导思想。1958年，中共中央在国家体委党组《关于体育运动十年规划的报告》的批语中提出，"体育运动应在人民公社的统一安排下，结合劳动生产"，通过树立"红旗"，掀起学、赶、超运动，推广体育和生产拧成一股绳的经验。50年代至60年代中期，国家相关部门出台了青少年体质健康测试的专业标准，测试指标用于"与农工生产、国防军事相关"的身体性能检验。"准备劳动与卫国体育制度"、《青少年体育锻炼标准条例（草案）》等体育锻炼标准都强调巩固国家政权和建设祖国的迫切需要，测试指标包括跑、跳高、跳远、游泳、滑冰、引体向上、仰卧起坐、自行车、劳卫操等与农工生产相关的指标，以及超越障碍赛跑、爬绳、手榴弹、行军等与国防军事相关的指标，目的是"使每一位参加者通过劳动制的训练成为健壮、勇敢、坚毅、乐观的祖国保卫者和社会主义建设者"（翁士垫，1990：7~8）。所以，当时"体质"就是指与农工生产、国防军事相关的身体性能。

20世纪50年代至60年代中期，以美苏为代表的东西阵营"冷战"对抗加剧。中国政府及社会各界密切关注青年兵役的动态，希望通过体质健康测试的技术手段，检测青少年的身体性能，满足国防军事和农工生产的人才储备需求。在这样的政治背景之下，中国青少年体质健康测试表现出强烈的"国家和集体意志"，具体表现在以下几个方面：青少年体质健康测试与"强身救国"理念、"军事化兵操"捆绑在一起，具有十分鲜明的服务"国家"的意识形态特征（张强峰、孙洪涛，2016）；青少年体质健康测试及其评价方法处在引入阶段，没有根据中国的国情进行指标筛选，没有形成科学化、规范化和标准化的体质健康测试和评定系统；青少年体质健康测试指标与农工生产和国防军事的身体性能需求紧密关联，劳卫操、爬山、射击运动、手榴弹、骑马、行军等指标与"国家需求第一位"相一致；青少年体质健康测试主要采取行政分级控制措施，从上至下垂直管理，迅速动员青少年参与体育锻炼，保证各项体育任务的顺利达成。此外，青少年体质健康测试还依靠国家行政力量保障，通过宏观调控执行，集中进行基础设施建设等。

"performance" 英文原意为性能、表现、执行，指机械、器材、物品等所具有的性质和功能。20世纪50年代初至50年代末期的中国青少年体质健康测试，就是一种性能关联（performance-related fitness）测试。此时期的青少年体质健康测试主要是满足国防军事和农工生产的身体性能需求，一方面，将"强身救国"理念、"军事化兵操"和青少年体质健康测试工作捆绑在一起，青少年体质健康测试与"国家需求第一位"相一致；另一方面，体质健康测试指标与国防军事、农工生产的身体性能需求关联，满足巩固国家政权和建设祖国人才储备的迫切需要。政府拥有一体化的政治权力、行政权力和社会权力，直接运用国家权力由上至下来控制社会，保持着强大的统治职能，公共职能非常弱小。因此，青少年的个体意识混沌于国家和集体意志之中，成为体质健康测试的被动参与者，健康观念游离于青少年体质健康测试环节之外。

二 技能关联的青少年体质健康测试

20世纪60年代初,"大跃进"、浮夸风、形式主义盛行,"在浮夸风影响下,学校体育突击测验,弄虚作假,限时'报捷'"(文登市地方史志编纂委员会,1996:863),"将国防体育项目纳入综合性的体育活动中,是国防体育得以迅速开展的重要原因"(张剑,2009:117),"一般学校都不搞较为剧烈的体育活动,学校体育处于低谷,学生体质下降"(江都市地方志编纂委员会,1996:922~923)。1965年,社会主义改造过程中的不良风气得到了一定程度的纠正和遏制。20世纪60年代中期至70年代中期,我国青少年体质健康的"体质"与"健康"之间的界限依然比较清晰:"健康"主要指身体疾病、营养与卫生状态;"体质"主要指运动能力。比如,《关于减轻学生负担,保证学生健康问题的报告》、《关于减轻高等学校学生学习负担,促进学生德智体全面发展问题的报告》和《关于增进高等学校学生健康,实行劳逸结合的若干规定(草案)》等政策,所提出的"健康"主要针对身体疾病、营养与卫生等方面,要求学校通过实行劳逸结合、减轻学生的学习负担、保证学生的休息时间和自由支配时间、改进学校伙食工作和卫生医疗工作等措施促进学生的身体健康。但是"体质"的概念开始偏向运动能力。比如,《教育部、国家体委、卫生部、共青团中央关于贯彻全国学校体育、卫生工作经验交流会议纪要精神的联合通知》中指出,"对体育、卫生工作重视得不够,加上一些学校特别是农村中、小学,教学条件不好,体育、卫生设备很差,很多学生的健康状况不好,不少学生体质趋于下降"。联合通知里认为"健康状况不好""学生体质趋于下降"是两个方面的问题。1975年,《国家体育锻炼标准条例》要求教育与达标相结合,将"鼓励青少年和儿童为革命锻炼身体,促使身体得到正常发育,增强体质,提高运动技术水平,为无产阶级政治服务"作为核心目的(湖南省教材教学研究室,1976:9),"必须认真学习毛主席关于理论问题的重要指示,坚持党的基本路线,用毛泽东思想占领体育阵地,在体育领域实行无产阶级对资产阶级的全面专政"(湖南省教材教学研究室,1976:11),将青少年体质健康测试作为服务社会发展需要的工具。《青少年体育锻炼标准条例（草案）》和"准备劳动与卫国体育制度"相比，测试指标做出了许多调整和改变。比如，体操代替了垫上运动，垒球投掷代替了扔沙袋，举重代替了铅球、铁饼、标枪。此外，与国防军事和农工生产关联的测试指标得以弱化。比如，取消了劳卫操、骑马、爬山、自行车、超越障碍赛跑等测试指标。

　　20世纪60年代中期至70年代中期，中国历经长达10年的"文化大革命"，社会运行的正常秩序几乎崩溃。在这样一个政治背景之下，青少年体质健康测试的"国家和集体意志"依旧强烈。具体表现为：青少年体质健康测试服务国家与社会理念依旧浓厚，但是"军事化兵操"指标大幅缩减，农工劳动关联的测试指标逐渐减少，而运动技能测试指标逐渐增加；青少年体质健康测试标准及其评价方法的本土化仍未形成，体现出青少年体质健康测试的科学化、规范化和标准化不足等，开始注重依据国情进行测试指标的筛选和调整；青少年体质健康测试指标由国防军事、农工劳动的性能测试转向运动技能测试，比如取消了劳卫操、骑马、爬山、自行车、超越障碍赛跑等测试项目，体操代替了垫上运动，垒球投掷代替了扔沙袋，举重代替了铅球、铁饼、标枪等；青少年体质健康测试的政府行政主导特色越发鲜明，青少年体质健康测试工作充满着浓郁的政治色彩。

　　"skill"英文原意为技能、技巧、熟练、巧妙、才能、本领等，常引申为对某项活动，涉及方法、流程、程序或者技巧的特定活动的理解程度和熟练程度（徐全忠、邹晓春，2014：41~42）。20世纪60年代~70年代中期的中国青少年体质健康，就是一种技能关联（skill-related fitness）测试。中国青少年体质健康测试服务"国家与社会"理念依然浓厚，测试指标开始向以运动技能关联为重心转变，一方面"军事化兵操"项目大幅缩减，比如取消了劳卫操、骑马、爬山、自行车、超越障碍赛跑等测试项目；另一方面农工劳动性能测试指标逐渐减少，运动技能测试指标逐渐增加，体操代替了垫上运动，垒球投掷代替了扔沙袋，举重代替了铅球、铁饼、标枪等，呈现出"身体性能"测试向"运动技能"测试的转变。此外，青少年体质健康测试的"政治需求"大于一切，政府主导方式依然是青少年体质健康社会运行的唯一方式，整个体质健康测试工作充斥着浓郁的国家命运和政治色彩。

三 健康关联的青少年体质健康测试

党的十一届三中全会之后,提升国民整体素质成为"四个现代化"的迫切任务。1983年,《全国学校体育卫生工作会议纪要》指出,当前学生的健康和体质状况很不好,学校体育卫生工作必须进一步肃清"左"的错误和陈旧落后教育观点的影响,端正办学指导思想,认真、切实地全面贯彻党的教育方针(国家教育委员会体育卫生司,1988:186~193)。1982年7月,"为了鼓励和推动人民群众,特别是青少年儿童积极参加体育锻炼,以增强体质,提高运动技术水平",国务院制定了《国家体育锻炼标准》。1987年《关于印发全国学生体质、健康调研工作总结与论文报告会若干文件的通知》指出:"初步掌握了我国学生体质、健康的基本状况及某些方面的变化规律……而且也为提高全民族的素质奠定了科学基础。"(国家教育委员会体育卫生司,1988:473~480)1990年1月,经国务院批准,中华人民共和国体育运动委员会发布施行《国家体育锻炼标准施行办法》,首次对卫生部门做出了相应的要求,要求卫生部门有计划、有组织地负责卫生医务监督工作。此时期,我国青少年体质健康的"体质"与"健康"经常同时使用,"体质"与"健康"共同作为"提高全民族的素质"的必备条件。青少年体质健康工作的体育、教育、卫生等政府部门的协作方式开始形成(中华人民共和国体育运动委员会,1990:8~9)。1995年,我国相继出台了《中华人民共和国体育法》、《全民健身计划纲要》和《奥运争光计划纲要》,促进了我国体育事业整体性飞速发展。特别是《中华人民共和国体育法》作为新中国成立以来第一部体育专门法,明确规定"学校应当建立学生体格健康检查制度,教育、体育和卫生行政部门应当加强对学生体质的监测"(国务院法制办公室,2014a:275~278)。1999年6月,《中共中央 国务院关于深化教育改革全面推进素质教育的决定》指出:"健康体魄是青少年为祖国和人民服务的基本前提,是中华民族旺盛生命力的体现。学校教育要树立健康第一的指导思想,切实加强体育工作,使学生掌握基本的运动技能,养成坚持锻炼身体的良好习惯。"（董建稳，2010：195～202）青少年体质健康测试"健康第一"主旨得以确立。青少年体质健康测试作为学校体育工作的重要组成部分，顺应"健康第一"的指导思想，从国防军事、农工生产的检测工具，转向服务青少年身体健康的测试工具。这个时期的青少年体质健康测试分为互相独立的两个部分：一部分为运动能力测试，包括身体形态、生理机能、运动素质等方面的测试；另一部分为医学卫生检查，包括儿内科体检、视力、龋齿、血红蛋白、粪蛔虫卵、月经初潮（女）、首次遗精（男）等指标。其中，运动能力测试取消了和国防军事相关的手榴弹、背包行军拉练等指标，也取消了不利于测试和量化的体操指标。青少年体质健康测试还针对群体进行了区分，根据不同年龄段的群体采取不同的测试标准，由此建立起与发达国家青少年体质健康测试接轨的测评系统。但是，青少年体质健康的测试指标滞后于"健康第一"的测试目的。

20世纪70年代中期至90年代末，中国青少年体质健康测试树立起"健康第一"的理念，并注重从发达国家青少年体质健康的基础理论、指标构造、管理监控、运作方式中吸取经验教训，结合国情内化为具有中国特色、兼容并蓄、与国际接轨的青少年体质健康测试。但是，从整体而言，当时的青少年体质健康的测试指标滞后于"健康第一"的测试目的，具体表现为：青少年体质健康测试的指导思想，从"为无产阶级政治服务，为工农兵服务，与生产劳动相结合"转变为"为实现新时期总任务做出应有的贡献"；青少年体质健康测试目的，从"使青少年成为有社会主义觉悟的有文化的劳动者"转变为"了解和掌握我国青少年、儿童的体质状况、发展趋向"；我国青少年体质健康测试由模仿引入转向自主研发，"摸清青少年、儿童体质的现状、特点和发展规律"成为青少年体质健康测试的重要工作；青少年体质健康测试指标进行了大幅度的修改，取消了与国防军事相关的手榴弹、背包行军拉练等指标，也取消了不利于测试和量化的体操指标，并首次采用了百分制评分法评定测验成绩及其达标等级；明确了体育课、课外体育活动对于青少年体质健康水平提升的重要作用和意义，"学校应把本标准的施行工作同体育课、课外体育活动紧密结合"；青少年体质健康测试加强了行政部门之间的统筹合作，"由体育运动委员会主管。各级体育运动委员会应当会同教育等有关部门督促所属基层单位有计划、有组织地施行。卫生部门应当负责卫生医务监督工作",青少年体质健康工作由体育、教育、卫生等政府部门之间协作开展的方式开始形成（国家教育委员会体育卫生司,1988:86~89）。

"health" 原意为健康。根据世界卫生组织的解释,"health" 是指在身体、心理及社会各方面都呈现完美的状态。"health" 的内涵包括躯体健康、心智健康、情绪健康、社会健康、心灵健康和职业健康等六个方面。其中,躯体健康主要指身体各系统、内脏和器官的功能正常,表现为身体没有疾病和虚弱的状态。20 世纪 70 年代中期至 90 年代末,中国青少年体质健康测试分为运动能力测试、医学卫生检测两个部分,一方面青少年体质健康测试仍以运动技能测试为主、健康检查为辅,测试指标设置相对滞后于"健康第一"的测试理念。青少年体质健康测试关注青少年的"群体健康",并没有脱离国家和集体意志,青少年的"个体健康"往往容易被忽视。另一方面青少年体质健康工作更多地作为"摸清青少年、儿童体质的现状、特点和发展规律"的调研工具和"更有效地进行教学、训练和学校卫生工作"的评估工具,而不是作为青少年体质健康的"个体健康"的评价工具。所以,这一时期的中国青少年体质健康测试是一种健康关联（health-related fitness）测试,这种"健康"（health）趋向于躯体健康,即身体的系统、内脏和器官没有疾病和虚弱的状态。政府部门在青少年体质健康工作中拥有绝对的权威,社会组织、私营企业等第三方机构无法参与到青少年体质健康的具体工作中,青少年个体往往成为体质健康测试的"盲目"参与者。

四 健壮关联的青少年体质健康测试

21 世纪,我国青少年体质健康发展迎来了社会治理的新纪元。2000年,《2001—2010 年体育改革与发展纲要》颁布,作为新世纪的第一部体育事业发展的长期规划,对"国民的身体素质是国民素质的重要组成方面,是世界公认的社会进步的重要标志"做出了明确定位,并对"建立国民体质监测系统,实施国民体质监测制度,将国民体质监测指标纳入社会统计指标体系，定期公布国民体质监测结果"做出了明确规定（国家体育总局，2001：67~72）。2002年，《中共中央 国务院关于进一步加强和改进新时期体育工作的意见》要求"完善国民体质监测系统"，"把具有健康体魄作为青少年将来报效祖国和人民的基础条件"（国务院法制办公室，2005：225~229）。2003年，《教育部办公厅、国家体育总局办公厅、共青团中央办公厅关于开展"全国学生体质健康标准推广活动"的通知》中号召社会"培育'健康少年'、'健康青年'、'健康大使'"（中小学体育器材和场地研究课题组，2006：310~312）。21世纪，青少年"体质"与"健康"的内在联系变得越来越紧密，"体质"作为"健康"促进手段的理念在政策法规中多次被提及，"体质"演变成为青少年个体"全程健康"的测量手段。2007年5月，《中共中央 国务院关于加强青少年体育增强青少年体质的意见》颁布，"健康第一"的青少年体质健康发展理念确立。该意见要求"形成全社会支持青少年体育工作的合力"，促进青少年体质健康发展。随后，《学生体质健康监测评价办法》、《中小学校体育工作评估办法》和《学校体育工作年度报告办法》相继颁布，针对"鼓励第三方机构及公民个人以适当的方式监督学生体质健康监测评价工作"提出了具体意见（教育部体育卫生与艺术教育司，2011）。2002年，在"健康第一"理念的推动之下，教育部、国家体育总局等部门联合颁发了《学生体质健康标准（试行方案）》，进一步明确了将青少年体质健康测试作为"学生体质健康的个体评价标准"（教育部，2002：392~395）。2007年，《国家学生体质健康标准》也指出："《国家学生体质健康标准》是《国家体育锻炼标准》的有机组成部分，是针对青少年体质健康促进在学校环境中的具体实施，是贯彻落实'健康第一'指导思想的重要举措"（辽宁省教育厅，2013：993~994）。2014年，"为建立健全国家学生体质健康监测评价机制……促进青少年身心健康、体魄强健、全面发展"，教育部发布了《国家学生体质健康标准（2014年修订）》。21世纪以来，青少年体质健康的测试指标做出了许多调整和改变，除了坐位体前屈、投沙包、50米跑（25米×2往返跑）、立定跳远、跳绳、踢毽子、400米跑（50米×8往返跑）、台阶试验、掷实心球、仰卧起坐、握力体重指数、篮球运球、足球颠球、排球垫球等常规指标之外,增加了"身高标准体重"指标。"身高标准体重"利用身高、体重两个变量之间的关系反映人体体重的理想状态,是衡量个体健康状况的重要标志之一。对于青少年体质健康发展来说,"身高标准体重"是一个适应新时代要求的积极信号,标志着青少年体质健康测试由运动技能关联向个体健康关联转变。此外,测试成绩评价的权重系数也做出了相应调整(身体形态权重增加、生理机能权重减小、运动素质权重做出了微调),将青少年体质健康测试定义为包含青少年身体形态、生理机能、运动素质和健康状态的体质综合发展水平测评体系。

21 世纪以后,中国青少年体质健康发展掀开了崭新一页,特别是"中国国家学生体质健康标准数据库"投入使用,通过数据交互、互联、共享、互惠等机制,推动中国青少年体质健康测试进入大数据时代,具体表现为:青少年体质健康测试从服务"人"的运动能力转向服务"人"的个体健康,"健康第一"理念与人的尊重生命理念呈现一致性;青少年体质健康监测的对象,从"国家的人""社会的人"转向"个体的人","学校规范记录每一名学生的体质健康测试成绩及其评定等级……列入学生成长记录或素质报告书";青少年体质健康测试新增了"身高标准体重"等个体健康关联指标,引导全社会共同关注青少年儿童肥胖(或营养不良)等健康问题;青少年体质健康测试与学校体育之间的关系得到进一步强化,通过丰富多彩的体育教学内容来促进学生的体育锻炼,提升青少年体质健康水平;尝试允许第三方机构介入青少年体质健康测试工作,"教育部依托第三方机构设立全国学生体质健康监测评价研究机构,开展学生体质健康监测评价的政策咨询、技术研究、质量监测、结果公示和人员培训等工作"(教育部体育卫生与艺术教育司,2011)。

"wellness"原意为健康的状态(简称为"健壮")。根据世界卫生组织的解释,"wellness"是指个体处于一种发展的状态,通常理解为健康人生。"wellness"的内涵包括躯体健康、社会健康、情绪健康、智力健康、心灵健康、职业健康和环境健康等七个方面。其中躯体健康从身体无疾病状态转向有能力完成日常的任务,表现为具备体能及营养和适度的体脂,避免滥用药物、酒精或使用烟草产品,通常遵循积极的生活习惯等,是一种具有全程健康内涵的生活形态。21世纪以来的中国青少年体质健康测试，一方面新增了"身高标准体重"等身体成分测试指标，指标偏向心肺力量、心肺耐力和身体成分的测量，评价方式关注个体健康的综合评定；另一方面青少年体质健康测试结果列入学生成长记录或素质报告书，引导社会全面关注青少年肥胖（或营养不良）等健康问题，测试者也由"国家的人""社会的人"转向"个体的人"。所以，这一时期的中国青少年体质健康测试，是一种健壮关联（wellness-related fitness）测试，这种"健壮"（wellness）趋向于有能力完成日常的任务，更倾向于青少年个体具有全程健康内涵的生活形态。政府在青少年体质健康测试环节中的定位也做出了相应调整，逐步从全能型向服务型转变，逐渐从青少年体质健康工作的具体事务中解脱出来，注重对青少年体质健康工作的监督和管理，鼓励第三方机构介入体质健康工作提供公共服务等，青少年体质健康工作开始从政府管理模式向社会治理模式转变。

　　我国青少年体质健康测试起步于20世纪50年代，至今为止有70多年的发展历史。20世纪50年代至60年代中期，我国青少年体质健康测试以引入借鉴为主，出于巩固国家政权的需要，选择了与农工生产、国防军事紧密关联的测试指标，是一种考核青少年生产、军事身体性能的测评体系；20世纪60年代中期至20世纪70年代中期，我国青少年体质健康测试以调整筛选为主，出于社会主义工业生产的需求，测试指标中国防军事关联指标大幅减少、农工生产关联指标逐渐增多，是一种考核青少年运动能力的测评体系；20世纪70年代中期至20世纪90年代末，改革开放如火如荼，我国青少年体质健康测试开始自主研发，出于全面实现四个现代化的高素质人才需要，测试指标中除了原有的运动能力指标之外，增加了医学卫生检查指标，是一种评价青少年群体健康的测评体系；21世纪以后，公共健康的国际合作成为全球热点，我国青少年体质健康测试开始与国际接轨，出于对青少年慢性疾病的预防需求，测试指标除了常规运动能力测评、医学卫生检查指标之外，增加了反映青少年健康状态的身体成分测评指标，是一种评价青少年个体健康的测评体系（见图3-1）。所以，我国青少年体质健康测试历经"性能关联—技能关联—健康关联—健壮关联"四个发展阶段,具有鲜明的时代更迭逻辑。从青少年体质健康测试的发展历程来看,青少年体质健康测试是党和国家意志的集中体现,体现出党和国家对民众的深切关怀;青少年体质健康测试也是社会发展进步的产物,不同时期的青少年体质健康测试体现出不同发展阶段的需求;青少年体质健康测试也是折射国际关系的镜子,青少年体质健康测试会随着国际关系的变化而做出相应的调整和改变。

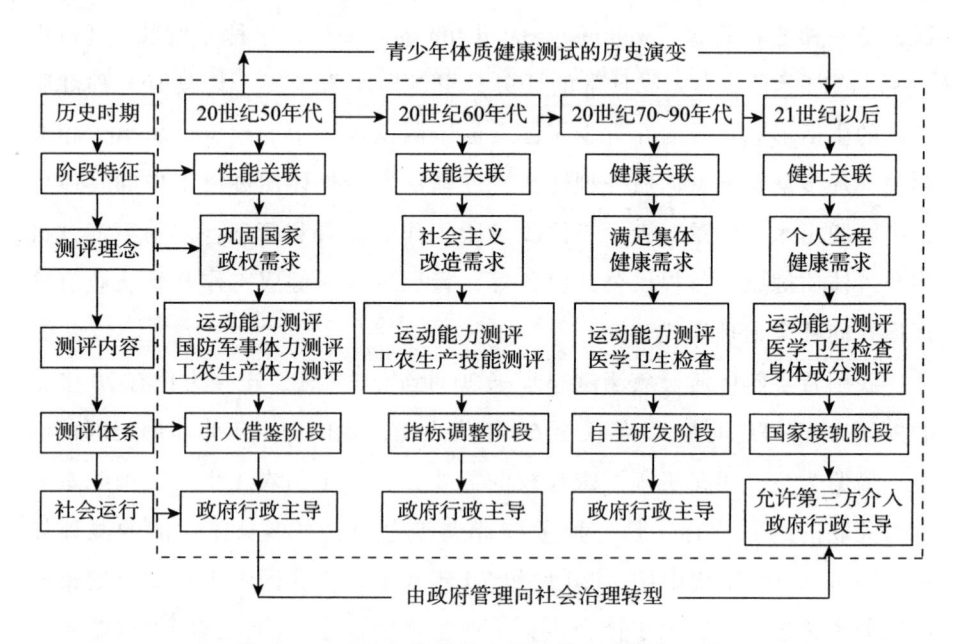

历史时期	20世纪50年代	20世纪60年代	20世纪70~90年代	21世纪以后
阶段特征	性能关联	技能关联	健康关联	健壮关联
测评理念	巩固国家政权需求	社会主义改造需求	满足集体健康需求	个人全程健康需求
测评内容	运动能力测评 国防军事体力测评 工农生产体力测评	运动能力测评 工农生产技能测评	运动能力测评 医学卫生检查	运动能力测评 医学卫生检查 身体成分测评
测评体系	引入借鉴阶段	指标调整阶段	自主研发阶段	国家接轨阶段
社会运行	政府行政主导	政府行政主导	政府行政主导	允许第三方介入 政府行政主导

上方：青少年体质健康测试的历史演变
下方：由政府管理向社会治理转型

图 3–1 青少年体质健康测试的历史嬗变逻辑

第四章
青少年体质健康相关内容

第一节 青少年体质健康的价值诉求

国家与个人之间的权力禀赋关系，一直是西方哲学社会学界研究的主题。古代先哲亚里士多德"城邦和个人"的"大我和小我"论述，成为国家与个人之间权力禀赋关系的经典论述。法国的孟德斯鸠则从教育视角阐述了两者之间的关系："教育的法律是我们最先接受的法律，因为这些法律准备我们做公民。"（孟德斯鸠，1995：29）因此，"小我"的自我教育需受"大我"公民教育的统筹和支配。德国的黑格尔则认为，国家构成了个体的"最终目的"，"个体从国家中找到其存在、义务和满足的真理，同时国家也构成了神在外在世界中的实现或显现"（黑格尔，1961：285）。因此，国家与个体、"大我"与"小我"之间在本质上非对立，而是相互联系的，国家的一切外在的显现由多个个体的实现整合而成，而个体则从国家的实现中获取自身的自由和满足。捷克前总统哈维尔论述"国家与个体"的权力禀赋关系时认为，人的生命高于一切，人的财产高于一切，人的尊严高于一切，"事实上存在着一种高于国家的价值，这种价值就是人。众所周知，国家是要为人民服务的，而不是与此相反。公民服务于国家的唯一理由，是对于国家为所有公民提供良好服务而言"（魏宗雷等，2003：73）。

新中国成立初期的青少年体质健康测试体现出强烈的"国家需求"意识形态，与"强身救国"理念、"军事化兵操"整合为一体。青少年体质健康测试作为强国的衡量工具，主要满足国防军事和农工生产的迫切需求。改革开放时期的青少年体质健康测试由行政集权向现代管理迈进，"国家需求"的观念逐渐淡化，转变为青少年身体健康的检测工具，但是测试指标仍然以运动技能测试为主，测试指标设置滞后于"健康第一"的测试理念。21世纪以来的青少年体质健康测试，"健康第一"的体质健康测试理念确立，青少年体质健康测试作为个体健康的评价工具，整个测试体系逐渐从"国家""集体"的情境中完全解脱出来，转变成对"个体的人"的健康的关注。但是，青少年体质健康的历史遗留问题，导致学生只是盲目、被动地接受各种测试和评价，有"近70%的同学对测试的要求和方法漠不关心，近一半的同学运动保健常识比较薄弱"（张宗国，2009：86~91），"没能从更个性化、从认知激活、从心理感受的紧迫感或者是从心理震撼效应上促使学生对自我健康的关注或产生相应的锻炼行为"（戴霞等，2012：75~82）。青少年体质健康测试工作只注重测试数据的上报，学生对测试意义半知半解，测试反馈莫衷一是，运动处方一无所知，改善身心健康更是无从谈起。从技术环节而言，青少年体质健康测试应该是"测试—评价—诊断—反馈—指导"等一体化的闭合生态圈，整个闭合生态圈的核心是"个体的人"的存在意义和持续发展。青少年体质健康测试是为"个体的人"的健康服务的工具，应该让学生通过体质健康测试了解自己的体质水平和健康状态，通过科学有效的运动处方和有针对性的健身指导，达到健全体魄和健全心灵的目的。但是，目前我国的青少年体质健康测试，外部表现为缺乏完整、闭合、有效的生态链，内部表现为"国家需求"整合之下的"个体的人"的缺位。

第二节 青少年体质健康的运行机制

我国青少年体质健康测试一般以教育部、国家体育总局等政府职能部门为主导出台测试方案，卫生、体育、教育等领域专家共同研制测试标准，通过政策法规、行政手段、奖惩措施等运作方式，要求教育机构以学校为单位开展测试人员培训、体质健康测试以及测试数据上报等具体工作，最后由政府部门的直属科研机构汇总测试数据，实时发布统计结果公报并出台预防干预措施。这种政府主导的青少年体质健康测试，在政策法规等行政手段的保障和推动之下，短期内收集了全国性的学生体质健康测试的基础数据，掌握了全国学生身体形态、生理机能以及运动素质等方面的动态变化情况，并构建了覆盖全国的青少年体质健康监测网络。政府行政主导在我国青少年体质健康测试的社会运行过程中发挥着重大作用，比如单向而有效的社会运作手段、迅速而便捷的社会整合能力、强制而有力的社会规范机制等。此外，政府行政主导也减轻了青少年体质健康测试的"后顾之忧"。但是，政府行政主导的青少年体质健康测试也面临许多难题。比如，政府的财政负担过重，造成"三分之一的学校没有给教师发放任何补贴"，"绝大部分高校没有学生体质健康测试专用场地，测试仪器短缺、质量差"等诸多问题"（杜世全，2008：89～91），许多学校对学生体质健康测试工作的重视不够，投入的经费不足，让测试工作处于一种临时应急状态，并非作为一项常态化的工作来开展。政府部门采取由上至下、分级管理的行政手段，社会组织的灵活性和市场的调节机制无法渗入，导致青少年体质健康工作的政府扶持的单一发展取向。

2014年，《学生体质健康监测评价办法》提出"各地要通过政府主导、第三方监测、社会监督"等多种渠道获取学生体质健康的基础数据，第三方监测、社会监督等社会力量参与到青少年体质健康测试工作的环节中，意味着长达半个世纪的政府行政主导模式的调整与改变。任何一个生态系统的动力源都可分为外部动力和内部动力两部分，外部动力是维系生态系统生命力存在的环境，内部动力是维系生态系统生命力存在的源泉。政府行政主导的青少年体质健康测试，依靠政府行政措施来推动执行，暴露出内部动力缺乏、灵活性不够等问题。国外发达国家的青少年体质健康测试多采取社会组织主导的模式。比如，美国总统体质与竞技委员会、美国卫生体育休闲和舞蹈协会总是扮演着青少年体质健康测试推广者的角色，并联合家长、学校及社区推广青少年体质健康干预方案，解决日益恶化的青少年体质健康水平下降问题。加拿大为推广青少年的健康促进工作，针对家长、教师以及青少年等研制了不同的"体质健康指导手册"。

澳大利亚的卫生部门于 2005 年提出"学童（儿童与青少年）课后参与动态社区方案"，由体育老师、运动俱乐部、家长及课后辅导员等合作，提供青少年的体质健康测试及营养餐点服务。2000 年日本提出"国家健康促进计划"，为了打造健康、快乐的现代化社会，日本的政府部门、专业组织和私人企业共同营造青少年体质健康的生态化空间（方进隆、黄泰谕，2011：451～461）。国外发达国家的青少年体质健康测试非常重视社会组织的参与，社会组织的主导性、灵活性能够得到充分发挥，并增强了青少年体质健康测试的内部动力，系统从内部向外部推动着青少年体质健康事业的成熟和发展。

第三节 青少年体质健康的经费投入

我国一直奉行政府行政主导的青少年体质健康测试方案，政府行政措施在青少年体质健康测试的社会运行中发挥着举足轻重的作用，财政拨款成为青少年体质健康测试经费的唯一来源。教育部《关于 2013 年〈国家学生体质健康标准〉测试和上报工作的通知》第六部分明确规定"各地教育行政部门要提高测试工作保障水平，加大经费投入，加强测试场地设施条件建设，按照国家有关规定配备符合标准的测试设备和器材"。但长期以来，单一的财政拨款方式已逐渐暴露出越来越多的弊端：国家的行政财政负担过重，体质健康测试经费无法及时拨付，学校体质健康测试经费投入不足，体质健康测试专用场地建设严重滞后，体质健康测试仪器设备老化严重，体质健康测试人员培训工作无法保障，体质健康测试人员福利待遇相对较差等，最终影响了学生体质健康测试结果的科学性、真实性和有效性。青少年体质健康测试单一的财政拨款形式，还造成了财政牵引政策的恶性循环。政府的财政拨款难道是青少年体质健康测试工作唯一合法的经济来源和经费保障吗？市场经济作为社会资本的有效调节手段，难道就不能有效介入青少年体质健康测试的具体工作，通过市场机制的调节方式保障测试经费投入、测试人员培训、测试工作补助、测试场地建设、测试仪器更新吗？

第四节　青少年体质健康的指标向度

"fitness"一词美国译成"体适能",欧洲国家译成"体能",日本译成"体力",而在中国主要存在"体质""体适能""体能"三种译法。世界卫生组织将"fitness"定义为:"身体有足够的活力和精神进行日常事务,而不会感到过度疲劳;并且还有足够的精力享受休闲活动和应对突发事件"(王晖,2011:73)。由此可以看出,"fitness"不但与人的身体状况相关,还与人的整体生活质量相关。"fitness"测试应该包括"与健康相关的(health-related)、与技能相关的(skill-related)以及与代谢相关的(metabolic-related)多个体适能参数"(邓树勋等,2007:152)。在中国的文化语境之下,与健康相关的体质健康测试应该包括"心肺耐力、身体成分、柔韧度、肌力和肌耐力"五大基础性测试。而柔韧度、肌力、肌耐力可以归纳在肌肉骨骼范畴之内。与技能相关的体质健康测试应该包括"敏捷、平衡、协调、速度、爆发力、反应时间"六大基本要素。青少年体质健康测试是由身体形态、生理机能以及运动素质等测试指标组成的人为构建的测评系统,但事实上,"当通过体力活动或运动来提高体质健康水平的时候,这两个方面或多或少都会被涉及。例如,与技能相关的体质同样需要肌力、肌耐力和柔韧度来发挥较佳的速度、协调、敏捷和爆发力。同样的,较佳的协调、速度和爆发力,亦有助于肌力的发挥。与健康相关的体质的五大要素是为了针对普通大众因运动不足而引致的种种慢性疾病,从而使大众的体质健康锻炼更有针对性,更有效果"(傅浩坚、杨锡让,2012:138~139)。所以,青少年体质健康测试是以身体健康为发展导向,还是以运动技能为发展导向,在国际体质健康学术界也存在诸多争议。

新中国刚成立时期的青少年体质健康测试,测试指标包括劳卫操、爬山、射击、手榴弹、20公里骑马、6公里行军等,与国防军事、农工生产的身体性能紧密关联,是以军事(或劳动)性能检测为目的的一种测评系统,与当时的"国家需求第一位"理念一致;社会主义改造时期的青少年体质健康测试,由国防军事、农工生产的身体性能检测转向运动技能检查,是以运动技能检查为目的的测评系统;改革开放时期的青少年体质健康测试,"国家需求"的观念逐渐淡化,"健康第一"的主旨得以确立,测试指标进行了大幅度的修改,取消了与国防军事相关的手榴弹、背包行军拉练等指标,也取消了不利于测试和量化的体操指标,但测试指标仍以运动技能为主,测试指标滞后于"健康第一"的发展理念,整个测试体系并没有脱离"国家和集体"的情境,青少年的个体健康容易被忽视。21世纪以来,由于我国青少年的身体肥胖、心肺耐力下降、营养不良等健康问题逐渐凸显,我国的青少年体质健康测试逐渐从运动技能关联向个体健康关联转变,身高标准体重、皮脂厚度、肺活量、中长耐力跑等测试指标的权重越来越高。但是,与美国、欧洲等发达国家和地区相比,我国青少年体质健康的测试指标与个体健康之间关联性还需进一步强化。比如,国内有学者认为,青少年体质健康测试"许多项目的成绩受遗传因素的影响很大,如50米、立定跳远主要是与奔跑速度、爆发力、弹跳力等因素有关"(甘柏花,2001:45~46、58),这些因素主要与遗传因素相关,后天改变的可能性较小,因此不适宜拿来作为测试标准;"柔韧素质不应作为大学生的测试指标"(王林等,2006:256~258),体质健康测试的各项指标之间应该具有关联性,而柔韧素质与运动素质的测试指标关联性不强,不适宜作为青少年体质健康的测试指标;"坐位体前屈与握力项目及仰卧起坐间无相关性,设为选测项目不合理"(路文峰等,2006:1125~1126)。因此,青少年体质健康测试指标与降低青少年疾病风险之间的构造效度问题,是未来我国青少年体质健康测试研究的热点和难点,应使青少年体质健康测试指标真正符合"健康第一"的发展理念。

第五节 青少年体质健康的测评目的

青少年体质健康测试是用于学校体育的教学评估,还是用于学生个体的健康评估,不同的国家有不同的理解。我国青少年体质健康测试起步于20世纪50年代的"准备劳动与卫国体育制度",半个多世纪以来我国一直都将青少年体质健康测试作为体育课程教学和学校体育工作的绩效考核工具。比如，2014年教育部颁发的《学生体质健康监测评价办法》中"第十条 有效应用监测评价结果"强调："各级教育行政部门要将学生体质健康状况作为评价学校教育质量和地方教育发展水平的重要指标。"《关于进一步加强学校体育工作的若干意见》中也强调："对学生体质健康水平持续三年下降的地区和学校，在教育工作评估和评优评先中实行一票否决。"（国务院办公厅，2012）教育部把学生体质健康水平纳入教育工作的考核中，作为教育质量评估的重要指标，可见国家对学生体质健康测试工作高度重视。部分学校为了在教育工作评估中评优评先，违反学生体质健康测试相关规定，上报数据时弄虚作假，允许学生冒名顶替、重复测试、不按照测试标准进行测试等现象层出不穷（王凤仙，2013：90~92）。为了遏制此类现象的发生，教育部规定地方教育行政部门要建立监督机制、复核机制，并委托第三方机构随机抽取一定比例的学校进行现场抽查复核。

美国等发达国家对青少年体质健康测试目的的理解，与中国完全不同。美国 FITNESSGRAM ⓒ科学咨询委员会专门出台了《"校内体育活动和体质健康测试恰当与否"指导方案》：青少年体质健康测试的适合性，包括"1. 帮助学生（个体）评估与健康相关的健身水平；2. 测试机构让教师查看数据以促进课程改革；3. 最好是个人私密测试，让个别学生私下测定体质健康水平；4. 教会学生相关的卫生标准以及需要参与什么类型的活动；5. 帮助学生跟踪健康结果；6. 体质健康测试由学校管理，测试学生的自我评估随着时间的推移而能被跟踪"；青少年体质健康测试的不适合性，包括"1. 在体育教学中评价个别学生，根据学生的体质健康测试表现进行分级，或者将结果张贴给其他人看；2. 评价教师绩效；3. 评估整体教学质量"（Corbin and Pangrazi，2008）。虽然说美国有14个州要求所辖学校对学生进行体质健康测试和评估，并向家庭以及社区提供学生的体质健康测试报告，但是均不允许将学生的体质健康测试结果作为评价教师体育教学和评估学校体育工作的依据。此外，美国青少年体质健康测试环节，非常注重对学生隐私的保护，一般都采取单独的私密性测试，作为"应对青少年肥胖症的基本策略"（Gregory，2006：1-4）。

第六节 青少年体质健康的社会控制

我国青少年体质健康测试的社会控制,一直采取的是"大棒加高压"惩罚机制,"学生测试成绩达到良好及以上者,方可参加三好学生、奖学金评选;成绩达到优秀者,方可获体育奖学分","测试的成绩达不到50分者按肄业处理","对学生体质健康水平持续三年下降的地区和学校,在教育工作评估和评优评先中实行一票否决"(教育部体育卫生与艺术教育司,2011)。将学生的体质健康测试成绩作为学生评奖评优、升学、毕业的必要条件,作为学校和地方教育行政部门教育工作考核的重要指标。惩罚性的考核要求让学生、学校、教育部门等主体在体质健康测试工作中都惴惴不安。在"不达标就惩罚"的高压之下,出现了奇怪的现象:一方面,"教育部本科教学工作水平评估中的589所高校《国家学生体质健康标准》合格率都超过了97%,都获得了A等成绩,顺利通过了评估"(王茂琼等,2009:82~84);另一方面,全国学生体质健康的调研结果却显示"学生身体素质不断下降,特别是肺活量机能和耐力素质水平持续走低"。学生为了不影响自己的成绩,学校、教育主管部门为了不影响自己的业绩,弄虚作假、修改数据现象层出不穷。为此,教育部组织了学生体质健康测试现场抽查复核小组,希望通过现场抽查复核的方式遏制测试、数据上报环节中弄虚作假现象的发生。

美国等发达国家的青少年体质健康测试一般采取以激励为主的制度措施,这不仅是对青少年体育参与行为及其过程的肯定和认可,还可以通过奖励机制刺激青少年体育人口的增加。1965年,美国青少年体质健康测试就匹配了成绩奖励、金印奖(在所有测试项目中达到前80%)、成就奖(在所有测试项目中达到前50%)、认可证书和进步奖等奖项,其中进步奖颁给那些身体受限但测试表现有进步的青少年(American Association for Health, Physical Education, and Recreation, 1965)。1966年,美国总统Lyndon B. Johnson批准授予"总统奖",奖励给在所有体质健康测试项目中达到前85%的学生。20世纪80年代,美国卫生体育休闲和舞蹈协会创立了"健身活动奖"、"健身目标奖"以及"健康健身奖"等（Gregory et al.，2008）。20世纪90年代之后，美国青少年体质健康测试的奖励理念从运动结果奖励转向了运动过程奖励。比如，美国总统体质与竞技委员会、库珀公司健康与体质研究院合作设立了"总统积极生活方式奖"（Presidential Active Lifestyle Awards，简称"PALA"）。所以，我国青少年体质健康测试的社会控制应该由惩罚机制向激励机制转变，使青少年体质健康的测试、上报、汇总、评估、发布等工作立足于健康服务，关注学生个体的身体健康状态，并提供有针对性、多样性的运动处方、健身指导、跟踪服务产品，让学生了解自己体质健康的状态，掌握合适的运动策略，体悟青少年体质健康测试的重要意义与价值。

第七节 青少年体质健康的社会责任

美国疾病控制中心社区预防服务工作组曾强烈建议：要将教育课程和政策作为有用的行为策略来促进儿童进行身体活动。学校作为青少年最重要的学习场所和生活空间，能为学生提供规律的、可控的、有效的身体活动情境，并对学生的身体认知能力、身体运动教育产生促进作用。我国青少年体质健康测试一直是学校体育工作的重要组成部分，学校承担了测试人员培训、学生体质健康测试、测试结果上报等具体工作，"着重提高其教育监测和绩效评价的支撑能力"，将结果作为"评价学生综合素质、评估学校工作和衡量各地教育发展的重要依据"（教育部，2014），提高青少年体质综合水平也成为教育机构及其职能部门不可推卸的社会责任。相关研究表明，"青少年的身体强弱，遗传是基础，但与后天的物质生活条件、社会环境、体育锻炼等有着密切的关系"，而且"社会的物质生活条件、劳动条件、卫生条件、政策制度、生态平衡以及教育水平等人类特有的社会环境，对人体的成长、发育和体质强弱是起决定性作用的"（陈明达、于道中，1993：23~31）。虽然体育锻炼是增强体质最积极有效的途径，但是青少年体质健康作为公共健康事务，由教育部门（甚至是学校体育课程）来承担全部社会责任显然不恰当。

青少年体质健康水平下滑，是社会的物质生活条件、劳动条件、卫生条件、政策制度、生态平衡以及教育水平等综合作用的结果。所以，应该通过家庭、学校、社区的社会资源整合，营造青少年体质健康发展的"家庭－社区－学校"三位一体的生态化空间，体质健康测试的具体工作也应该由学校空间过渡到社区空间。如果社区能成为青少年体质健康测试的主体实施空间，不仅能拓展社区公共服务的内容和范围，还能搭建学校与家庭之间的沟通桥梁。学校空间作为社区空间的有益补充，不仅有利于进一步深化青少年体质健康教育的理论和实践工作，还可以有效避免青少年体质健康测试衍变成体育教学评价手段。青少年体质健康测试也不能忽视家庭空间的重要性，家庭空间不能成为青少年体质健康跟踪和服务的"荒漠"。1995年日本文部省对学校体育进行改革："学校体育向家庭、社会体育延伸。"（顾渊彦、凌平，1999：4~11）实行学校、家庭、社会三位一体的体育教育，提升学生对自身健康的关注度，提高学生自我锻炼的积极性和主动性，培养学生自主提高体质健康水平的能力。所以，青少年体质健康由教育权责向社区权责的转变，不仅意味着体质健康测试的具体工作由学校空间过渡到社区空间，更意味着青少年体质健康由单一的学校模式向"家庭－社区－学校"三位一体的多样化、生态化的模式转型。

第八节　青少年体质健康的教育策略

新中国成立以来，我国教育部门一直将体育课程作为遏制青少年体质健康水平下降的主要途径。但从体育教学的发展实践来看，"体育教学在观念及课程设置、教材内容、教学方法以及课堂教学的组织形式等方面均未突破60年代所形成的模式"（潘佐坚，1999：94~95），仍然以教授运动技能知识、提升运动水平为中心；在教学形式上重视理论教学、忽视实践教学；在教学方法上重视被动灌输、忽视自主互动；在人才培养上重视共性教育，忽视个性培养。20世纪80年代后，我国学校体育界存在两种体育课程教育目的的争论：一种是"体质论"，倾向于学校体育课程的设置和开展教学工作的目的是增强学生的体质；另一种是"竞技论"，认为学校体育教学的目的不是增强学生的体质，而是提升学生的体育能力和健身水平（王立东，2009：63~64）。2001年我国实行体育新课程改革，教育部在发布的《国家基础课程改革纲要》中将原来的"体育课"改为"体育与健康课"，突出了"健康"在体育课程中的地位，强调了"健康"在体育教学中的重要性，并依据这一纲要制定了《体育与健康教学大纲》。此后，体育与健康课程变成了"体育加上健康教育"，或者"体育为健康课程"。但是，青少年体质健康水平下滑的困境并没有因为"体育课"变为"体育与健康课"而产生显著变化，"学生的体质健康水平25年持续下降，自2001年体育新课程改革10余年来，学生体质依然不容乐观"（蔡志强，2013：76~78）。

20世纪90年代以后，许多发达国家掀起了新一轮学校体育课程改革的热潮。1999年日本颁布了《中小学保健体育教学指导纲要》，强调了将身心作为一个整体，通过合理的运动实践和适宜的运动体验使学生养成良好的运动习惯，在增进健康的同时形成乐观开朗、积极向上的生活态度。英国《全国体育教学大纲》把"增进学生的健康"作为最终要实现的目标（谭华，2005：384~388），体育教学的主要目的是向学生传播健康知识，协助学生进行科学的、适宜的体育锻炼，增强学生的体质健康。美国最佳体质课程从健康概念知识、健康测验、身体活动的努力水平、健康技能的应用、对身体活动的态度等五个方面进行教学与评价（王家宏，2007：51~57），力求对学生掌握健康知识的程度、健康技能的应用能力、体质健康水平的提升等进行全面、真实的评价。我国的体育课程与欧美国家兴起的体质课程区别较大。第一，体育课程的教学对象为所有学生，具有普遍性特征；体质课程的教学对象为体质不达标学生，具有个体性特征。第二，体育课程强调学生体质前后变化的结果评价，注重运动技能的测试；体质课程强调学生体质动态变化的过程评价，注重体质健康的测试。第三，体育课程的课程设计一般以运动项目为单位，强调学生对运动技能的掌握；体质课程的课程设计一般以身体成分、心肺功能、肌肉耐力、柔韧度为单位，强调学生对健康技能的掌握。第四，体质测量一般作为体育课程的辅助工具，往往只作为体育教学效果的检测工具；体质测量一般作为体质课程的过程工具，贯穿教学的整个过程。此外，体质课程的方案，可以根据学员体质健康的测量数据来调整，在有限的课程时段帮助体质健康不达标学生改善体质健康状态。体质课程还可以通过专家咨询、医疗手段介入等方式，帮助身体缺损或体弱的学生改善身体健康状态，或协助有生理、心理功能障碍的青少年恢复最大限度的生活独立性。传统体育课程关注的对象是体质健康已达标群体的运动技能水平，体质健康不达标群体的体质健康水平却被漠视，不能从根本上缓解或遏制青少年体质健康水平持续下降的不良态势。所以，应该在社区（或学校）积极推广、普及针对性更强的体质课程，关注体质健康不达标学生的体质健康水平动态变化过程，提供针对性更强的运动处方。

第五章
国外青少年体质健康的社会治理模型

第一节 青少年体质健康的生态健康模型

一 青少年体质健康生态健康模型理念

生态学一词源于生物学,是指生物体和环境之间的相互关系。生态学对"人类与环境关系"的强调常常作为一种观点、一种思维方式、一种行动指导模型,应用到社会学、心理学以及公共卫生等领域。青少年体质健康的生态健康模型就是把社会文化、政策和物质环境结合到行为干预和健康教育项目中,从而鼓励和支持个人做出有利于健康的选择并持续保持健康行为。1985年,汉考克(Hancock)和珀金斯(Perkins)提出了生态健康模型并被广泛接受,他们认为社会的和谐稳定与人的身心健康是社会经济、政治、文化、生态环境与个人因素综合作用的结果,环境与大众健康之间存在密不可分的关系。生态健康概念不仅在于宣传、号召、解释与分析,而且强调环境部门与卫生健康部门、环境保护组织与健康促进组织之间通过协商参与、整合力量、通力合作等方式采取一致的行动与措施,打造适合人类可持续发展的健康生态系统。1989年,国际公共卫生领域专家基克布施(Ilona Kickbusch)指出:"好的星球十分难寻:努力建立大众健康的生态基础。"(朱明若、罗先讯,1997:3~4)他针对全球面临的自然环境被肆意破坏、自然资源被肆意开采等自然生态破坏问题,社会经济文化发展无序等社会生态失衡问题,以及自然生态破坏、社会生态失衡与危害人类健康之间的相互关系进行了深入分析,首次提出了生态大众健康的观念。1989年,布朗(Brown)认为生态大众健康基于了解生态系统间的一种复杂的、动态的、微妙的平衡,以保全人类享有持续、稳定的健康。

二 自然环境对青少年体质健康的影响

国内外相关研究表明,地理气候因素与生长发育之间存在一定的相关性,因为无法排除其他的干扰因素,所以难以获得明确的规律性结论。地理气候因素与种族遗传、生活环境、社会经济水平、社会文化等因素之间存在协同和交叉(季成叶,2006:92~93),共同制约着青少年的体质健康发展。我国历次全国性大规模学生体质与健康调查研究表明,由于地理环境的差异、不同气候因素及不同文化背景、习俗和生活习惯的影响,我国青少年的生长发育水平存在显著的地域性差异。1985年中国学生体质与健康研究统计资料显示,28个城市18岁汉族青年的生长发育与所处的纬度、经度、气候等环境因素之间存在显著相关性。李纪江等(2010:42~47)研究发现,我国国民体质综合指数与海拔高度呈负相关,与地球经度呈正相关,与距离河海路程呈显著相关;身体机能综合指数与地球经度、纬度呈正相关;肺活量与海拔高度呈显著相关。总体来说,我国成年人国民体质综合指数与地球纬度的相关系数很低,即南北方国民体质综合指数不存在明显差异,但东西方国民体质综合指数却存在明显差异;身体机能、肺活量等则与气候环境、地理位置等因素存在密切关系。唐锡麟等(1994:143~148)研究发现,华北平原和东部沿海地区、东北辽西走廊、黄河中上游和牧区、半农半牧区是中国高身高区的主体,矮身高区则包括9个省区市。此项研究结果表明,由于地理环境、民族性遗传因素、社会经济发展水平及民族风俗习惯、生活行为与方式等因素的影响,我国青年身高水平有明显的地域差异。张天成(2010:134~138)研究认为,少数民族18岁青年的发育分北方地区高于南方地区;发育分与地球纬度、年日照时数、气温年较差呈中度以上显著正相关,与其他气候因素也有相关性;气候因素是身体形态发育回归分析的首选因素,其中男生为年降水量和年日照时数,女生为年日照时数和气温年较差。人类对气候的不断适应,本身就表明气候因素对人的生长发育具有不可忽视的作用。气候因素包括年日照时数、年平均气温、气温年较差、平均地表温度、年降水量、平均相对湿度、大气压、平均水气压等，均与群体发育水平密切相关。其中，身高与年日照时数、气温年较差等的相关系数在 0.62~0.67，在一定程度上反映年日照时间越长、气温年较差越大的地区，身高等体格生长水平越高。相反，生活在温热（年平均气温、平均地表温度较高）、降水量大、平均相对湿度和平均水气压高地区的青少年体格生长水平一般较低。

三 社会环境对青少年体质健康的影响

（一）社会因素对青少年体质健康的影响

影响青少年体质健康的社会因素在社会层面包括社会的经济发展水平、文化教育水平、医疗保健水平、社会生活环境等；影响青少年体质健康的社会因素在个人层面包括人际交往环境、行为模式的社会化等。影响青少年体质健康的社会因素众多，影响错综复杂，可以是正向的，也可是负向的，或正负向作用都存在。青少年体质健康工作要尽量发挥社会因素的正向作用，帮助青少年抵御负向作用，充分发挥自身的生长潜力，达到最佳的身心发育水平。黄露、余晓辉（2005：608~609）研究认为，经济水平和文化程度对成人体质指数有影响，人群中超重或肥胖的检出率与经济水平和文化程度呈负相关，即经济水平和文化程度越高，人群中超重或肥胖的检出率越低。姚武、姚兴（2008：87~90）研究认为，现代生活方式中的饮食不合理、运动不足、睡眠不良、心理素质不健全等是影响青少年体质健康的主要社会因素，学校教育中"应试教育"抹杀了孩子玩的天性、"唯分数论"侵害了孩子玩的权利、"唯学历论"弱化了孩子玩的能力、"唯金牌论"剥夺了孩子玩的机会等偏差，家庭环境中家长的认识误差导致孩子体育行为的偏差、偏重智力的策略牺牲孩子应有的体育时间、缺乏玩伴的环境降低孩子体育参与的兴趣、家长溺爱致使孩子远离体育活动等影响了青少年体质健康发展。黄晓俊、刘玉琴（2012：85~87）研究认为，长期以来"应试教育"的功利性教育理念、家庭结构变化产生的溺爱、科学技术发展带来的生活方式革命性变化、生活水平提高带来的饮食结构变化等是影响我国青少年体质健康水平下降的主要社会因素。反映青少年健康状况的公共健康指标主要有三类。第一，生长发育指标，包括生理指标，身高、体重、头围、BMI 指数、血压、血红蛋白、胆固醇等；心理指标，如智商、情绪商、社会商、气质等。主要用于一级预防性儿童体质健康调查。第二，疾病指标：发病率、患病率、现患率、体格缺点率等。第三，死亡指标：青少年意外死亡率、平均期望寿命等，而这些指标都与社会经济状况紧密相关。一个国家、地区的社会经济秩序持续稳定、社会经济发展水平逐步提高都会促进青少年生长发育水平的提升、青少年体质健康状况的改善；反之，社会经济秩序的混乱、社会经济发展水平的下降会直接导致青少年生长发育水平的停滞和下降、青少年体质健康水平的下降。我国已进入社会全面转型阶段，工业化、都市化和生活现代化进程加快，但是青少年生长发育变化滞后于社会经济发展，青少年体质健康水平城乡差异是社会经济城乡差异的集中体现。

（二）家庭因素对青少年体质健康的影响

家庭是社会的基本组成单位，是青少年体质健康不可忽视的影响因素之一。许多社会因素通过家庭直接、间接传递到青少年的日常生活中，进而影响青少年的体质健康。家庭因素包括：家庭结构、家庭经济收入水平、家庭成员职业及受教育程度、家庭的亲子关系、家庭的生活方式及饮食行为习惯、遗传因素等。其中，家庭的亲子关系、家庭的生活方式及饮食行为习惯等对青少年的生长发育产生较大影响，家庭经济收入水平对青少年体质健康的影响尤为显著。尹小俭等（2009：67~69）研究认为，大学生的肥胖率与家庭收入呈显著相关，城乡大学生肥胖率差异显著，城市大学生肥胖率明显高于农村大学生肥胖率，尤其是男大学生的肥胖率差异更明显。这说明社会经济的迅速发展在促进人民生活水平提高的同时，青少年体育锻炼活动却逐渐减少，造成肥胖检出率尤其是肥胖患病率逐年提高。于秀、史永巍（2008：11~14）研究认为，人的体质尤其是幼儿的体质在一定程度上受先天遗传因素的影响，如父母的身高、体重及身体健康情况对幼儿的体质健康具有显著的影响。武俊青等（2008：193~196）研究认为，上海市核心家庭成员体质指数的状况不容乐观，调查对象的超重率为 25.47%、肥胖率为 4.76%。个人月收入在 2000~3000 元、个人健康行为得分在 68 分的调查对象，存在体质指数过高的危险。年龄、进食习惯、吃饭按时定量情况、看电视时间的长短等是 BMI 的影响因素。对山西省 10～22 岁学生的家庭体育支持程度与 BMI 的关系进行了分析。研究表明，10～22 岁学生的家庭体育支持程度在 BMI 值上存在多个年龄段的显著差异。其中，学生对体育活动的态度、参加体育锻炼的积极性与父母的支持程度显著相关。家庭是学生加强体育锻炼的主阵地，家庭环境的多层次结构对学生身心发育发挥着定向调节作用。同样的家庭经济条件下，家庭人口数（尤其子女数）对青少年体质健康的发展有明显影响。多子女家庭青少年的身高、体重、胸围、肺活量、握力等体质水平与独生子女家庭青少年差异显著。多子女家庭父母精力有限，需分散照顾每个子女的各个方面，无法集中精力支持、督促和陪伴每个子女进行足够的体育锻炼。此外，家庭结构是否完整也非常重要，和睦家庭青少年的行为问题检出率明显低于不和谐或暴力频发家庭。单亲家庭或不和谐家庭的青少年容易出现精神压抑、情绪低落、食欲下降等，从而引发体内各种内分泌变化，导致生长激素分泌低下，影响体格发育。单亲家庭或不和谐家庭的青少年易出现离家出走、结伙打架、斗殴，甚至犯罪等问题。所以，父母的生活方式及行为习惯对青少年的生长发育影响较大，父母有吸烟、吸毒、虐待儿童、酗酒、极少参加体育锻炼、忽视身体健康等问题，也会影响青少年对自身体质健康的关注及良好生活方式的养成。

（三）体育因素对青少年体质健康的影响

体育锻炼是促进青少年生长发育和提升青少年体质健康水平的重要因素之一。经常进行体育活动、参加体育锻炼的青少年身高、体重、胸围等体格指标显著高于不参加体育锻炼者。骨骼生长是体格发育的基础，体育锻炼对促进青少年骨骼生长的作用显著。小学生和初中生正值生长突增阶段，引导他们多做跑、跳、蹲、腾、跃等运动，可活跃骨骺的微细循环，刺激钙磷骨内沉积，有助发育，促进身高增长。1999 年，莱恩（Lane）测量中长跑少年运动员发现，经常从事长跑训练的运动员第一腰椎骨密度平均值比对照组高 30%。科学的、长期的、适度的体育锻炼，可以有效地控制体重，促进身体形态的良性发育、生理机能及运动素质的提升。2002 年，孔图莱宁（Kontulainen）等对儿童进行了 9 个月运动干预的追踪观察，发现经常从事体育锻炼的儿童腰椎骨矿物质含量比对照组多增加4.9%；锻炼结束后至少一年内，腰椎骨的矿物质沉积速率仍显著高于对照组。体育锻炼还能促进肌肉收缩，加速脂肪消耗，使身体中的瘦体重成分显著增加，体脂率相应下降。赵强、薛玉行（2011：94~97）对实施"阳光体育运动"后大学生的身体形态、生理机能和运动素质的测试结果进行动态分析，结果表明体育锻炼对增强大学生体质起到了积极促进作用。姜一鹏（2015：180~184）发现在校大学生科学的体育锻炼及健康的生活习惯欠缺，对体质健康标准认知模糊、不能正确有效评测自己的体质健康状态。教会学生正确地测量评价自己的体质健康，有利于其自觉地、有针对性地增强体质以及养成健康生活习惯。

此外，经常性体育锻炼有助于人体的神经细胞获得充足的氧气供应和能源物质，提高青少年神经系统的工作能力，缓解疲劳，促进青少年体质的均衡性、灵活性、协调性和耐久力的提升。体育运动能使大脑的兴奋、抑制过程合理交替，有利于消除神经紧张和脑力疲劳，促进大脑工作能力提高，显著提高学习效率。经常性体育锻炼还能增强心肌收缩力、增加血输出量、增大心脏容积、增加最大耗氧量、使心率减慢等。强有力的心脏搏动可以显著减少脂代谢产物在血管壁沉积，预防动脉粥样硬化、高血压和冠心病。经常性体育锻炼可以促进人的呼吸肌发达，促使人体的肺容积、肺活量、肺通气量明显增加，从而促进供氧能力的提升，同时增强人体呼吸系统的功能、降低呼吸系统的患病率。经常性体育锻炼能增强内分泌功能、各内分泌腺功能，促进身体发育。所以，无论是家庭、学校和社区都应该加强青少年体育锻炼环境的营造，让青少年通过经常性的体育锻炼提升体质与健康发展水平。

生态学方法广泛应用于健康促进领域，是人们对个体与环境、行为与环境认识不断深入的结果。生态健康模型的环境包括物质环境和社会文化环境，可分为三个层次：微小系统（microsystem），它由特定环境下的人与人间的相互作用组成，例如家庭成员、朋友、同事等；中间系统（mesosystem），是指环境间的交互作用，例如家庭、学校、工作场所等；外部系统（ecosystem）是一个较大的社会系统，它能通过经济压力、文化信仰以及道德和政治行动来影响个体。从生态健康模型三个层次对青少年体质健康的影响来说，微小系统影响力直接作用于青少年的日常健康行为和体育锻炼行为，影响力最大；外部系统影响力间接作用于青少年的日常健康行为和体育锻炼行为，影响力较小，而且必须经过中间系统才能发挥应有的效果；中间系统处在微小系统和外部系统之间，影响力的大小也介于两者之间。青少年体质健康生态健康模型的核心是运用行为干预手段从个体、人际、社会环境等方面制定多维的干预目标。目前，青少年体质健康的运动干预方案难以产生持久的效果，主要原因是这些运动干预方案没有针对社会环境变迁提出有效策略。比如，交通方式的便捷化、办公环境的自动化以及经济压力和工作压力的增大等，让人们更倾向于选择静坐少动行为。如果公共政策制定、城市建设和社区或工作场所的规划未能考虑到人们进行体育锻炼的方便性和可及性，即使人们的健康意识不断增强、体育锻炼的愿望日益强烈，也难以实现长期规律性的体育锻炼。此外，青少年体质健康的生态健康模型根据运动干预方案的差异，又可以进一步细化成健康生态学模型、健康行为生态学模型和健康促进生态学模型等。

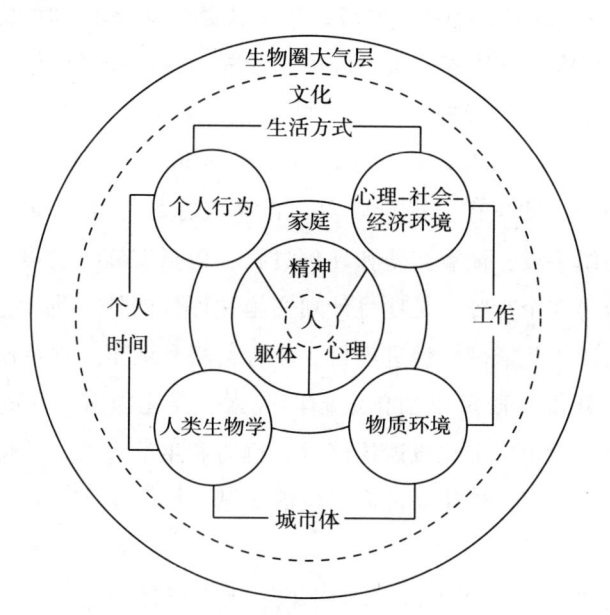

图 5-1 青少年体质健康的生态健康模型

第二节 青少年体质健康的格林模型

一 青少年体质健康格林模型基本理念

20世纪70年代，美国健康教育学家劳伦斯·格林（Lawrence W. Green）提出一种运用政策、法规和组织手段进行健康诊断与评价的模型，由于健康促进的效果突出，公共健康领域就以劳伦斯·格林的名字命名这种模型，称为"格林模型"。格林模型有两个特点：一个是从计划设计和预期要获得的结果入手，从最终的结果追溯到最初的起因；另一个是考虑了影响健康的多重因素，以帮助计划制订者把这些因素作为重点干预的内容，并由此产生计划目标和评价指标（乌正赉、叶冬青，2013：296~300）。格林模型由PRECEDE和PROCEED两个阶段组成。第一阶段：PRECEDE（Predisposing, Reinforcing, and Enabling Constructs in Educational/Environmental Diagnosis and Evaluation），即评价阶段，指在教育/环境诊断和评价中应用倾向因素、促进因素和强化因素，着重应用于诊断，包括社区评估、流行病学诊断、教育与生态诊断、管理与政策诊断等四个步骤。第二阶段：PROCEED（Policy, Regulatory and Organizational Constructs in Education and Environmental Development），即执行与评价阶段，指在实施教育和环境干预中运用政策、法规和组织手段，侧重实施和评价过程，包括实施、过程评价、影响评价和效果评价等四个步骤，是项目计划实施和评价的核心阶段。其中，项目的实施阶段可以细化成健康促进项目、教育策略和政策、规章制度和组织三个要素；过程评价阶段可以细化成倾向因素、强化因素、促成因素三个要素；影响评价阶段可以细化成遗传因素、行为和生活方式、环境因素三个要素；效果评价阶段可以细化为健康、生活质量（见图5-2）（边立娟，2013：47~49）。

格林模型创立于20世纪七八十年代，现在已经发展成为一种健康促进理论的综合应用模型。格林模型的核心理念与健康促进的生态健康模型相一致，遵从健康行为受复杂、多维因素影响的观点，核心特点是从结果入手，用演绎的方法进行推理思考。比如，基于目标人群的需求，从评价人群需求的研究和分析开始，来倒推满足这些需求的步骤和措施。格林模型在欧美国家已经得到了广泛认可，奠定了许多青少年体质健康国家级干预项目的理论基础。格林模型本质上包括计划、实施和评价过程中的一系列阶段，连续的8个阶段也反映了项目计划的逻辑顺序，特别是从目标人群或目标社区的需求出发，分析满足这些需求的方法和路径，最终设计一个满足目标人群或目标社区需求的干预方案，是一种"以终为始"的工作方法和思维方式。格林模型将影响行为改变的因素分为前置因素、促成因素和强化因素，对于青少年体质健康领域具有重要的理论指导意义。所以，我国青少年体质健康社会治理模型也应该在完成体质健康、行为方式与环境诊断的基础上，通过前置因素、促成因素和强化因素流程拟定干预方案与措施，引领青少年养成健康生活方式，为教育、管理和政策提供参考。

二 青少年体质健康格林模型理论原则

格林模型的理论原则1，强调持久性健康行为改变的自愿性。即通过激发人们的学习动机，让人们自主地了解、学习新知识和新技能，积极主动地参与社区事务的管理、参加社区服务，进而实现生活质量的提高。这一原则强调模型运用过程中目标人群的自愿性和自主性，并贯穿全过程。目标人群是模型运用的主体，在我们应用该模型的每一个阶段，都应该要努力实现让目标人群主动参与到项目计划制订、实施和评估的所有活动中，而不是作为模型运用的客体，被动地接受项目计划、被动地参与实施、被动地接受评估结果。

格林模型的理论原则2，强调环境对健康和健康行为影响的重要性。个人不良的饮食习惯和生活行为方式对个体及人群健康危害较大。但是，并非个体所有的不良饮食习惯和生活行为方式都是个体自主选择的，有些不良饮食习惯和生活行为方式受外界环境的影响较大。因此，健康促进工作必须理解和分析个人不良的饮食习惯和生活行为方式受哪些外界环境因素的影响。因此，格林模型既考虑目标人群的个体因素，又考虑外界环境因素对目标人群的影响，格林模型可以帮助我们在健康教育和健康促进工作中全面考虑环境对目标人群健康行为的影响程度。

所以，青少年体质健康的格林模型与青少年体质健康的行政干预之间最大的区别有以下两点。(1) 格林模型以社区居民的内在需求为出发点，青少年健康行为养成是自愿的；而行政干预是基于国家使命的顶层设计，青少年健康行为养成是被迫的。(2) 格林模型注重青少年体质健康内生秩序的构建；而行政干预注重青少年体质健康外造秩序的构建。

三 青少年体质健康格林模型实施步骤

社区评估（阶段1）。社区评估应遵循的一个原则是社区参与，如果社区评估规划不能使社区群众产生主体意识，那么这个社区评估规划绝不可能得到顺利实施并产生持久作用。另一个要遵循的原则是，社区需求评估应从各种不同来源中获得相关资料，以增进对社区的了解。生活质量与健康之间是一种双向关系，健康能够提高生活质量及保持社会的良好状态，同时生活质量和社会问题又会影响健康，这些因果关系又受到社会政策、卫生服务、健康促进规划的影响。因此，健康促进可以广泛实践于卫生与社会领域，而不是单纯的医疗卫生服务领域。社区群众的需求与愿望以及生活质量是社区评估的重要内容之一。

流行病学诊断（阶段2）。流行病学诊断与社区评估是两种互补的方法。流行病学诊断的一个任务就是从分析广泛的社会问题入手，找出导致健康问题的因素。失业、住房拥挤、交通不便、文化程度低、经济收入低均可导致人们的健康问题。健康教育工作者不可能总是运用同一种方法解决群众的健康问题，可以通过与其他部门的合作，也可以通过促进政策的改变或是指导群众充分利用卫生部门以外的社区资源来解决群众的健康问题。流行病学诊断的另一个任务就是评估已确定的健康问题与社会问题的吻合程度。我们经常面对许多健康问题，但由于现有资源匮乏，必须权衡健康问题的轻重缓急，使干预产生最大的社会效益。

教育与生态诊断（阶段3）。在流行病学诊断的基础上，可以对行为与环境进行诊断。行为危险因素直接导致不良行为与生活方式的增加，进而导致健康问题的发生。环境因素包括社会与物质两个方面，常常超出个人的控制能力范围，但可以采取健康促进策略和措施，营造有利于养成健康行为与生活方式的支持性环境，从而提高健康水平。在格林模型的教育与生态诊断阶段，要制定模型应用的总目标与具体目标。总目标是指在执行某项健康促进规划或方案后应实现的理想效果，通常是指远期的、较为笼统的效果。比如，生育期保健的健康促进规划，其总目标是通过提高产前保健质量，以提高产妇和婴儿生存质量，促进儿童生长发育。具体目标通常是指近期的、较为具体的效果。比如，大学生体质的健康促进规划，其具体目标可以是通过长跑等项目提升大学生的耐力。

管理与政策诊断（阶段4）。管理诊断的核心内容是组织内外的资源评估。组织内资源评估主要分析：有无健康教育机构，该机构有无实践经验和组织能力、现有资源状况如何等。组织外资源评估内容包括：健康教育规划与本地区卫生规划的关系、政府卫生行政部门对健康教育的重视程度和资源投入状况、本地区其他组织机构参与健康教育的意愿和现况、社区群众接受和参与健康教育的意愿和现况、社区是否存在志愿者队伍等。政策诊断的主要内容是了解和掌握社区的现有政策情况，例如，项目计划有无政策支持、政策支持力度多大、该政策是否完善、该政策是否具有较强的可行性和可操作性等。

实施（阶段5）。一项健康教育与健康促进规划制订完成之后，接下来就是通过具体的实施去实现规划所设立的预期目标。在健康教育工作和健康促进活动开展的整个过程中，实施是实现目标、获得效果的最重要的环节。如果缺少了科学、有效的实施，再完美的规划和方案也只能是纸上谈兵，空无效益。因此，要想让健康教育与健康促进规划产生实际的效益，就必须注重实施工作。比如，建立好实施的组织机构、购置所需的硬件设备、组建好实施的人员队伍、制定好规划实施的时间控制表、制定好规划实施的具体方案和流程表等。

过程评价（阶段6）。实施阶段过后，应对实施过程展开评价。评价内容包括实施过程中目标人群的相关行为，影响健康相关行为的正倾向因素、负倾向因素，实施过程中资源的拥有与利用、人才队伍的技术水平等对实施的影响等。

影响评价（阶段7）。影响评价包括目标人群行为改变及环境改变的情况，比如，规划实施后，目标人群的健康行为是否增加；目标人群有无减少有损健康的行为；影响健康的环境是否得到改善；目标人群的体质健康水平是否有所提高、患病率是否有所下降；等等。

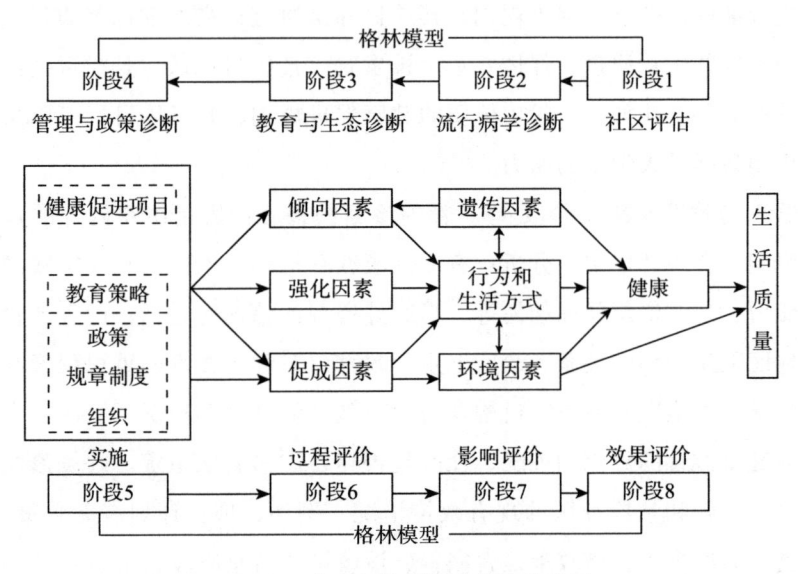

图 5-2 青少年体质健康的格林模型

资料来源：Green and Kreuter, 1999。

效果评价（阶段8）。效果评价就是评价健康教育与健康促进规划所设立的预期目标是否实现、产生的实际效益有多大。健康教育的最终目的是提高人们生活质量，创造健康文明的世界，有着潜在、鲜为人知的巨大效益。因此，效果评价对增强目标人群的健康意识有着很大的作用。但是效果评价需要耗费大量的人力、物力及时间，需长期随访调查，加上有些指标缺乏有效性及特异性，难以定量（特别是效益指标），难度较大。效果评价分两个方面：健康状况的改善和生活质量的提高；"成本-效益"和"成本-效果"分析。从社会效益、经济效益和生态效益等多方面进行模型应用效果的评价，避免了青少年体质健康行政干预仅注重社会效益的弊端，提高了干预方案效益的复合性。

第三节　青少年体质健康的多层社区模型

一　青少年体质健康多层社区模型理念

多层社区模型又称为多层次社区健康路径模型（Multilevel Approach to Community Health，MATCH），于1988年由西蒙（Simons）和莫尔顿（Morton）等提出。和格林模型一样，多层社区模型也已经广泛应用于世界各国的健康促进领域。多层社区模型通常在行为和环境风险因素、疾病或伤害的预防因素已经比较清楚时使用，是强调干预措施应该关注不同的目标和个人，再根据总体目标制定不同层次的目标和分目标的一种综合性生态规划。青少年体质健康的多层社区模型分为五个阶段。第一阶段是目标选择。指计划者基于健康问题的流行现状、健康问题的相对重要性、健康问题变化的可能性、其他相关的环境因素等选择健康状况目标。第二阶段是干预计划。指从确定干预目标开始，选择适宜的干预措施、内容、媒介和实施途径，包括讲座、培训、倡导、咨询、社区组织、社会推广以及社会行动等。第三阶段是制订实施计划。指根据干预目标和计划，制订可行的实施计划，包括确定实施计划的干预目标和层次以及选择干预场所和干预媒介（如人际传播、媒介传播）等。第四阶段是实施准备。指计划者为了干预项目的有效实施，进行倡议和宣传，挖掘健康需求，寻求环境支持，对实施人员进行培训及监督，确定和选择干预媒介和目标，建立良好的工作关系，并提供证据证明干预的效果，等等。第五阶段是评价。指对实施计划和步骤、实施范围和质量以及阶段性实施效果进行整体性评价等。

多层社区模型的核心是干预方式与生态环境之间的变量关系。青少年的体质健康发展必须平衡经济、健康、生态之间的利益关系，使之达到社会可以接受并能使我们继续生存的状态。青少年体质健康的多层社区模型主要采取ACC和SCC两种方法。SCC即社会照顾能力，即行动方式和评估方法要注重公众的投入。1991年，格林（Green）和克鲁泽（Kreuter）认为，任何社区的青少年体质健康工作都必须把行动方式和评估方法的选择建立在公众理解并乐于实践的基础上，选择行动方式和评估方法本身就是一个机遇。多层社区模型已在许多社区中被证明有用，就是因为该模型在一定程度上协助社区建立了青少年在体质健康工作中的主人翁精神，让社区决定他们在这些行动中所起的作用。ACC 即环境适宜的携带能力，是一种基于生态烙印的行为/结果之间的反馈调节机制。从生态学角度理解，越接近复杂系统的单一部分控制点越可能提高生态系统的适应性和持续性。美国圣菲研究所（SFI）的相关研究也表明，制定系统局部的原则更有可能提高生态系统紧急反应的可能性。对于青少年体质健康的多层社区模型而言，整个社区和个体都必须生存在一个生态环境之中，而这个生态环境又有其自己的限度，个体和社区合作制定健康促进的干预原则很重要。因此，环境适宜的携带能力和社会照顾能力在青少年体质健康干预项目的制定与实施中必须密切联系起来。

二 多层社区模型理论原则

和格林模型一样，多层社区模型也已被广泛应用于健康促进领域。多层社区模型从生态规划的视角，强调干预措施应该关注不同的目标和个人，根据总体目标制定不同层次的目标和分目标（见图 5-3）。多层社区模型通常在行为和环境风险因素、疾病或伤害的预防因素已经比较清楚时使用（李红娟，2012：89~91）。

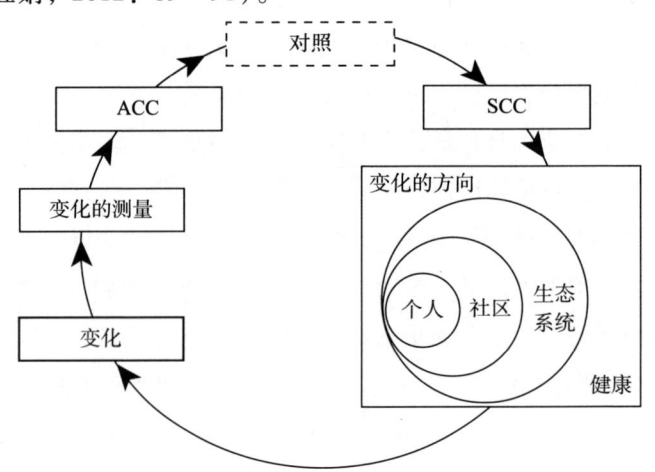

图 5-3 青少年体质健康的多层社区模型

三 多层社区模型实施步骤

目标选择（阶段1）。在这一阶段，计划者基于以下几个方面的因素选择健康状况目标：健康问题的流行状况；健康问题的相对重要性；健康问题变化的可能性；其他相关的环境因素。在这一阶段，计划制订者还应该选择干预的主要目标人群，以及与健康状况目标联系最紧密的健康行为，并确定环境因素，比如资源的可得性及障碍，构建环境目标。

干预计划（阶段2）。从确定干预目标开始，选择适宜的干预措施、内容、媒介和实施途径。健康教育者经常采取的干预措施包括讲座、培训、倡导、咨询、社区组织、社会推广以及社会行动等。

制订实施计划（阶段3）。根据干预目标和计划，制订可行的实施计划。确定实施计划的干预目标和层次，选择干预场所和干预媒介（如人际传播、媒介传播）。这些计划确定以后，选择适宜的干预课程或者编制干预材料，包括个人训练计划或者群体课程计划，以及获取或制作课程材料。

实施准备（阶段4）。计划者准备实施，并指导干预。为了有效实施，应采取以下措施：发出倡议，为改变不良现状进行宣传；挖掘健康需求，寻求环境支持；提供证据证明干预是有效果的；确定和选择干预媒介和目标人群中的核心人物，并说服他们，让他们认为需要改变；与决策者建立良好的工作关系；对实施人员进行培训及监督。

评价（阶段5）。与格林模型相似，多层社区模型的评价也包括过程评价、影响评价和效果评价。过程评价包括对实施计划和步骤、实施范围和质量以及阶段性实施效果的评价；影响评价包括对知识、态度和行为的改变情况，以及环境因素的变化的评价；效果评价通常会将重点放在健康行为的改变上，另外还要监测行为或者环境因素变化的长期保持情况。然而，一些效果的出现需要很长时间，因此经常会出现没有足够的时间或是资源来进行效果评价的情况。比如，通过体育锻炼有效降低心脏病发病率的干预项目可能需要开展数年甚至数十年，这样的干预项目不一定能观察到效果指标的变化。

第四节　国外青少年体质健康社会治理模型借鉴

目前，国外比较成熟的青少年体质健康社会治理模型有生态健康模型、格林模型和多层社区模型等。这三种青少年体质健康社会治理模型不仅有比较完善的理论基础，也经历了长时间的实践检验，社会治理理论和实践的成熟度都比较高。在上述三种青少年体质健康社会治理模型的基础之上，世界各地根据治理环境和实践经验的不同又演化出其他模型，比如健康生态学模型、行为生态学模型、健康促进生态学模型、干预规划图模型、健康社区模型、健康传播模型等。生态健康模型强调健康与环境之间的社会建构关系，"个体的人"在生态健康模型之中处在核心位置，健康与环境是围绕个人行为的一种生态平衡关系；格林模型注重干预方式对"个体的人"的干预过程和结果，通过流程化的阶段与步骤，将干预设计付诸实施后达到预期结果；多层社区模型强调干预方式与生态环境之间的变量关系，根据变化方向和变化测量的不同，采取不同的适宜性干预策略。所以，生态健康模型、格林模型、多层社区模型都注重"个体的人"与生态环境之间的动态平衡关系，生态健康模型强调干预生态系统的构建、格林模型强调干预计划的实施、多层社区模型强调干预策略的采用，它们都是通过政府与市场、政府与社会、政府与公民三种基本关系的明确定位，以建立和发展公共责任机制为目的的新型社会治理方式。

生态健康模型、格林模型和多层社区模型三个青少年体质健康社会治理模型虽然被诸多发达国家普遍采用，理论基础和实践经验都比较成熟，也产生了较好的社会治理效益，提升了当地青少年体质健康发展的水平，但是对于我国青少年体质健康的社会治理来说，完全照搬和模仿不能适应我国的国情，也不能满足我国青少年体质健康发展的需求。目前，我国青少年体质健康工作主要体现出行政执行、财政拨款、学校主体三个主要特征，即我国青少年体质健康工作的管理采取"教育部—各省、自治区、直辖市教育厅—地市教育局—各级各类学校"的垂直管理方式，政府的行政权力在青少年体质健康工作中是唯一的权威来源，缺乏青少年体质健康专业组织来承担相应的工作；我国青少年体质健康工作的经费主要来源于财政拨款，财政拨款的专项资金拨付的特殊性，往往造成资金流向和使用的滞后性，部分地区学校的场地设施缺乏、体质健康测试设备老化、测试专业人员培训不足、测试工作的补助发放不及时，而基金会、社会组织以及私营部门等经费来源又相对缺乏；我国青少年体质健康工作的主体集中在学校，虽然说学校是青少年的主要生活空间，但是学校受到高考"指挥棒"的引导，加上家庭教育因素和社区教育因素的缺失，并没有形成促进青少年体质健康发展的生态空间。

目前我国青少年体质健康工作奉行的是行政主导的政府管理模式，青少年体质健康的社会治理模式尚未形成，从这个方面来说，国外青少年体质健康的生态健康模型对于我国青少年体质健康社会治理最具有借鉴意义。首先，要将青少年体质健康问题从单一的生物性问题引申为生态性问题，注重人（青少年个体）与自然生态系统和社会生态系统的生态系统构建；其次，要将青少年体质健康问题从人（青少年个体）的生理性问题转向社会性问题，将个体健康行为与政策环境、自然环境、社会环境、生活环境和服务环境有效结合，通过"内部关系外部化"的处理方式营造青少年体质健康的外部生态，促进健康行为的养成；最后，要将青少年体质健康问题从教育性问题拓展为公共健康问题，将政府行政责任转化成公共健康责任，通过政府机构、社会组织、经济市场多种机制的构建共同推动青少年体质健康的发展。

格林模型关注干预计划的实施，特别是注重干预政策和教育策略的制定和实施。我国青少年体质健康发展的宏观政策过多，而中观、微观政策不足，体现出引领性较强而指导性不足等问题。学校体育教育工作作为提升青少年体质健康发展水平的基本策略，从教育政策干预、教育环境干预、教育信息干预、教育人际干预、教育服务干预、教育行为干预等方面综合拟订干预方案的经验缺乏。从这个方面来说，国外青少年体质健康的格林模型对我国青少年体质健康社会治理干预工作方案和教育干预策略的制定具有不可替代的作用。借鉴青少年体质健康的格林模型，我国青少年体质健康的社会治理工作要注重人的个体性差异，建立个体性的体质健康促进工作方案，在接案、收集资料、体质健康诊断、制订计划、行为介入、结案等程序中，将每一个青少年体质健康促进工作方案通过程序化的操作落在实处。借鉴青少年体质健康的格林模型，我国青少年体质健康的社会治理工作要在健康教育对象，健康教育体系，诊断、评价、鉴定，法律、法规，对家属及有关人员的教育等方面拟定具有应用性、实践性和可操作性的健康教育策略。所以，我国青少年体质健康社会治理应该通过前置因素、促成因素和强化因素流程拟定干预方案与措施，引领青少年养成健康生活方式，在此基础上为教育、管理和政策提供参考。

多层社区模型通过环境适宜的携带能力（ACC）和社会照顾能力（SCC）两个变量之间的对照分析，注重青少年体质健康干预项目制定过程中行为与结果、投入与产出之间的反馈调节，将青少年体质健康干预方案最优化。这是青少年体质健康多层社区模型有别于生态健康模型和格林模型的地方，也是构建我国青少年体质健康社会治理模型的重点借鉴之处。那么，青少年体质健康社会治理从伦理学上要考虑价值、公平和正义的问题，政府作为社会控制的主体，有责任维护社会道德规范，并因地制宜地将行为规范上升到法治高度，由此维护社会秩序、保障社会整体协调发展，健身场地设施、师资力量指导、公共健康服务、健康教育投入、网络信息资源等青少年体质健康社会资源分配都要保证正义，把"基本健康需求"作为一种人权加以确定并立法保护，特别是对处于社会弱势地位青少年的体质健康促进更应该加强保障。青少年体质健康社会治理从经济学上要考虑"边际效用递减"规律，从健康经济的投入和产出比来说，相对贫困家庭青少年的边际效用较富裕家庭大。政府作为社会责任的主体，有权力也有义务进行体质健康资源的再分配，从而维护社会公平，优化社会效用，促进全社会形成关注青少年体质健康的氛围。所以，借鉴青少年体质健康的多层社区模型，拟订我国青少年体质健康社会治理方案时，不仅要有伦理学依据，而且要有经济学基础，方案的可行性才能得以保障。

综上所述，国外青少年体质健康的生态健康模型、格林模型和多层社区模型聚焦点存在一定的差异，生态健康模型侧重于干预方案的生态体系构建，格林模型侧重于干预方案的流程与步骤，多层社区模型侧重于干预方案的行为与结果反馈等。国外青少年体质健康的生态健康模型、格林模型和多层社区模型聚焦点存在一定的共性，比如，注重青少年个体与自然生态环境、社会生态环境之间的关系构建；强调在现有的制度框架体系之中对政府、组织、市场、公民之间的关系进行调整；关注社会资源再分配过程之中的价值、公平和正义，特别是对弱势群体的制度化保障；等等。这些都对我国青少年体质健康社会治理模型构建提供了清晰的思路和方案的参考。我国青少年体质健康工作仍处在行政执行、财政拨款、学校主体的政府管理阶段，青少年体质健康工作的社会治理刚刚提上日程。所以，生态健康模型对于我国青少年体质健康社会治理最具有借鉴意义，借鉴生态健康模型构建青少年体质健康社会治理的理论模型，而拟订干预方案时借鉴格林模型注重干预政策和教育策略的程序和步骤，借鉴多层社区模型注重干预方案的伦理价值和经济效益，提高我国青少年体质健康社会治理方案的可行性和可操作性。

第六章
青少年体质健康的社会治理模型构建

第一节　青少年体质健康社会治理的基本特征

一　青少年体质健康的政府管理特征

目前，我国的青少年体质健康工作一直推行的是政府管理模式，政府行政力量在青少年体质健康发展过程中一直发挥着主导作用，表现为权威来源单一性、运作过程单向性、社会参与缺失性、权力行使强制性等特征。首先，教育部和国家体育总局等政府行政部门是青少年体质健康工作权威性、合法性的唯一来源。目前国内尚无专业社会组织作为主体来承担青少年体质健康的实质工作。民营企业常以合作伙伴身份，参与到青少年体质健康的具体工作环节，但参与的方式仅限于体质健康测评仪器的研制、推广和合作。其次，青少年体质健康工作的运作过程呈现单向性特征，主要采取自上而下的单向行政命令方式，要求其他部门服从并与行政命令保持一致。再次，专业社会团体很难参与到青少年体质健康工作的实质环节，造成社会参与的整体性不足，青少年体质健康专业组织的专业性、组织性、灵活性等无法得到发挥。最后，政府行政权力是青少年体质健康工作的基础和保障，青少年体质健康工作依靠行政权力号令施行、上传下达，社会组织、企业机构或许有意参与到青少年体质健康工作之中，但是尚未与政府部门形成一种有效沟通方式。

二 青少年体质健康的社会治理特征

我国青少年体质健康工作应该从政府管理的思维禁锢中解放出来，实现从政府管理模式向社会治理模式的转型（见图6-1）。青少年体质健康的社会治理模式，表现为权威来源的多样性、运作过程的双向性、社会参与的灵活性、权力行使的平等性等特征。首先，教育部和国家体育总局等政府行政部门依然是青少年体质健康工作的权威性、合法性来源，但也应该承认专业社会组织、市场机构参与青少年体质健康工作的权威性与合法性。其次，青少年体质健康工作自上而下的单向行政命令方式也应有所改变，青少年体质健康工作应该允许专业社会组织、市场机构参与。青少年体质健康工作应该采取自上而下、自下而上双向结合的方式，强调政府行政部门、专业社会组织、市场机构的上下互动。再次，专业社会组织应该

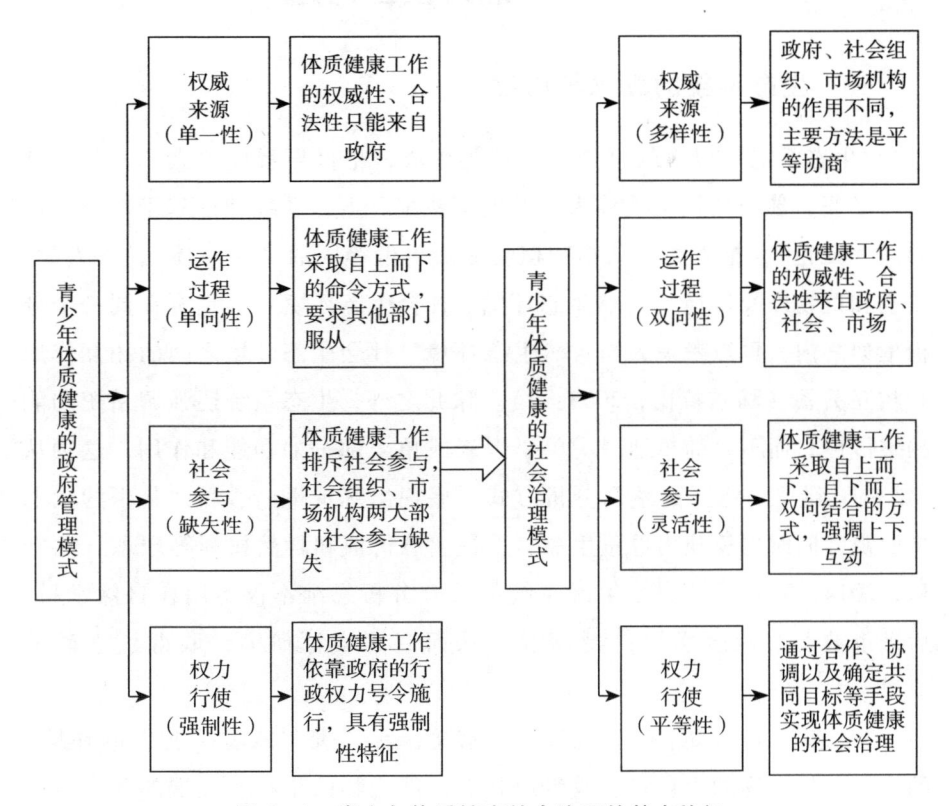

图6-1 青少年体质健康社会治理的基本特征

作为有生力量参与到青少年体质健康工作的具体工作环节，甚至可以发展成为青少年体质健康工作的主体力量。市场机构应该作为青少年体质健康工作的有效补充，完善、弥补政府行政部门、专业社会组织在青少年体质健康工作中的不足。通过合作、协调以及确定共同目标等手段实现青少年体质健康的社会治理。最后，政府行政部门应该从"公共管理"向"公共服务"转变，在青少年体质健康工作中体现出更多的服务职能，政府行政部门、专业社会组织、市场机构等才能建立一种平等互动的沟通机制，采取平等协商的方法，群策群力、共同努力推动青少年体质健康工作的改进，青少年也才能从体质健康的具体工作中享受多样化、个性化的社会服务。

第二节 青少年体质健康的 POET 治理模型构建

一 生态系统的概念与内涵

"生态系统"以人的可持续发展为中心，把世界看成"人－自然－社会"的复合体，所以又被称为人类生态系统。生态系统理论基于尊重生命的"一元论"，把人类、动物和植物看成价值等同的"生命体"，将人类、动物和植物以及环境（自然生态环境、社会生态环境）等整合在同一个分析框架之内，重点考虑人与自然生态环境、社会生态环境之间的相互作用和相互关系（马尔特比，2003：2）。除此之外，生态系统还强调系统功能的整体性，而不是简单地考虑单个因素或单个部分的功能和作用，这种从"结构"到"功能"的整合分析方式，展现出尊重生命、和谐共生的生态文明观，同时也反映出尊重生命、重视生态价值和自然权利等理念（蔡守秋，2014：328）。所以，生态系统的整合分析思维不仅运用在自然学科，后来也被人文社会学科广泛接受，从而展开实证研究，取得了丰硕的成果。

"生态"（ecology）一词源于希腊文，有"家"或者"我们的环境"的含义，指生物的生存状态或生活状态，即生物的生存和发展的状态，同时也指生物的生理特性和生活习性。古希腊哲学家亚里士多德（Aristotle）

的哲学著作中尝试用生物、有机等生态概念解释万物。亚里士多德认为一切事物（包括石头和空气）都有它们的"自然位置"，每件事物都要找寻自己的自然目的。亚里士多德还认为事件的本质就是通过观察探究已发生事情的目的，从行动概念入手确立事情的因果联系。1859年，达尔文（Charles Robert Darwin）出版的《物种起源》引据了歌德的"生存平衡法则"来论证生物之间或生物与周围环境之间的"平衡-失衡"关系，提出了生态平衡、环境平衡等学术观点。生态平衡是达尔文进化论的主要结论，即一切生物都有适应周围环境的生存能力，而适应周围环境就是生物与周围环境之间的相互平衡（希尔贝克、伊耶，2012：99~101）。1865年，德国动物学家海克尔（E. Haeckel）正式提出"生态"概念。他认为生物与无机环境、有机环境之间的相互关系叫作生态，生态学就是研究有机体与周围环境相互关系的科学。海克尔在他的"生态"定义中再次强调，生态是有机体与环境的相互作用，既包括同种有机体之间的相互作用，也包括不同有机体之间的相互作用（杨树明，2006：4）。1875年奥地利地质学家修斯（Eduard Suess）提出了"生命圈"的概念。这个极富想象力的"圈"将生物与有机环境、无机环境之间的相互关系限定在同一个分析框架之内，使人类对生命的认识产生了革命性的飞跃。1895年，丹麦的瓦尔明（J. E. B. Warming）以德文发表了《植物生态地理学为基础的植物分布学》（1909年英文版更名为《植物生态学》）。瓦尔明把植被作为自然地理环境的一个重要组成部分，植物鉴别应该与自然地理环境区域鉴别结合在一起，自然地理环境区划是了解植物分布不可缺少的参量。这本世界第一部专门论述生态学的著作，被后来的生态学界奉为经典。1926年，俄国科学家维尔纳德斯基（В. И. Вернадскцй）提出了生物圈学说。早期的"生命圈"概念局限在自然的生物圈，脱离了人的活动，理论的深度、广度都受到了限制，而生物圈学说则将人类行为作为"生态"的重要组成要素。20世纪60~70年代，世界人口剧增，社会生产力突飞猛进，人类活动的强度日益提高，环境污染、生态破坏、掠夺性开发等问题与日俱增，经济发展与人口、资源、环境的矛盾非常尖锐，生态理念得到广泛传播和普遍关注，生态的内涵和外延也发生了显著变化（乔世明，2009：2~4）。

目前，生态学从关注人与自然生态环境之间的关系，转向于关注人与社会生态环境之间的关系。所以，现代的学者一致认为生态科学就是研究生态与人类相互关系的科学。

学术界对"生态"与"生态系统"的辩证关系存在不同的理解。有学者认为"生态"就是指生物之间、生物与环境之间的共生关系，"生态"本身就蕴含生态系统的意义，因而极力反对将"生态"和"生态系统"区分开来，并建议将"生态"和"生态系统"两个概念进行整合，将"生态"作为"生态系统"的简称。但是，应用生态学领域的"生态"与"生态系统"有非常严格的区分。比如，《环境资源法》中认为"生态"主要指自然的（或天然的）生态系统。而"生态系统"则指生物与生态系统的组合，强调生物与自然（或天然）系统的共生关系。1935 年，英国生态学家坦斯利（A. G. Tansley）在对植物群落分析过程中发现土壤、气候、季节、地理等自然条件对动物、植物的分布和丰度会产生明显的影响。特殊的自然环境等会形成特殊的动物、植物分布和丰度，这就构成了"生物多样性"。所以，"生态系统"是指"生物与环境（有机环境和无机环境）之间形成的一个自然系统。正是这种系统构成了地球表面上大小和类型各不相同的基本单位，这就是生态系统"（Barry，1971：17）。除此之外，坦斯利还提出了整体性的概念，他认为居住在同一地区的动植物及其环境是一个整体，生物和环境之间具有不可分割的整体性。生态系统内生物成分和非生物成分之间具有功能协同性，生物成分和非生物成分构成的自然实体就是生态学上的功能单位，即我们常用的生态系统。生态系统注重生物与环境的能量交换和信息互动，将生物与环境之间的关系作为分析的要素，强调环境与生物之间的能量交换、信息互动以及生物群落内部的调适和改变。

二 生态系统的特征与原则

（一）生境统一的基本原则

坦斯利发现土壤、气候、季节、地理等自然条件对动物和植物的分布和丰度会产生影响，进而提出了生物与环境不可分割的"生境统一的整体"基本论断。生态系统的生境统一,一方面强调生物与自然生态环境、社会生态环境之间的不可分割性,生物一旦脱离了周围环境便无法生存、繁衍和发展;另一方面强调生物与自然生态环境、社会生态环境之间结构与功能的整体性,生态系统结构的缺失也会造成功能的缺失。"生境统一的整体"的基本理念,正如美国学者麦茜特(Carolyn Merchant)所指出的:"生态学扎根于有机论——认为宇宙是有机的整体,它的生长发展在于其内部的力量,它是结构和功能的统一整体。"(麦茜特,1999:110)生态系统的生境统一原则还强调部分与部分之间、部分与整体之间的相互关系。生物或环境的每一部分细微改变,都可能会引起整个生命复合体的变化。生境统一原则强调生物群落与环境系统的特定空间组合、生物群落不能脱离环境系统而单独存在、生态系统各要素之间的普遍联系和相互作用等思想。生境统一是生态学研究人类与自然生态环境、社会生态环境之间的生态关系时遵循的第一原则,"人"既作为生物有机体成为生态系统的重要组成部分,同时"人"也应该是"生态人",从而受到生态系统的制约和影响。所以,"生态人"不能作为一个孤立个体而存在,人的可持续发展必须与生态系统的可持续发展融为一体,人是"有生命的和非生命的网"的核心与主体。2001年,联合国环境规划署将世界环境日的主题定为"世间万物,生命之网",就是在向世人宣示这一真谛。

青少年体质健康系统的生境统一原则,首先带来的是方法论和思维方式的彻底变革。比如,青少年的耐力素质下降问题,以前诸多研究认为缺乏中长跑锻炼是耐力素质下降的主要原因,从生境统一的基本原则思考,则可以将青少年的耐力素质下降原因拓展为生态环境退化或者人与生态环境的失调。社会结构的转型、社会经济的增长、营养水平的提高、交通方式的进步、体育观念的扭曲、生活方式的改变、教学内容的调整、家庭教育的缺失等,都可以理解成生态环境退化或者人与生态环境失调的要素。耐力素质下降是"生态人"面对生态环境退化自发性、适应性改变的过程和结果,只是这种适应性改变与人的可持续性发展理念之间呈现出一种文化冲突。换言之,采取耐力性长跑运动的针对性策略并不一定能提高青少年的耐力素质,可以尝试营造一种围绕青少年耐力素质提升的生态环境，让青少年在新的生态系统中进行新的调适和改变，可能会起到根治作用。碎片化的、针对性的改善策略和措施，不一定对提升青少年体质健康水平起到立竿见影的作用，反而会出现对策不灵、策略失效等诸多问题。所以，青少年体质健康干预方案以及施行措施的流程性、系统性、整体性，应该是我们思考提升青少年体质健康水平方略时的"浓墨重彩"之处。

（二）生态关联的基本原则

生态关联的基本原则又被称为物物相关规律，指生态系统各要素之间所存在的显性和隐性相互关系，即生态系统中一个组成成分的改变必然影响其他组成成分乃至影响系统整体。生态系统中的任何一种生物都与其他生物之间存在直接或间接的相互关系，一种生物的减少或消失都会影响整个生态结构的完整性。大自然一方面十分雄伟壮观，另一方面又非常纤细微妙，一小块的破坏会使相邻地方甚至全球发生变化，这就是著名的蝴蝶效应。生态关联基本原则的重要表现是生境相通，即生物与其环境组成成分的比例规则。生态系统（生物与其环境）中的各种成分的比例都是有机联系的、相关的。英国地球化学家哈密尔顿（E. Hamilton）研究发现，生物体的物质含量与地壳的元素丰度呈正相关，这为人体是地壳物质演化产物的观点提供了客观的科学证据。该规则表明，自然决定人，而不是人决定自然。生态系统要素之间的相互关系十分复杂，改变其中某一部分，或系统中的某个要素，或系统要素的组成方式，都可能对生态系统整体产生直接或间接的影响。生态因子的调适和改变，可能促进生态系统的正向改变，也可能导致生态系统的负向崩溃。所以，在制订生态系统环境资源利用方案时必须对方案进行全局思考和统筹规划，注重方案各个生态因子之间的关联性、生态因子与生态结构整体之间的关联性以及生态结构与功能之间的完整性。

基于生态关联原则，首先要注意青少年体质健康生态因子之间显性和隐性关系，注意生态因子的改变对青少年体质健康整个系统的影响。比如，国内部分学者提出了"体育进高考"的策略，希望通过"将体育测验引入升学考试加分"推动青少年体质健康的发展（刘硕阳等，2012）。首先不论"体育进高考"方案是否能真正遏制青少年体质健康水平下滑，这种方案如果得以施行，一定会对生态因子及其系统产生"蝴蝶效应"："体育进高考"方案与高考制度公平性如何权衡利弊；"体育进高考"方案与残障学生高考公平性如何权衡利弊；"体育进高考"方案与"健康第一"体育教育理念如何权衡利弊；"体育进高考"方案与"终身体育"生活理念如何权衡利弊；等等。从生态关联的基本原则出发，我们在制订青少年体质健康促进方案时，不一定将方案的实施效果放在第一位考虑，而是可以将方案对其他生态因子及生态系统的影响放在首位考虑。生态关联原则还表现为生境相通，即生态因子与生态因子或生态因子与生态系统之间的相通性和关联性，注重生态因子相通性和关联性的统筹安排，避免某种生态资源的过度利用损害其他生态因子或整个生态系统。所以，在制订青少年体质健康干预方案时要考虑不同利益群体的需求。比如，教育部门作为青少年体质健康的主管部门，也作为青少年体质健康测试的主要承担者，在某种意义上掌握了青少年体质健康的诸多资源，但为了促进青少年体质健康测试工作，应该积极鼓励专业组织、私有企业等第三方机构介入青少年体质健康的具体事务。

（三）物复能流的基本原则

物复能流的基本原则是指生态系统中物质循环和能量流动规律。生态系统中的物质被认为是一种可再生资源，可以通过循环而反复利用；生态系统的能量则被认为不可再生，能量流动之后会流失而不能再循环。生态系统中每一次物质的利用都会引起能量的流动，物质利用得越频繁，能量流失的速度就越快，能量全部消失之后，物质就变成了生态系统的"废物"。生态系统中每一次资源利用都会产生一定的"生态代价"，我们利用生态资源时要尽量选择能量利用率高的方案，减少"生态代价"的产生，从而提升物质与能量的利用率。1942 年，美国生态学家林德曼（R. L. Linderman）在美国《生态学》杂志上发表金字塔营养结构的研究报告，奠定了生态系统物质循环和能量流动的理论基础。生态系统由生命系统（如植物－生产者、动物－消费者和微生物－分解者组成的生物群落）与无机环境（如水、土、空气、光等）组成，是生物系统与非生物环境系统的有机结合。生物与环境之间通过食物链（或网）的能量流、物质流和信息流而构成统一的生态系统。食物链结构（即营养结构）是生态系统最重要的特征，也是生态系统中能量流动和物质循环的基础，维持着生态系统的稳定和平衡。能量在生态系统中流动具有如下特点。第一，能量只能单一方向流动，是一个不可逆转的过程。能量以光能形式进入生态系统，以热能形式逸散而回归于环境，但生物只能从太阳中获得光能而不能将已经吸收的光能再返回到太阳中去。第二，在生态系统中流动的能量逐级减少。当能量从一种形式转为另一种形式时，转化效率不可能是百分之百。"能量金字塔""生物数量金字塔""生态金字塔"都指明，能量消耗的层级越多，能量的利用率就越低；塔基越宽广，系统的稳定性就越好。

基于物复能流原则，一方面，要充分利用能量，设计出能量利用率高的系统。比如，我国现有的青少年体质健康工作依靠自上而下的政府行政力量进行监控和管理，就存在能量利用率低的问题。"国家—省、自治区、直辖市—地、州、市—县、县级市—城、镇"，这种层级越多能量消耗得越多，能量消耗后不能恢复和参与循环。这也是国家投入大量的人力、物力、财力等推动青少年体质健康工作，但是总让人感觉投入和产出的比例严重失衡的根本原因之一。另一方面，我国现有的青少年体质健康系统还存在能量塔基比较窄的问题。从生态系统的物复能流原则来说，能量塔基的类型越丰富、塔基数量越多、塔基结构越复杂，系统稳定性越好。我国青少年体质健康工作主要采取政府行政手段推进，将青少年体质健康工作定位于教育部门和学校之间的物复能流关系，呈现出能量塔基的结构简单、类型单一等问题。这种结构简单、类型单一的教育干预模式物质循环少、能量消耗大，不利于青少年体质健康系统的利益最大化。青少年体质健康与医疗、卫生、营养、教育、服务等有关，应该推动医疗卫生、膳食营养、基础教育、社会服务等相关部门之间合作，通过合理膳食、均衡营养、体育锻炼、体质监测、医学检查、休闲生活等综合干预手段，优化青少年体质健康的能量塔基结构、丰富塔基类型和增加塔基数量，形成一个能量利用率高和物质循环不息的持续性生态系统。

（四）协调稳定的基本原则

协调稳定规律，包括平衡最佳规律、多样稳定规律，是指生态系统的结构、功能相互协调时生态平衡不易被破坏呈现出来的最佳状态。协调稳定规律包括结构稳定、功能稳定和能量输入输出稳定三个方面的内容以及三者之间的相互关系。生态系统协调稳定规律的前提是生态平衡，生态平衡是生态系统良性循环的根本保证和重要体现。平衡最佳规律，是指生态系统趋向最佳平衡稳定状态时生物种群量最多、生产率最高、生态结构最稳定，对外来的压力和冲击力的抵抗力才最强。生态系统的协调平衡是生物与生物之间、生物与其环境之间和谐的表现，是生态系统内部各组成成分之间的高度协调一致。美国生态学家欧德姆（E. P. Odum）将生态系统的协调平衡过程分为三种状态：一是正过渡状态，能量输入超过输出，总生产超出总消费，系统处于增长过程；二是负过渡状态，能量输出大于输入，消费大于生产，系统处于消退过程；三是平衡状态，系统能量输入与输出相当，系统处于相对稳定的状态。生态系统犹如一个生命体，有自己的生态阈限范围，生态系统结构、生态系统功能和生态系统秩序都必须在生态阈限范围内运行。生态系统结构、生态系统功能和生态系统秩序一旦超出了生态阈限范围，生态系统的协调稳定性就会被打破，造成生态破坏、生态失调或生态失衡。所以，人类的行为应该遵守生态系统的秩序，不要超出生态系统的生态阈限范围，生态系统的协调稳定性被破坏之后很难恢复到最初的状态。比如，毁林开荒造成生态植被严重破坏，短期之内不可能恢复，物力、人力、财力等恢复成本也会呈几何指数的增长。多样稳定规律是指生态系统的结构越复杂，稳定性就越好。比如，在一个生态系统之中，动物、植物和微生物的种类越多，食物链的层级越多，生态的多样性水平就越高，生态系统的协调稳定性就越好。

基于协调稳定原则，首先要正确看待生态系统"正过渡状态-负过渡状态-平衡状态"的自我调整平衡规律。比如，颁布某个青少年体质健康政策法规或实施某个青少年体质健康标准前后，青少年体质健康会呈现正过渡、负过渡和平衡三种状态，并呈现出生态平衡区间内的上下摆动，这是生态系统自我调整平衡的客观规律。平衡最佳规律与多样稳定规律之间存在非常密切的内在逻辑，生物种类越多、关系越复杂，生态系统的稳定性和平衡性就越好。比如，我们在解决青少年肥胖问题时，采取调整营养结构、改变运动行为、增强医疗辅助、增加耐力运动、丰富体育教学、加强测试监控、注重跟踪服务等多样性的干预策略，采取学校教育、家庭教育、社区教育等多样性的干预措施，加强个人健康管理、学校健康管理、医疗健康管理等多样性的干预管理，推动政府部门、专业组织、私人企业等开展多样性的社会服务，通过多样稳定规律和平衡最佳规律的相互作用，有效缓解我国青少年的肥胖问题。任何青少年体质健康的干预方案都会产生"正过渡状态-负过渡状态-平衡状态"的协调稳定特征，应从长期目标考虑干预方案的可行性。所以，青少年体质健康工作要正确看待生态系统的自我调整平衡，注重干预方案的丰富性、干预方式的多样性和结构功能的稳定性等。

三　青少年体质健康的 POET 治理模型

20世纪50年代中期，生态学家邓肯（Duncan）认为"人类生态学的最基本要求就是要最好地解释演化的结构"，生态过程是一个不断前进、变化与自我调适的过程，他提出了生态复合体（ecological complex）的分析模式，他把生态系统看作人口（Population）、组织（Organization）、环境（Environment）、技术（Technology）四个关联变量所组成的相互依赖的生态复合体，即POET生态复合模型。POET生态复合模型认为：引起POET生态复合模型变化的力量来自外部，外部的变化导致生态复合体中的一个或多个元素变化，从而引发生态复合体一系列的调整适应，直到生态复合体达到某种新的平衡为止。POET生态复合模型被社会学家广泛采用，并在此基础上提出了生态社区的概念。生态社区在人口、组织、环境、技术四个关联变量的基础上，演绎成"人口-组织"（简称"组织子系统"）、"人口-环境"（简称"环境子系统"）、"人口-技术"（简称"技术子系统"）三种基本关系及其分析范式。

我国青少年体质健康也是一个POET生态复合体，体现出复杂的"人口（或人）"与组织、环境和技术之间的生态复合关系。人口（或人）的数量和质量，不仅是维系生态系统的核心与主体，而且生态系统也决定着人口（或人）的发展与未来。青少年体质健康的"人口-组织"基本关系，可以理解为人口（或人）为了自己的身心健康发展而形成的各种结构。人的身心健康问题是个体性问题，同时也是群体性问题，人为了获得身心健康发展往往通过自发形成"组织"的方式来解决影响健康的难题。比如，某个小区开发商为了获得经济利益将原有的全民健身路径改建成停车场，这影响了小区居民的体育锻炼和身体健康。小区居民通过集体签名的临时组织和社区居民委员会的法定组织，与小区开发商、物业和房地产局等商议协调，纠正违法违规行为，维护小区居民的合法权益。从这个"人口 – 组织"基本关系的案例可以看出，人口（或人）通过资源整合建立组织的方式能发挥更大的生态效力，组织的稳定性还有利于生态效力的持续性。

我国青少年体质健康的"人口 – 环境"基本关系，是涵盖面非常广的一种基本关系，广义的"人口 – 环境"基本关系可以界定为影响青少年身心健康发展的自然系统和社会系统的关系。狭义的"人口 – 环境"基本关系可以界定为人口（或人）与自然系统、社会系统的互动关系，这种关系决定了人口（或人）的适应极限，包含人的数量与自然系统、社会系统的基本关系以及人的质量与自然系统、社会系统的基本关系两个层面。在一个固定的环境中，人的数量急剧增多，会消耗掉大量的自然资源、社会资源，从而制约人的发展的可持续性；反之，人的数量急剧减少，会带来自然资源、社会资源的闲置，也会影响人的发展的可持续性。比如，很多城乡接合部在农转非的过程中流动人口急剧增多，原有的全民健身场地和设施如果不做出相应的调整，就不能满足居民的健身需求。反之，某些城市的规划变动过快，造成人口迁徙变动频繁，如果城市体育事业的规划、管理、投入、场地、设施等不做出相应的调整，就会造成自然资源、社会资源的闲置和浪费。人的质量与自然系统、社会系统的关系也比较紧密。比如，学校及其附近的小区，由于人口受教育水平较高，社区居民和学校师生容易形成稳定的体育健身氛围，人口与自然资源、社会资源之间的生态协调性较高。反之，建筑工地大多为农民工，人口的受教育水平相对较低，人口与自然资源、社会资源之间的生态协调性较低会带来较差的体育健身氛围。

我国青少年体质健康的"人口 – 技术"基本关系，可以理解为生产技术、医疗技术、卫生技术、教育技术、健身技术对人口构成和人口质量的改变。比如，新中国成立初期，政府限制生产要素的自由流动，形成了农村大力支持城市的二元结构性体制，"包括城乡区别的户籍制度、就业制度、教育、卫生、住房、社会福利、社会保障等方面"（王伟光，2006：134），由此造成了青少年体质健康的城乡差距。发达城市有丰富的体育健身场地设施，配备了足额的体育社会指导员或体育教师，青少年体质健康公共服务比较齐全，社区、学校、家庭等多层次一体化的体质健康管理体系比较完善，体育、健身、测试、娱乐、卫生等多样复合型的体质健康服务体系基本形成。相比较而言，农村地区特别是偏远的农村地区，学校里缺乏体育场地设施，体育课由其他学科老师负责，体育课程得不到基本保障。学校之外，适合青少年体质健康的体育活动基本没有，体育、健身、测试、娱乐、卫生等体质健康服务体系无从谈起。所以，"人口－技术"基本关系在青少年体质健康 POET 生态复合模型中比较直观。

我国青少年体质健康 POET 生态复合体是人口（或人）与组织、环境和技术之间的生态复合关系。"人口－组织""人口－环境""人口－技术"三种基本关系通过复杂的社会关系相互交织，形成一种相对稳定的网状结构。"人口－技术"基本关系是青少年体质健康发展内源性动力和根本性力量。"人口－组织"基本关系是"人口－技术""人口－环境"基本关系的承接点。人与人之间常常通过自发结合成组织或团体的方式，共同应对人口（或人）与自然系统、社会系统的社会适应性问题。所以，"人口－组织"基本关系在青少年体质健康发展过程中充分发挥着整合和调适的功能。"人口－环境"基本关系包括人力、物质、资金、气候、市场、文化、政府政策和法律等要素，对青少年体质健康发展产生正效应或负效应。比如，寒冷或炎热的极端气候、雾霾或粉尘的环境污染、健身相关物资的减少、健身文化宣传的减少、政府政策法律的引导不够等对青少年体质健康发展会产生一种负效应，反之会产生一种正效应。正效应、负效应不是一种非此即彼的关系，而是一种双向互动关系，通过此消彼长的交互作用促进青少年体质健康的发展。我国青少年体质健康是由"人口－组织""人口－环境""人口－技术"三种基本关系构成的 POET 生态复合体,"人"是青少年体质健康POET生态复合体的核心与主体。所以,青少年体质健康工作要以人为核心,通过优化组织、环境、技术的结构,注重人与组织、环境、技术之间的内在联系,构建一个生境统一、结构稳定、功能协调、物复能流的POET生态复合体系统(见图6-2)。

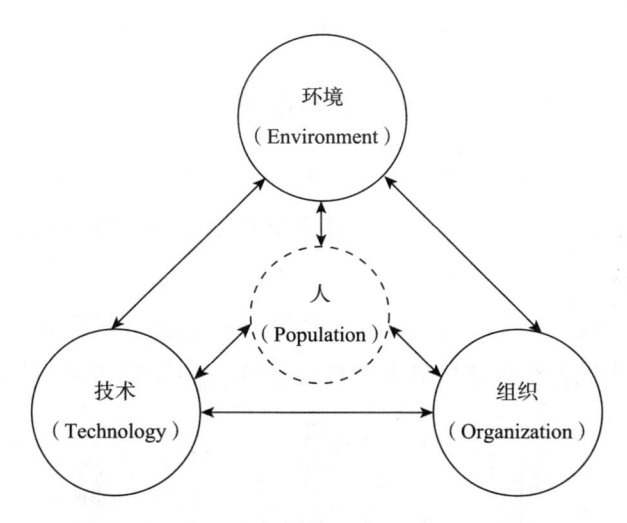

图6-2 青少年体质健康的POET治理模型

第三节 青少年体质健康组织系统(P-O)治理

青少年体质健康发展是事关国计民生的公众事业,应该整合社会资源,推动社会成员共同参与到青少年"健康第一"的体质健康工作各个环节之中。青少年体质健康工作应该从单一性的政府行政管理模式,逐渐转型为政府行政部门、社会组织、市场机构等多主体参与的社会治理模式(见图6-3)。

一 青少年体质健康的政府行政部门治理

政府行政部门是青少年体质健康工作的服务主导者,政府行政部门不要将精力过分集中于青少年体质健康工作的具体事务,而应作为服务者、主导者参与到青少年体质健康工作的监管环节。政府行政部门应该关注青少年生理、心理、社会等方面的发展趋势,根据青少年身心健康变化规律对青少年体质健康工作的政策法规进行相应修订与调整；加强对青少年体质健康工作的行政监督管理，让青少年体质健康工作在可控、合法、有序的轨道上运转，保障青少年体质健康的基本权利；通过发布青少年体质健康工作的年度公报，为其他机构部门的青少年体质健康工作提供参考，政府行政部门是青少年体质健康工作基础性社会保障和社会运作的坚强后盾。

二 青少年体质健康的社会组织治理

社会组织是青少年体质健康工作的"核心主体"，社会组织的专业性、组织性和灵活性应该在青少年体质健康工作中得到充分发挥。目前，我国具有权威合法资质的青少年体质健康专业社会组织基本没有。青少年体质健康专业社会组织缺失，导致无法有效整合社会资源提高社会成员的参与积极性，无法将青少年体质健康工作打造成一项全民事业。所以，我们不

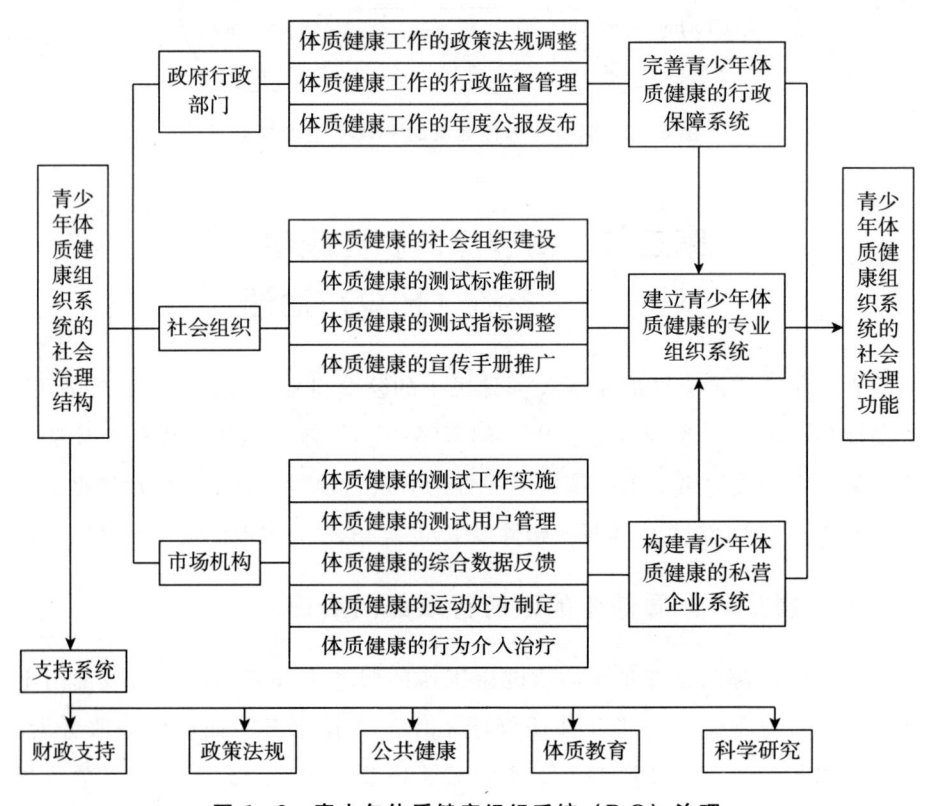

图 6－3　青少年体质健康组织系统（P-O）治理

仅要鼓励筹建青少年体质健康的专业社会组织，还要将青少年体质健康的专业社会组织作为青少年体质健康工作的核心机构，作为促进青少年体质健康发展的主力军。具有一定专业技能水平的体育教师、康复医生、心理咨询师、营养师、健身教练等，可以通过各种形式加入青少年体质健康专业社会组织之中，开展青少年体质健康测试标准研制、青少年体质健康测试指标调整等具体工作。青少年体质健康专业社会组织还要通过整理出版青少年体质健康工作的宣传手册，让每个青少年都了解体质健康对于个体、社会以及国家的意义，让青少年由被动的体质健康参与者转变成为主动的体质健康参与者。

三 青少年体质健康的市场机构治理

市场机构是青少年体质健康工作的"有益补充"，国有企业、民营企业等不仅应以体质健康测试仪器研发和应用的"硬服务"参与青少年体质健康工作环节，还应该进一步重视青少年体质健康工作的"软服务"。比如，企业比较注重服务人群的细分，可以根据青少年体质健康需求开发相应的体质健康服务产品；企业比较注重服务产品的跟踪服务，可以提升青少年体质健康用户数据的管理效率；企业非常重视服务产品的用户反馈，能将体质健康测试、运动处方制定、运动健身指导、营养食谱建议、行为介入治疗等工作流程落在实处。企业作为青少年体质健康工作的"有益补充"，"营利"趋同性会使其坚持以人为本、服务至上的理念，增加体质健康服务举措，开展以满足用户个性化需求为目的的多样化服务，形成青少年体质健康服务产品的良性竞争环境。随着我国经济的快速发展，国民生产总值和国民平均收入的递增，社区居民对健康越来越重视，青少年体质健康一定会成为国民经济增长的"香饽饽"。

此外，青少年体质健康工作是一项系统工程，政府行政部门、社会组织、市场机构之间的相互协作构成了青少年体质健康工作的社会治理内部系统。财政支持、政策法规、公共健康、体质教育、科学研究等外部支持系统对于青少年体质健康的社会治理也非常重要。比如，财政支持采取专项拨款的方式保障政府行政部门的青少年体质健康工作运行，也可以通过政府购买公共体育服务的方式，鼓励和支持社会组织、市场机构的青少年体质健康工作的开展。政策法规可以适当向青少年体质健康工作倾斜，比如通过降低或免除营业税的方式鼓励青少年体质健康工作向市场化发展。疾病预防与控制部门可以加强与青少年体质健康机构的合作，共同推动公共健康事业的发展。体质教育与运动教育模式相互结合，丰富优化学校体育教学。促进医学、生理学、生物学、心理学、教育学、体育学、社会学等学科交叉渗透，共同推动青少年体质健康工作的相关研究，并将理论性研究转化为青少年体质健康发展的实践性成果。

第四节　青少年体质健康环境系统（P-E）治理

1955年，美国文化生态学家朱利安·斯图尔德（Julian Steward）对人类系统做出完整而系统的论述，他认为"生态主要是对环境的适应"，人类的环境适应性与生物的环境适应性存在一定的区别，"人类是一种有教养的动物，体质上要受到相关文化活动的影响"，"人类对生命之网的应对并不局限于凭借遗传基因所规约的有机体本身，更主要的是，还要凭借文化去应对"。所以，人类系统是"一个包括内核与若干外核的不定型的整体"（斯图尔德，2013：20~24），可分为自然环境、社会环境和文化环境诸要素的相互作用，它们共同构成了人类生存和发展的系统。具体到青少年体质健康的环境系统治理，应该将政策环境、自然环境、社区环境、生活环境、服务环境等环境治理与健康干预计划整合成一个共同的框架和一个共同的实践，即当前的青少年体质健康环境系统治理与健康干预计划不仅要相互一致，而且要相互促进（见图6-4）。青少年体质健康环境系统治理与健康干预计划具有共同的目标和相似的战略框架，包括政策法规、自然环境、个体技能和各种服务等，每个领域所执行的标准和其目标可以在共同的利益基础上联合在一起。

一　青少年体质健康的政策环境治理

政策环境治理包括经济、法律、社会保障、交通运输、卫生健康等要

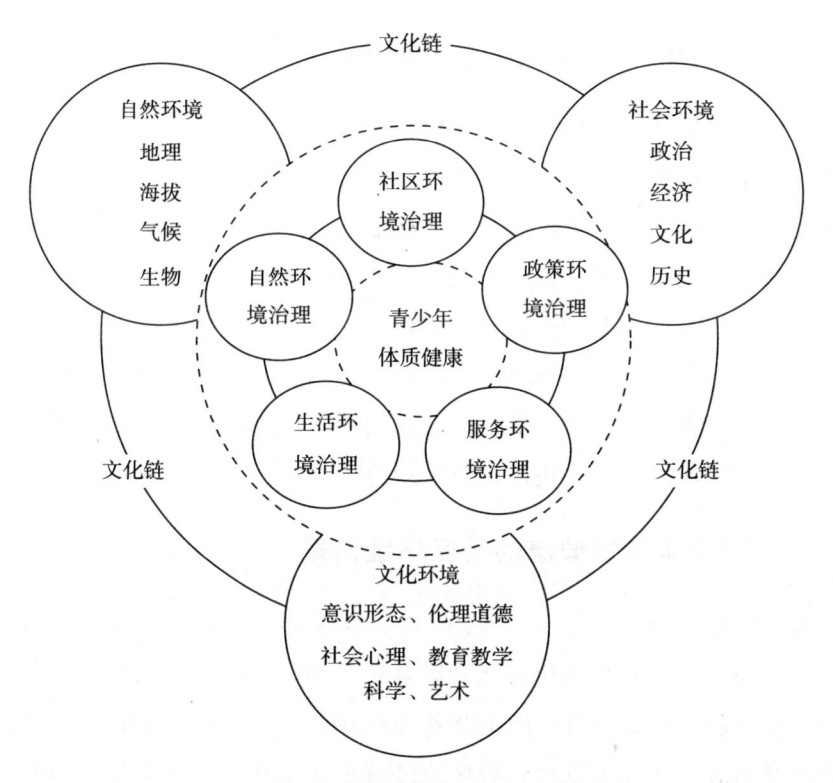

图 6-4 青少年体质健康环境系统（P-E）治理

素，在"是否有促进人、自然与社会协同的法律、经济与社会政策；是否存在支持青少年体弱（残疾）人群和降低健康危险性的相关政策"的框架和实践体系中进行治理。美国加州教育部（CDE）提供了一份有关体育政策规定和体质健康之间关系的调研报告，发现有政策规定地区的青少年体质健康状况比没有政策规定地区要好。另外，美国疾病控制中心社区预防服务工作组曾强烈建议：要将教育课程和政策作为有用的行为策略来促进青少年进行身体活动，从而增加学校的体育活动。美国医学研究所也重点强调学校体育教育是解决青少年肥胖症问题的基本策略（Koplan et al.，2005），青少年体质健康测试要注重通过个性化的测试报告加强与家长之间的交流，测试报告成为学校、家庭以及社区促进青少年参与体育活动的合作纽带。

二　青少年体质健康的自然环境治理

自然环境治理，包括与健康指标相关的各种环境指示物，在"是否有影响青少年、自然与社会协同机制的自然环境指标，比如污染水平；是否存在与健康指标的目的一致的自然环境指标，比如健康城市指标"的框架和实践体系中进行治理。比如，美国青少年体质健康评价通常将人口生命质量指数（PQLI）、社会健康指数（ASHA）、生活满意度指数（LSI）、日常生活活动指数（ADL）等结合在一起，获得历时较长的青少年健康状况、生活质量方面的变化结果，并注意把社会、经济、文化和政治等变化作为混杂因素加以控制，获得切合实际的结果。

三　青少年体质健康的社区环境治理

社区环境治理，包括社区人员、社区体系、规章制度、发展宗旨等要素，在"青少年的体质健康权在社区是否得到应有的尊重或增强；青少年的体质健康问题是否能得以解决及其是否存在顺畅机制"的框架和实践体系中进行治理。研究者发现在居住地区营造休闲环境，比如设置步行道或骑行道等设施，与青少年参与中等和较高强度的体育锻炼活动存在显著相关。新西兰规划并建设新的步道，维修与新建多种运动设施，以及提供高品质的运动场所，提倡走路、慢跑、骑脚踏车、做伸展操等运动方式，将每周参与休闲型身体活动达2.5小时的人口比例提升至70%（The Hillary Commission for Sport, Fitness and Leisure, 1998）。法国在许多道路上设置脚踏车专用道，并以栏杆和行道树等与汽车道做明显的区隔，鼓励青少年骑脚踏车。丹麦、意大利、瑞典、瑞士等欧洲国家纷纷改善交通设计与进行宣传鼓励，让走路与骑脚踏车融入日常生活，进而提升青少年日常身体活动量，并都已取得满意效果（WHO Regional Office Europe, 2001）。

四　青少年体质健康的生活环境治理

生活环境治理，包括行为、规范、价值、选择等要素，在"青少年是否均能得益于体质健康发展，青少年生活方式维持原状或得以改善"的框架和实践体系中进行治理。比如，大量的研究发现健康教育海报（鼓励使用楼梯的海报、倡导步行的宣传海报等）对青少年加强体育锻炼具有重要影响。日本"健康21世纪"计划就倡导："提升规律从事可促进身体健康活动的民众比例；提升从事快走运动、以走路取代搭车、以爬楼梯取代搭电梯之民众比例（1996年男性为25.7%，女性为32.5%）；每人每天行走步数在10000步以上（1997年男性平均8202步，女性平均7282步）。"（陈莉、胡启林，2013：23~27）加拿大的"健康加拿大计划"发行 Gotta Move 和 Let's Get Active 互动杂志，对促进加拿大青少年的体育活动参与发挥了重大作用。

五 青少年体质健康的服务环境治理

服务环境治理，包括财政、法律、社会福利、居住环境等要素，在"青少年是否能得到与体质健康相关的支持服务，比如教育、社会福利；青少年体质健康支持服务是否存在发展评估报告以及是否促进青少年监测其变化"的框架和实践体系中进行治理。青少年体质健康服务环境治理，除了现有的学校、医疗等部门充分发挥服务的主体性作用之外，还要通过鼓励建立青少年体质健康协会、自愿团体等，发动各类社会组织围绕青少年体质健康开展形式多样的宣传、教育活动和丰富多彩的健康服务活动，推动开展体质健康项目，举办体质健康教育观摩和师资培训活动，成立青少年体质健康服务中心，开通体质健康求助热线，免费为青少年提供体质健康咨询服务。

第五节 青少年体质健康技术系统（P-T）治理

目前，我国青少年体质健康测评仅仅作为青少年"个体健康"的一个评价工具，并没有聚焦于青少年"体质健康促进"的具体实施，导致外界产生青少年体质健康水平"越测评越下降"的不良印象，青少年体质健康测评也变成了一项可有可无的社会公共事业。我国青少年体质健康测评要从单一的体质健康评价作用，转变为复合的体质健康促进作用，构建青少年体质健康社会治理的多层循环治理机制。

从社会治理的横向机制来看，我国青少年体质健康的技术测评应该是"检测项目—评估方法—诊断标准—运动处方—行为介入"的单向循环机制，具体为"1. 检测项目：针对青少年体质健康各项要素进行检测；2. 评估方法：根据青少年体质健康各项要素开展不同的评估项目；3. 诊断标准：根据青少年体质健康各项要素的水准进行诊断；4. 运动处方：根据青少年不同的体质健康要素在运动项目、运动强度、运动频率及运动持续时间等方面进行运动处方设计；5. 行为介入：使用各种行为改变方法，来促进受试者改变运动行为及生活习惯，以达到提高青少年体质健康水平的目的"（洪渝涵、李晶，2008：89~102）。青少年体质健康测评在青少年体质健康社会治理的横向机制中起到枢纽作用，正是由于这个测评环节的存在，青少年才能正确评估自己的体质健康状态，从而根据运动处方做出相应的调整。运动处方、行为介入等环节在我国目前的青少年体质健康测评环节中是缺失的，造成了"只为测评而测评"的现象，青少年体质健康水平提升无从谈起。所以，青少年体质健康社会治理的横向循环机制要进一步注重运动处方和行为介入的重要作用。

从社会治理的纵向机制来看，青少年体质健康的技术管理要突破学校技术管理的单一模式，将个人技术管理、学校技术管理和医疗技术管理等有效整合，构建"个人技术管理—学校技术管理—医疗技术管理"的互动机制，这种多元干预方案对改善青少年体质健康现有状态具有非常重要的作用（见图6-5）。

一 青少年体质健康的个人技术管理治理

青少年体质健康的"个人技术管理"一般采取简单易测、个人在家中就能独立完成的体质健康测评指标，比如体重指数（BMI）、臀围、腰围等身体成分测试指标，安静时脉搏等心肺功能测试指标，握力等肌肉功能测试指标；评估方法一般以自我评估为主，采用最简单的评估方法，使个人可以在特定时间之内针对自己的体质健康要素进行自我评估；诊断标准以

第六章·青少年体质健康的社会治理模型构建 / 163

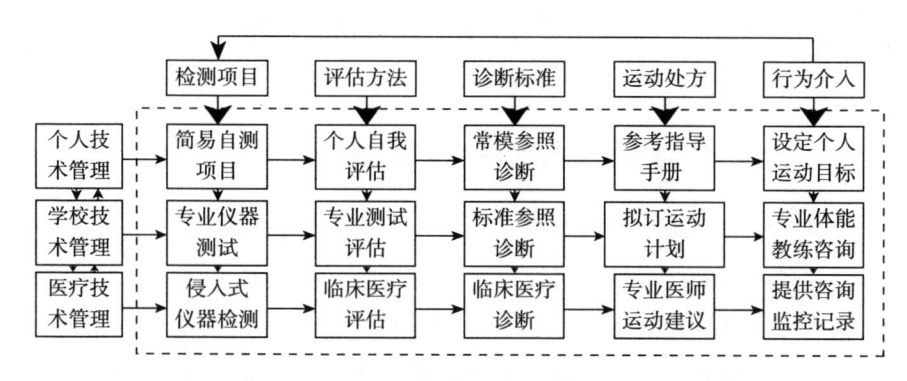

图 6-5 青少年体质健康技术系统（P-T）治理

常模参照诊断为主，即测试者的测试结果与一个特定群体（通常是同龄人）结果比较，这种常模参照诊断有利于个人自行诊断和评估；运动处方则由个人参照青少年体质健康指导手册（目前国内还没有统一、规范、专业的指导手册出版）对照体质健康自评结果拟定相应的运动项目及体质健康改善计划；行为介入主要是保持良好的运动习惯，根据个人运动相关信息做出恰当的运动行为决定，并设定个人运动目标，做出自我运动承诺。

二 青少年体质健康的学校技术管理治理

青少年体质健康的"学校技术管理"一般由专业体能教练进行协助，采取依赖专业仪器及场地进行测试的体质健康测试指标，比如皮脂厚度等身体成分测试指标，50 米跑、800 米/1000 米跑、50 米×8 往返跑、肺活量、血压等心肺功能测试指标，立定跳远、引体向上、仰卧起坐等肌肉功能测试指标，坐位体前屈、转肩测试、全身旋转测验等柔韧功能测试指标；一般不适合个人在家中进行自我评估，必须由体能指导员针对各项体质健康测试指标进行专业项目评估；诊断标准以标准参照诊断为主，即测试结果不需要与特定的群体比较，而是与能"保证"健康、"降低"疾病风险（即最低健康水平）的标准进行比较，继而评估测试者的体质健康水平（目前我国还没有出台青少年体质健康参照诊断标准）；由专业体能指导员协助个人拟订运动计划，并依照运动种类、运动强度、运动时间、运动频率、运动层级、运动进展等制定相应的运动处方；行为介入主要是提供专业运动指导建议，对运动处方及运动计划进行持续监控与调整，提供各种运动类型供个人选择，协助个人弥补运动知识的不足、纠正认识偏差，改善青少年体质健康现有状态。

三 青少年体质健康的医疗技术管理治理

青少年体质健康的"医疗技术管理"一般由专业医师进行，可以采取一些侵入式的体质健康检测指标，比如血脂肪、胆固醇等身体成分检测指标，肌肉纤维等肌肉功能检测指标，关节活动度等柔韧功能检测指标等；采用的评估方法是个人或专业体能教练无法进行的，常由专业医师采取临床医疗程序进行评估；整合内科、放射科、骨科、康复科的标准进行临床医疗诊断；由专业医师给予运动建议，可针对个人的健康问题采取物理治疗、针灸推拿等康复方法；行为介入主要是提供健康促进咨询，修正个人生活习惯及饮食行为，对个人的健康状况定时监控及记录等，改善青少年体质健康状态。

第七章
青少年体质健康的社会治理路径设计

第一节 青少年体质健康社会治理的路径框架

生命体内部具有循环往复的生产机制，形成自我生产、自我更新、自我保持的相对比较封闭的系统。目前，我国青少年体质健康的管理一直依赖政府的行政措施，采取单一的、局部的、有针对性的行政措施对青少年体质健康进行监管和服务。我国青少年体质健康的社会组织相对缺乏，以青少年体质健康指导和服务为核心工作的社会组织几乎没有，青少年体质健康的自主能力偏弱。政府行政措施对促进青少年体质健康可能起到一定的缓解作用，但是青少年体质健康更需要一个自我生产的、自我组织的、自我反馈的、自我更新的、自我保持的自主系统。我国青少年体质健康的促进工作通常采取上传下达的命令式行政执行方式，地方政府和中央政府对青少年体质健康促进工作的理解存在一定差异，具体实施过程中容易产生偏差。我国青少年体质健康工作的基质仍需要进一步培育，从法律、经济、文化、教育、安全、国际化等基质条件入手营造青少年体质健康工作的内外环境。我国青少年体质健康工作需要培育各个级别的青少年体质健康专业组织，利用社会组织的空间链环形成自我生产、自我更新、自我保持的自主能力。青少年体质健康需要构建政府部门、社会组织、市场机构、社区居民之间相互作用的复杂链环，生态链环结构越复杂越有利于青少年体质健康系统的稳定。在青少年体质健康社会治理的具体工作中需要引入催化转换器，通过发挥催化转换器的催化作用，促进青少年体质健康新的自主系统产生。所以，青少年体质健康社会治理不是单一的教育系统、体育系统和卫生系统等子系统的问题，需要建立"分工合理、权责明确、多元共治"的治理体系，"城乡一体、统筹兼顾、功能整合"的服务体系，"导向明确、特色鲜明、形式多样"的文化体系。

我国青少年体质健康社会治理的路径框架具体包括政策目标、协同格局、沟通渠道、参与平台、干预策略等五个基础部分。青少年体质健康社会治理的政策目标是政府主体权力的释放、社会主体的培育，通过自主治理、参与服务和协同管理，营造充满活力、和谐有序的社会治理氛围与环境。青少年体质健康社会治理的协同格局是政府部门、社会组织和市场机构通过平等对话、利益协同形成政府主导、社会协同、市场参与的社会治理统筹格局。青少年体质健康社会治理的沟通渠道是政府部门和社会组织之间、政府部门和市场机构之间、政府部门和公民个人之间、社会组织、市场机构和公民个人之间，通过利益协调机制的协同管理协调社会利益，通过诉求表达机制的协同管理调节社会关系，通过权益保障机制的协同管理保障社会权益，通过矛盾调处机制的协同管理化解社会矛盾，建立青少年体质健康的沟通渠道，保障社会治理体系稳定。青少年体质健康社会治理的参与平台应该以政府为主导，让社会组织、市场机构、公民个人都积极参与到青少年体质健康工作的具体环节中，搭建一个广泛参与、密切合作的平台。落实在我国青少年体质健康社会治理中的参与平台建设，主要包括政府购买服务机制、社会组织投入机制和社会力量引导机制三个方面。青少年体质健康社会治理的干预策略可分为体质健康管理干预、体质教育课程干预、体质健康测试干预、运动处方测试干预等，促进青少年体质健康水平的提升（见图 7-1）。

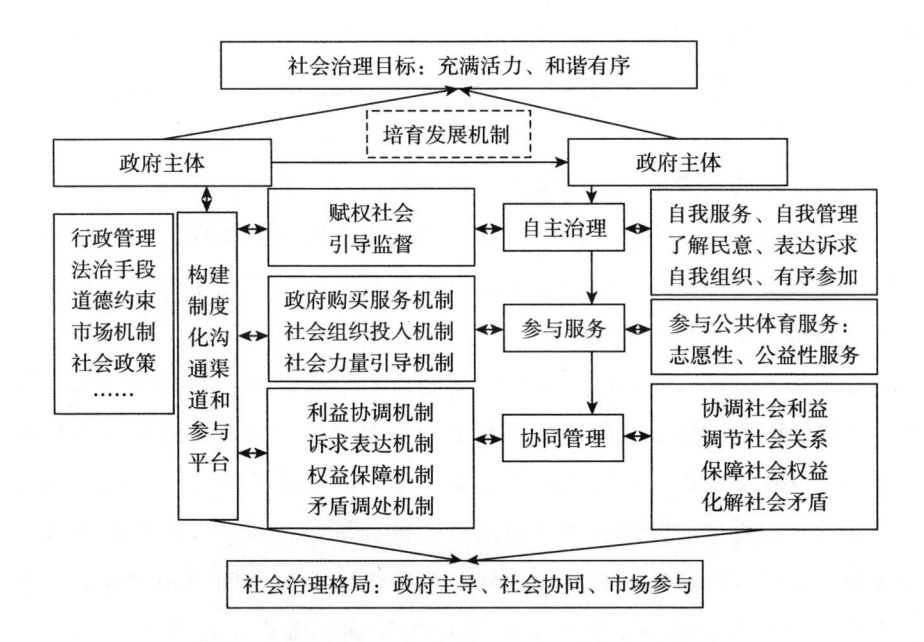

图 7-1　我国青少年体质健康社会治理的路径框架

资料来源：郁建兴、任泽涛，2012。

第二节　青少年体质健康社会治理的政策目标

我国青少年体质健康工作一直由政府行政主导，政策推动是促进青少年体质健康的常规手段。2007 年，《中共中央　国务院关于加强青少年体育增强青少年体质的意见》（中发〔2007〕7 号）（以下简称《意见》）和《国家中长期教育改革和发展规划纲要 （2010—2020 年）》（以下简称《规划纲要》）明确指出"各地各部门要充分认识加强学校体育的重要性和紧迫性"，重点强调了各地各部门及各级各类学校要认真贯彻落实《意见》和《规划纲要》，在提高学生科技文化素质的同时注重提高学生综合素质，并把提高学生体质健康水平作为办好人民满意教育的重要任务，进一步认真落实加强青少年体育锻炼、增强青少年体质的各项措施。2014 年，教育部颁布《关于印发〈学生体质健康监测评价办法〉等三个文件的通知》，并出台《学生体质健康监测评价办法》，将学生体质健康测评工作纳入法规轨道。但是，从政策系统多元化角度来说，我国青少年体质健康工作的宏观政策目标占据主流，缺乏中观政策目标和微观政策目标。

发达国家的青少年体质健康政策目标多以加大运动参与人口比重、培养青少年的运动习惯为主。美国疾病与预防中心的研究表明，增加身体活动量才应该是青少年体质健康政策的重点，最终的目标在于预防各种慢性疾病（Centers for Disease Control and Prevention，2001：1-14），所反映出来的心肺耐力、肌力、肌耐力和柔软度的检测结果只是增加身体活动量的附属产物，而不应是政策的指标或检测的主要对象。因此，我国青少年体质健康测评政策要进一步细化政策目标，将增加身体活动量作为政策目标制定的重点，将体质健康测评与身体活动量分析结合起来，追踪政策目标的成效，探讨身体活动量和测评指标、各种慢性疾病之间的相关性。发达国家的青少年体质健康工作比较注重中观层面、微观层面政策目标的制定、执行和推动。比如，新加坡《学生健壮计划》中有"学校食堂出售贴有绿色标签的食品，所售汽水糖分不得超过10%"等细则（兰星，1997：91）。美国"健康公民2000年"计划规定："12~19岁青少年肥胖者占比降至15%；75%以上6~17岁少年儿童每周参加3次以上（每次20分钟以上）高强度、可促进并保持心肺健康的体育活动；至少40%的国民经常参加可提高并保持肌肉力量、肌肉耐久力与柔韧性的体育活动；至少50%12岁以上的肥胖者经常参加体育活动；至少50%1~12年级的学生每天都上学校体育课；学校体育课50%以上的时间必须使学生积极活动，并尽量传授学生可终身受益的体育活动项目；至少50%的医疗保健人员可根据每个病人体育活动的频度、持续时间、类型与密度，对病人进行身体状况评估和咨询等。"（林显鹏，1997：313~314）加拿大的《健康加拿大计划》也规定："希望儿童与青少年每天增加30分钟的身体活动时间；发行学生使用的健康体育护照。"（陈琳，1998：273~276）所以，我国青少年体质健康社会治理的目标，要逐渐在现有宏观政策目标的基础上，注重中观层面、微观层面政策目标的制定、执行。

我国青少年体质健康社会治理的目标是建立"充满活力、和谐有序"

的生态发展机制。"充满活力、和谐有序"包含三个层面的逻辑关系。首先，在青少年体质健康社会治理过程之中，政府主体、社会主体和市场主体之间的充满活力、和谐有序。目前，我国青少年体质健康社会治理工作中政府主体处在主导地位，社会主体和市场主体的参与性不足，造成社会组织的力量和市场经济的力量无法与政府行政的力量构成合力，以推动青少年体质健康工作的多样化开展。所以，应充分调动社会主体和市场主体的参与性和积极性，使青少年体质健康工作得到政府部门、学术机构、私人企业、保险公司、医疗机构和社会团体等共同关注。其次，在青少年体质健康社会治理过程之中，各种干预手段之间的充满活力、和谐有序，通过综合干预手段的有效运用促进青少年体质健康状态的改变。所以，青少年体质健康的干预手段，不能仅仅集中于运动干预、卫生干预和测试干预等单一、常规的干预手段，而应该将政策法规、组织管理、测试手段、评价方式、行为介入、体质教育、科学研究等复合手段有效整合在一起，充分发挥各种干预手段的有效性、积极性。最后，在青少年体质健康社会治理过程之中，通过各种充满活力、和谐有序的体育活动、文化活动和教育活动，改变青少年"久坐不动"的生活习惯，并使其内化积极的全程健康理念，将健康、卫生、体育等健康行为融合成自我的生活方式，促进体质健康水平的提升。

第三节 青少年体质健康社会治理的协同格局

目前，中国青少年体质健康工作基本采取政府行政干预的宏观调控方式运行，忽视了社会团体的组织能力和市场机构的调节力量。政府行政干预在青少年体质健康工作中体现出推广迅速、易于调控、保障有力等优势，但也明显暴露出灵活性缺失、反馈周期长、服务内容缺位等问题。所以，中国青少年体质健康工作运行机制要弱化行政干预手段，向社会调节的方式转变。我国完全依靠国家体育总局、教育部等政府部门采取自上而下的行政措施开展青少年体质健康工作，至今没有专门的社会组织从事体质健康工作。相比而言，美国是社会组织最为丰富的国家。美国卫生体育休闲和舞蹈协会、美国总统体质与竞技运动委员会、美国公共健康服务中心、美国疾病与健康服务中心、美国运动医学会等社会组织都从事青少年体质健康工作。加拿大体育科学学会主持制定了"加拿大体质健康测试标准"；新加坡全国体能测试挑战计划技术委员会主持了"全国体能测验挑战"；澳大利亚青少年体质健康的非政府组织和志愿组织也十分发达，青少年体质健康工作所需经费主要来源于基金会、非政府组织以及私营部门等。我国青少年体质健康工作仍然采取财政补贴的单一供给模式，经济供给量不能满足青少年体质健康工作的实际需求。1999年，剑桥大学著名的经济学家阿尔弗雷德·马歇尔（Alfred Marshal）指出，"所有资本中最有价值的投资是对人类的投资"，青少年的体质健康促进计划不仅仅是"所有资本中最有价值的投资"，同时还是"最必要的资本"。加拿大通过12年的青少年体质健康动态评测发现，"每周2~3次，每次30~50分钟的规律性运动，可以有效地大量减少医疗费用，每人每年节省679美元，相当于每投资一元即回收6.85美元，不仅减少医疗费用，同时也减少生病所造成的生产力降低的损失"。美国疾病与健康服务中心在对冠状动脉心脏病（CHD）患者的死亡率推估中也发现了同样的结果，青少年因为不运动所付出的代价约为50亿美元，仅次于高血脂的70亿美元。青少年体质健康工作也具有一定的市场经济属性，可以通过市场经济机制来推动青少年体质健康工作的开展。1981年，美国库珀公司健康与体质研究院签约成为美国青少年体质健康测试的赞助商。经过30余年的发展，美国库珀公司也成为世界上最大的青少年体质健康测试服务企业。所以，我国的青少年体质健康测试也可以尝试市场化，鼓励第三方机构承担相应的青少年体质健康测试工作，通过市场化的运作手段降低青少年体质健康工作的政府资金投入，通过服务产品以及附属产品的市场良性竞争提升青少年体质健康测试的服务水平。

青少年体质健康也需要多维的支持系统，即政府各部门与专业社会组织、公益团体合作互助的一个生态共建系统。一方面，我国的教育、卫生、体育等行政事业部门承担了几乎所有的青少年体质健康工作，其他支持系统发挥的支持效应十分有限。另一方面，我国还没有非政府组织和志愿组织承担青少年体质健康工作标准的研制和推广工作，这与发达国家还存在一定的距离。比如，美国卫生体育休闲和舞蹈协会主持了"最佳体质测试标准""HRPFT 测试标准"的研制和推广；加拿大体育科学学会是"加拿大体质健康测评标准"的研制和推广单位；新加坡全国体能测试挑战计划技术委员会主持了"全国体能测验挑战"；澳大利亚青少年体质健康工作的非政府组织和志愿组织也十分发达，青少年体质健康工作所需经费主要来源于基金会、非政府组织以及私营部门等。私营企业也应该成为青少年体质健康工作的重要组成部分。比如，美国的 FITNESSGRAM ©系统是美国普及率最高的青少年体质健康工作系统，这套系统就由库珀公司研制和推广。所以，从国际发展趋势来看，今后政府部门与私营部门之间的合作将会越来越多，我国也应该加大私营企业介入青少年体质健康工作的政策支持和帮扶力度。

我国青少年体质健康社会治理的协同格局归纳起来主要体现在三个方面：政府主导、社会协同和市场参与。政府部门在青少年体质健康工作中由主管向主导转变，即主动对青少年体质健康的具体事务释放权限，将工作的重心从主管具体事务过渡到政策服务，加强对青少年体质健康工作的行政监督管理，让青少年体质健康工作保持在可控、合法、有序的轨道上运转，保障青少年体质健康的基本权利。青少年体质健康社会治理包括制定完善政策法规、监管体质健康测试、发布年度体质健康测试统计公报、加强体质健康公共服务等。社会组织在青少年体质健康工作中的协同作用，首先表现为筹备建立各级各类青少年体质健康专业组织，通过专业组织的具体工作推动青少年体质健康工作的开展。比如，修正青少年体质健康测试指标、加强青少年体质健康测试人员培训、推广青少年体质健康的宣传指导手册、引导青少年体质健康发展、制定青少年体质健康测试工作标准等。除此之外，还要引导专业组织筹建、孵化、运作、指导、服务社会组织，即通过专业组织的社会组织建设来推动青少年体质健康专业组织的建立、普及和推广，形成"争奇斗艳"的专业组织建设局面，提升青少年健身活动的吸引力、创造力和持续性。青少年体质健康工作的市场参与要充分发挥国有企业、私营企业、私人企业等市场灵敏度高和注重个性化服务的产业优势，做好青少年体质健康测试器械的研制工作，提供个性化的体质健康测试和运动处方，加强青少年个人档案的建设和跟踪服务，提供青少年健身活动的服务和指导等，满足青少年不同心理需求，从而引导青少年养成日常健康行为，推动青少年体质健康发展。青少年体质健康工作形成政府主导、社会协同和市场参与的协同格局，是青少年体质健康社会治理的基础和条件。

第四节　青少年体质健康社会治理的沟通渠道

青少年体质健康是一个公共健康问题，所以青少年体质健康测评机构必须与社会机构紧密合作。比如，美国总统体质与竞技运动委员会（PCPFS）作为一个联邦机构，"任何联邦机构不得控制学校的学术项目和体育项目"这条规定使它没有权力指导、规范或组织各学校、俱乐部、研究所等开展体育活动、体育教育和体质健康测试，也不能为体质健康测试提供设施、设备、贷款或者拨款，更不能通过控制这些体质健康测试机构的预算来影响它们实施的测试项目的种类。美国总统体质与竞技运动委员会为了提高青少年体质健康测评的公共服务水平，提升青少年体质健康测评工作的执行监管能力，在20世纪90年代之后非常注重与私营机构和政府部门合作。例如，与旅行者保险公司、蓝十字与蓝盾医保组织等达成合作伙伴关系。这些私营机构加入合作框架后，非常重视加强青少年规律性的身体锻炼，防止青少年体质健康水平下降，力图减少私营机构的人力和经济损失。PCPFS也由此获得了私营机构赞助，聘请了体质健康专业人员，开发了健身课程、健身电影、体育诊所，也资助了社区健身项目。除了私营机构之外，PCPFS与教育部等政府部门也进一步达成了合作，由此深化了与学校的合作，在每个年级建立了日常体质健康教育项目。另外，美国青少年体质健康测评机构已经与国家健康和营养调查（NHANES）、国民健康访问调查（NHIS）、青年风险行为监测系统（YRBSS）和行为危险因素监测系统（BRFSS）等相关调查机构合作，将青少年体质健康测评作为青少年体育活动行为调查的重要组成部分。美国青少年体质健康测评摆脱了单一的体质健康测试模式，通过问卷调查和个体访问，将健康危险行为调查、营养状况调查、体质健康测试等融为一体，注重青少年体质健康的原因追踪和效果检验。

青少年体质健康受许多复杂变量的交互作用，诸如年龄、性别、遗传、节食、饮酒和吸烟习惯及环境等因素都有可能导致疾病危险。相关研究表明，单一的体育锻炼并非保证健康的灵丹妙药，而健康的生活方式是降低疾病风险的法宝，"制约人类健康的因素中生活条件和生活方式占50%～55%"（黄俊琪等，1999：155）。当前，我国正处在计划经济体制向社会主义市场经济体制全面过渡的快速转型期，青少年的生活结构、生活方式、生活观念等诸多方面也在发生深刻变化，"生活不规律，缺乏健康意识；以自我为中心，引发人际关系冲突；情感脆弱，产生多种心理问题"（何芳，2009：30～34）。所以，我国青少年体质健康工作要注重合作机制建设：一方面，青少年体质健康测评要注重与青少年其他社会调查合作，比如青少年营养状况调查、生活方式调查、健康危险行为调查、心理健康调查等，深入了解青少年体质健康水平下降的社会动因；另一方面，青少年体质健康测评机构要注重与其他社会机构合作，比如医保组织、保险公司、健身组织、健身仪器企业等，充分发挥体质健康测评在青少年体质健康社会服务中的重要作用。

1991年，美国健康教育学家劳伦斯·格林（Lawrence W. Green）指出："健康促进是健康教育及能促使行为与环境有益于健康改变的相关政策、法规、组织的综合统一体。"（王健等，2012：10）1986年11月21日，WHO的40多个成员国在加拿大渥太华召开了第一届国际健康促进大会，《渥太华宪章》奠定了健康促进的理论和活动策略基础："健康的先决条件并不由卫生部门一家所决定。健康促进最重要的就是要求一切有关方面的统一行动。"（中华人民共和国卫生部卫生监督司等，1998：25～29）这就意味着健康促进工作是一项全民工程，上至各级政府机关单位、卫生部门，下至各类专业社会组织、公益团体及个人、家庭和社区都应该积极参与，尤其是专业性的卫生部门、社会组织及从事健康、健身相关工作的专业工作者在促进全民体质健康工作中承担着重要责任。因此，青少年的健康促进工程不仅需要卫生、体育、教育等健康相关部门的协作，更需将青少年体质健康测评作为健康促进的桥梁和纽带，在家庭、社区、学校三个社会空间因地制宜地开展健康促进工作。目前，我国青少年的健康促进工作仍是"学校"单一的空间格局，没有形成"家庭－社区－学校"相互交叉、相互融合、相互促进的系统结构，特别是家庭空间的缺失、社区空间的缺位对学生体质健康发展产生深远影响。所以，青少年体质健康生态环境的营造，应该形成家庭、社区、学校多元交互的系统结构，以"社区"为中心带动"家庭""学校"生态空间建设，学校学生可以经常参加社区组织的各项体育活动，社区也可以将社区体育指导的工作引入校园，学生与父母共同作为体育活动的积极参与者，由此才能促进青少年体质健康的可持续发展。从青少年体质健康促进实践来看，北京、天津、上海、辽宁、吉林、湖北、重庆等地区已经整合了家庭、社区和学校的体育教育资源，出台了"家庭－社区－学校"三位一体的青少年体质健康教育干预方案，"已经从过去的纯理论探讨逐步地变成了实际行动，全面而有效地提高青少年的体质健康水平和素质教育的效果"（章建成等，2013：2），希望能进一步推广普及到全国其他地区。

我国青少年体质健康社会治理的沟通渠道主要体现出四个基本关系：政府部门和社会组织之间的基本关系；政府部门和市场机构之间的基本关系；政府部门和公民个人之间的基本关系；社会组织、市场机构和公民个人之间的基本关系。政府部门和社会组织之间的基本关系具体体现在青少年体质健康具体事务的权力归属问题上，涉及青少年体质健康测试标准由谁制定、青少年体质健康测试结果由谁公布、青少年体质健康工作方案由谁制订、青少年体质健康测试人员由谁培训等方面的权力归属问题，本质上是政府部门、社会组织各自管什么、各自拥有哪方面的权力问题，所以政府部门和社会组织之间在青少年体质健康具体事务中必然存在权力归属问题。政府部门和市场机构之间的基本关系具体体现在青少年体质健康具体事务的经济分配上，涉及青少年体质健康测试的经费来源、青少年体质健康测试工作的经费开支、青少年体质健康测试服务是否能盈利、青少年体质健康测试管理的运营经费等经济分配问题，本质上是政府部门、市场机构在青少年体质健康具体事务中由谁出钱，由谁获利的经济问题，所以政府部门与市场机构之间在青少年体质健康具体事务中必然存在经济分配问题。政府部门和公民个人之间的基本关系具体体现在青少年体质健康公共服务与公民个人内心需求之间的矛盾上，涉及青少年体质健康测试场地、设施、评价、管理等公共服务是否能满足公民个体的内在需求，青少年体质健康公共服务的普适性与青少年体质健康需求的个性化之间必然存在一定的矛盾。社会组织、市场机构和公民个人之间的基本关系具体体现在青少年体质健康具体事务的资源配置问题上，涉及自然资源、社会经济资源、技术资源等三大资源的重新配置问题。建立青少年体质健康的沟通渠道是保证社会治理体系稳定的重要条件。通过利益协调机制的协同管理协调社会利益、诉求表达机制的协同管理调节社会关系、权益保障机制的协同管理保障社会权益、矛盾调处机制的协同管理化解社会矛盾。

第五节 青少年体质健康社会治理的参与平台

青少年体质健康的社会治理应该推动社会组织、市场机构、公民个人积极参与青少年体质健康工作的具体环节，搭建一个广泛参与、密切合作的平台。落实在我国青少年体质健康社会治理中的参与平台建设，主要包括政府购买服务机制、社会组织投入机制和社会力量引导机制三个方面。政府购买服务机制符合"小政府、大社会"的社会治理趋势，从西方国家的政府购买服务机制来说，政府从财政资金中规划专项资金的经费预算，通过直接拨款或公开招标的形式向专业组织和市场机构购买相关公共服务产品，以保证公共服务的质量和效率。这种政府购买服务机制在西方发达国家已经有一百多年的历史，对某些特定的公共服务领域产生了深刻影响，值得发展中国家借鉴和实践。比如美国得克萨斯州各个社区的中小学，将学校内的青少年体质健康测试、青少年体质健康数据管理、运动处方的拟定和监督、青少年体质健康状况的跟踪服务等都通过州立政府的财政支出外包给库珀公司，通过专业公司的专业服务提升青少年的体质健康水平。澳大利亚的昆士兰州政府通过财政支出将辖区内的学校体育及其相关服务整体外包出售给第三方机构，其中包括青少年体质健康测试标准研制、青少年体质健康测试供给、青少年体质健康测试监测、青少年体质健康测试奖励等。由于昆士兰州学校体育（包括青少年体质健康测试相关服务）外包给第三方机构，外包化程度达到了80%左右，摆脱了以前学校体育工作完全依赖政府和公立学校的尴尬处境，所以被政府购买服务研究领域称为"昆士兰现象"。目前，我国已经启动了政府购买体育服务的相关工作，主要集中于业务培训类、赛事类、健身活动类、管理服务类、公共体育设施建设类、特定项目类等方面，国民体质监测、指导和相关的体育宣传作为政府委托的特定项目已经列入政府购买公共服务的指导纲要，但目前尚无政府购买青少年体质健康测试、评价、运动处方、数据跟踪等服务的相关实践案例出现。

大多数欧盟国家为了预防在公共体育服务事务中行政资源呈现垄断态势，基本采取大力培育社会组织的方式，建立社会组织投入机制，积极营造社会竞争的氛围。社会组织、市场机制公共体育服务的引导和介入，极大地活跃了青少年体育活动的氛围。特别是社会组织和市场机构通过一些优惠措施和经济手段，提升了青少年体质健康公共服务的质量和效率，解决了政府公共体育服务资金不足、管理保障无力等问题，也为青少年个体的体质健康提供了个性化服务，满足了青少年体质健康的个体差异需求。澳大利亚青少年体质健康测试的经费来源包括政府、基金会、非政府组织以及私营部门等。澳大利亚的经验表明，基金会是对政府作用的补充。从我国青少年体质健康社会组织培育来看，以青少年体质健康为核心事务的社会组织空白，青少年体质健康基金会没有，所以我国青少年体质健康工作不仅要允许第三方组织介入，更应该积极鼓励社会组织成立相应的青少年体质健康测评机构或部门，应该采取有效措施促进社会组织发育成长，提高社会力量的独立性，形成自我服务、自我管理、了解民意、表达诉求、自我组织、有序参加的社会组织治理局面。

青少年体质健康的参与平台建设还应强调行为介入的重要性，通过提升健康意识、体质健康自我分析、积极乐观态度养成、承诺目标设定、自我重新评估、行为置换、自我监控、环境控制、互相协助及奖励等行为介入方式，使测试者改变个人运动习惯和生活习惯，以达到增进体质健康的目的。所以，应该让具有一定专业技能的教师、医生、心理咨询师、营养师、健身教练等通过义工的形式加入其中，完成体质健康测定、运动处方制定、运动健身指导、营养食谱建议等具体工作，提供多样化的志愿性、公益性服务，关注青少年个人运动习惯和生活习惯，强调多元干预方式和手段，注重行为介入方式的应用。我国青少年体质健康的参与平台应通过政府购买服务机制、社会组织投入机制、社会力量引导机制，为青少年提供多样化的志愿性、公益性服务，形成自我服务、自我管理、了解民意、表达诉求、自我组织、有序参加的社会组织治理局面。

第六节　青少年体质健康社会治理的干预策略

技术干预策略是指通过提高青少年体质健康系统内部人员的能力和技术水平，加强青少年体质健康质量管理，保证和提高青少年体质健康服务质量，完善测试、评价、跟踪、反馈、服务体系，提供全方位的体质健康服务，营造良好的体质健康环境。所以，我国青少年体质健康社会治理的干预策略可分为体质健康管理干预、体质教育课程干预、体质健康测试干预、运动处方干预等。

体质健康管理干预。管理系统由相互联系、相互作用的若干要素或子系统组成，一般由管理目标、管理主体、管理对象、管理机制与方法、管理环境等五个要素组成（李立新，2011：5~6）。美国物理治疗学会提出了病患/顾客"检查—评估—诊断—预后诊断—介入"五个阶段循环模型，协助物理治疗师决定最适合的介入治疗方法，帮助病患/顾客取得其希望获得的治疗效果。吴宗喜、蔡晓波（2008）提出了"测试—评价—指导—接受干预"的四阶段循环模型，杜小安、朱斌（2010）在此基础上提出了

"测试—监测与评估—数据库管理—咨询与指导—干预—提升"这一模型。此外,青少年体质健康管理系统还应强调行为介入的重要性,通过提升健康意识、体质健康自我分析、积极乐观态度养成、承诺目标设定、自我重新评估、行为置换、自我监控、环境控制、互相协助及奖励等行为介入方式,使测试者改变个人运动习惯和生活习惯,以达到增进体质健康的目的。目前,我国的青少年体质健康测评管理系统还是以数据上报、测试评分、统计汇总为主要功能,与发达国家的管理系统相比还存在一定的差距,在关注青少年个人运动习惯和生活习惯、强调多元干预方式和手段、注重行为介入方式的应用等方面需要进一步完善。

体质教育课程干预。体质课程"以改善学生体质健康状况为目标,重点在于使学生了解体质健康有关知识,发展有益健康的活动技巧,并养成规律运动的习惯"(许义雄,2000:10~18)。体质课程不仅仅是传统体育教学中运动项目动作技能的教学,更注重体质健康知识、行为的传播,协助青少年树立积极主动参加体育活动的观念,促进青少年养成健康的生活方式、良好的行为习惯。正如美国教育专家恩尼斯(Ennis)所描述的,体质课程就是"个人课程":"学生学习自我测试,确立切实可行的个人目标。"(全国中小学体育教师全员培训教材编委会,2000:56~78)"个人课程"能让他们学会对自我开展体质健康测试,对自我的体质健康测试结果进行解释与分析,并根据对相关结果的自我分析来制订和调整下一阶段的体质健康计划,采取适合自身体质的措施来提高体质健康水平。体质课程与体育课程相比,具有健康性、个体化、公平性三个典型特征。健康性强调与身体健康有关的运动素质的提高,比如心血管耐力(即有氧耐力)、肌肉力量、肌肉耐力、柔韧性等,这些都与身体健康有关。而体育课程强调的是与运动能力有关的素质的提高,比如运动的速度、运动的水平等,这些都与运动能力有关。个体化强调不按照统一的标准对待所有学生,而是努力适宜每个学生的能力,尽力满足每个学生的需求,针对不同学生的现有水平给予不同的帮助,帮助他们建立切实可行的个人目标,使之成为个体意义上最好的学生。而体育课程所做的则是在同一时间为全体学生提供相同的内容。公平性强调的是不以统一的标准来衡量所有的学生,也不对所有的学生进行横向比较，只对学生个人进行纵向比较，依据个人的进步来评价学生。而体育课程则通过身体素质测试结果对学生进行等级评判，并进行奖励（张建华等，2001：68~70）。除此之外，体质课程还有教育性、快乐性、现实性等特征。1994年，美国教育专家查尔斯·科尔宾（Charles B. Corbin）提出了体质阶梯模型，认为老师对学生的体质教学目标应该通过规律运动、获得体质的预期效果、确定个人的运动方式、自我评估、问题解决/做决定等五个步骤实现，体质课程的终极目标是让学生从依靠体育教师的引导性学习到独立从事体育活动，从单纯地参与身体活动到增进终身受益的体质健康（Corbin et al.，1994：153-161）。所以，体质课程应该从增进学生的体质健康认知、提高学生的运动规律性和培养学生运动习惯、提升学生体质健康水平等方面进行设计，通过学生、家长和体育教师的合作支持，让每一位学生拥有良好体质，享受健康生活。在增进学生的体质健康认知方面，体质课程的重点要放在体质健康认知和情绪管理认知两个方面，比如掌握健康危险因子的知识、维持体质健康的知识以及提高对运动课程的喜好程度等，使学生掌握全面的体质健康基础知识，并能够运用这些知识来分析解决现实生活中的体质健康问题。在提高学生的运动规律性和培养学生运动习惯方面，体质课程要以提高有氧耐力（心血管耐力）、肌肉耐力、肌肉力量、柔韧性、平衡能力的运动为主，除了中长跑、游泳、重量训练和有氧舞蹈之外，球类运动、情境运动、角色扮演运动等都可以作为教学手段丰富课堂教学。课外体育活动应该加强学校、家长和学生之间的沟通协作，让学生在没有监督的环境之下依然能有规律地从事体育活动。在提升学生体质健康水平方面，体质课程要将体质健康测试作为课程教案设计的重要组成部分。体质课程教案要以学生的体质健康测试（前测）为设计依据，教学内容以提高心血管耐力、肌肉耐力和柔韧性的运动为主，原则上要求学生每次运动都搭配至少一种有氧运动，如快走或折返跑，每天运动从而提高体质和健康水平。此外，体质课程的教案设计要特别关注体弱学生（即体质健康测试不达标者），体育老师要加强对这些体弱学生运动方式的教学指导。作为一门体质课程，体质健康测试不能只作为课程结束之后学生体质健康的评价手段（后测），而是要作为教学过程的监控手段（中测），根据学生平时的运动类型、运动习惯、参与程度、喜好程度、执行能力等综合情况进行调整。理想的体质课程是在完成学生的体质健康测试后，体育老师还应该为每位学生制定合意的运动处方。不具备开具运动处方能力的体育老师，也应该在课堂上介绍运动处方的组成要素和运动原则，并提供相应的网站供学生随时学习、查询并自发地去了解。目前，我国各级各类学校并没有开设针对体弱学生（体质健康测试不达标、生理存在某些缺陷，甚至是残疾学生）的体质课程，教育部体育课程教学大纲中也没有相关的要求。青少年绝大部分的时间都在学校中度过，学校环境对青少年的身体健康发展具有不可替代的作用。所以，有条件的学校应该聘请有资质的体能教练在校园开设体质课程，作为学校体育课程、课外体育活动的有益补充，帮助学生提升体质健康的综合发展水平。此外，体质课程也并不一定局限在校园之内，有条件的基层社区也可以通过市场运作引入体质课程作为公共服务产品，社区、学校、家庭应共同关注青少年的体质健康问题。

体质健康测试干预。2007年5月7日，《中共中央 国务院关于加强青少年体育增强青少年体质的意见》明确指出"把健康素质作为评价学生全面健康发展的重要指标"。如何在青少年体质健康工作中贯彻"健康第一"的理念，成为青少年体质健康工作社会治理的关键。现有的科学研究成果表明，经常参加体育运动会增加血液中的高密度脂蛋白胆固醇、减少血液中的甘油三酯的含量、降低血压、增强纤维蛋白的溶解作用、改善血小板的凝血功能、降低血栓发生风险、提高胰岛素的敏感性等。经常参加体育运动的人患冠心病、高血压、下背痛、非胰岛素依赖型糖尿病、骨质疏松症、直肠癌的概率比较低，在心理上能减少焦虑、沮丧等现象。所以，经常从事规律运动的人的骨质密度较理想、脂肪含量较少、免疫功能较健全，也容易抵御慢性疾病的侵袭（黄永任，1998：53~60）。所以，要将青少年体质健康测试作为"个体健康"评价的积极有效手段。青少年体质健康测试指标与降低疾病风险的关联性是一个比较复杂的问题。比如Safrit（1990：9~28）研究表明，中长跑与心肺功能的相关系数在0.61~0.92，说明中长跑与心肺功能的关联度较高，有利于降低患心肺疾病的风险。Williams 等（1992：358－363）通过研究证实了肥胖（身体成分）与健康的关系，5~18 岁体内总脂肪大于 25% 的男孩和体内总脂肪大于 30% 的女生一般会有较高的血压和胆固醇，而且儿童时期的肥胖会增加日后肥胖的风险。Plowman（1992）研究发现，仰卧起坐同腹部力量、耐力的静态与动态指数为 0.14~0.51，这些低度到中度的相关性，表明仰卧起坐不能充分测量腹部的力量或耐力，仰卧起坐与身体健康的关联性颇受质疑（Plowman，1992：10－19）。Johnson 和 Nelson（1969）研究发现，坐位体前屈与腰背的柔韧性关联系数为 0.60~0.70，表明坐位体前屈测试指标会偏袒手脚偏长的人。20 世纪 70 年代，美国就注意到体质健康测试指标系统的健康向度问题，取消了速度、爆发力等测试指标，增加了身体成分、心血管功能、肌肉力量及持久力、柔韧素质等健康关联测试指标，并将心肺系统耐力和肌肉力量作为重点测试指标（徐坚等，2005：86~88）。所以，中国青少年体质健康工作要树立"健康第一"的发展理念，就必须从早期的运动技能关联测评中解放出来，加强青少年体质健康测试指标与降低疾病风险之间的关联性研究，依据体质健康测试指标的健康关联构造效度调整指标体系，将青少年体质健康工作的"健康第一"指导思想落在实处。

运动处方干预。运动处方是目的性、针对性更强的一种特殊的运动计划。1969 年，世界卫生组织给"运动处方"下了一个明确的定义："是对从事体育锻炼者或患者，根据医学检查资料（包括运动试验及体力测验），按其健康、体力和心血管功能状况，以及运动时间及频率，指出运动中的注意事项。"（孙麒麟、顾圣益，2013：67~68）以此来促进体育锻炼者或患者及时了解自身身体状况，进行适宜的锻炼，以实现健身或治病的目的。青少年体质健康工作应该是"测试—评价—诊断—反馈—指导"等一体的闭合生态圈，运动处方在这个测评系统里处于中间环节，所以运动处方在青少年体质健康工作中存在的意义，不仅仅是作为一种特殊的运动计划或是一种改善体质的策略。从对于个体的价值来说，运动处方的科学性和合理性，能改变体弱群体（或患者）不良的生活方式，使其自主地参与体质健康测评，真正发挥体质健康测评在健康促进中的作用。从对于社会的价值来说，运动处方的实用性和有效性，能让青少年体质健康工作由纯粹的测评系统转变成健康促进系统。从对于国家的价值来说，运动处方不仅意味着存在一个完整、闭合、有效的生态链，也标志着青少年体质健康工作由"国家需求"向"个体需求"转变。运动处方的制定与实施由三个介入手段共同构成。（1）个人自主介入。引导体弱者或患者不断进行自我检测并及时评估自我表现，以达到体质自我强化的目的。体弱者或患者通过个人自主管理强化参与运动的动机，最终形成正向的、积极的、健康的生活方式。个人自主介入采取的测评指标一般是个人在特定的时间内能灵活自主掌握的一些测评指标。（2）健身指导介入。健身指导介入是具备运动指导资质的相关专家协助个人进行管理的一种方式。具备运动指导资质的体育教师或体育社会指导员，协助体弱者或患者确认目标、学习体质相关知识及提高能力，有效达到其体质提升的目的。健身指导介入采取的测评指标一般是需要进行专业评估的测评指标。（3）医疗资源介入。医疗资源介入的主要功能为疾病治疗或疾病预防，一般指除了个人自主介入或健身指导介入的项目之外，还可以结合各项医疗专业资源，以达到体质增强及健康促进的整合目的。医疗资源介入所采取的测评指标一般是个人或体能专业人员无法进行测评的指标。日本在20世纪60年代就提出了运动处方的概念，并将运动处方作为"基础情况—健康诊断—运动测量—体力测量—运动处方—体育锻炼"流程的枢纽环节，运用科学的、有效的运动处方策略提升青少年体质健康综合发展水平。我国从20世纪50年代开始开展青少年体质健康测评的工作，运动处方虽然有时也被学术界提及，但终究未落在实处，在促进青少年体质健康水平提升方面是缺失的。"校园学生体质健康数据管理与分析系统（2014年版）"可以根据每个学生的体质健康测评状况制定个性化运动处方，希望有关部门能落实运动处方的个人自主介入、健身指导介入和医疗资源介入，让运动处方成为提升青少年体质健康水平的一剂"良方"。

第八章

研究结论、创新之处与不足

一 研究结论

（一）选题背景、理论意义和实践意义

随着全球化发展进程的加快，慢性疾病（如心血管疾病、癌症等）成为全世界人口的高危致死因素。世界发达国家的医疗、卫生、健康领域逐渐将流行病学发展的重点，从传染性疾病控制转向了慢性疾病预防控制。大部分慢性疾病都可以归因于不健康的生活方式和行为方式，而这些又都是可以干预的。发展中国家的慢性疾病预防控制问题更加严峻，一方面，发展中国家居民不健康生活方式的迭代速度不断加快，从而导致疾病谱发生明显改变；另一方面，发展中国家的社会结构迅速转型，造成卫生保健费用增加、政府面临巨大的经济负担。中国作为发展中国家，青少年体质健康也面临同样的严峻问题。青少年的体质健康问题不是单一的生物性问题，是社会、经济、文化、教育、生活方式等共同作用的结果。单一的财政补贴、行政干预等方式将不再有利于青少年体质健康形势的好转，反而会带来经济失灵、行政失范、调控失效等问题，需要得到政府部门、学术机构、私人企业、保险公司、医疗机构和社会团体等的共同关注。单一的运动训练技术不是解决体质健康阻滞下滑问题的唯一技术手段，需要政策法规、组织管理、测试手段、评价方式、行为介入、体质教育、科学研究等综合干预，需要从原有政府管理的思维定式中解脱出来，用社会治理的理论和方法来解决社会转型中的困境。

（二）我国青少年体质健康工作的发展

党和政府历来十分重视青少年体质健康的发展，政策法规的颁布单位呈现由单一部门发布规章走向多部门联合发布规章的趋势，聚焦点从关注青少年的运动能力、关注青少年的身体健康向关注青少年的健康促进（全程健康）转变，允许社会力量的介入成为青少年体质健康促进的发展趋势。我国青少年体质健康测试标准沿着"借鉴、模仿苏联——根据国情调整、修订——根据身心发育特点自主研发"调整，测试目的沿着"服务农工生产、国防军事——服务工业生产——服务群体健康——服务个体健康"转变，测试分组、测试指标、测试方法、统计方法、评价方法等科学化、合理化、国际化的程度越来越高。我国青少年体质健康测试由单一指标评定向体质综合发展水平评定转型，注重青少年身体形态、生理机能、运动素质与健康状态的体质综合发展水平评定，心肺呼吸机能和身体耐力素质下降、超重和肥胖问题等青少年体质健康测试结果引起了全社会的密切关注。我国 7 次大规模的青少年体质健康调研为我国青少年体育卫生科学决策工作、现代教育管理和决策工作提供了现实依据，推动了教育管理和决策工作的顺利进行。我国学生体质健康标准数据库可以为政府机关、教育部门提供翔实的教育基础数据，为社会公众和企事业单位提供学生体质健康信息的查询检索服务，科学技术的创新为青少年体质健康测试提供了便利。

（三）我国青少年体质健康理念的嬗变逻辑

我国青少年体质健康测试体系的发展经历了四个阶段。第一阶段，性能关联的青少年体质健康测试。20 世纪 50 年代至 60 年代中期，青少年体质健康测试表现出强烈的"国家和集体意志"，青少年体质健康测试与"强身救国"理念、"军事化兵操"捆绑在一起。青少年体质健康测试及其评价方法处在引入阶段，没有根据中国的国情进行指标筛选，没有形成科学化、规范化和标准化的体质健康测试和评定系统，与"国家需求第一位"相一致。第二阶段，技能关联的青少年体质健康测试。20 世纪 60 年代至 70 年代中期，青少年体质健康测试的"国家和集体意志"依旧强烈，但是"军事化兵操"指标大幅缩减，生产劳动关联测试指标减少，运动技能测试指标增加，呈现出"身体性能"测试向"运动技能"测试的转变。第三阶段，健康关联的青少年体质健康测试。党的十一届三中全会以后，青少年体质健康测试分为运动能力测试、医学卫生检测两个部分。青少年体质健康测试仍以运动技能测试为主，以健康检查为辅，测试指标设置滞后于"健康第一"的测试理念。青少年体质健康测试作为"摸清青少年、儿童体质的现状、特点和发展规律"的调研工具和"更有效地进行教学、训练和学校卫生工作"的评估工具，而不是作为青少年"个体健康"的评价工具。第四阶段，个体健康关联的青少年体质健康测试。21世纪以来，青少年体质健康发展掀开了崭新一页，青少年体质健康测试新增了"身高标准体重（BMI）"等身体成分测试指标，指标偏向对心肺力量、心肺耐力和身体成分的测量，评价方式关注个体健康的综合评定。青少年体质健康测试结果列入学生成长记录或素质报告书，引导社会全面关注青少年肥胖（或营养不良）等健康问题，测试对象也逐渐由"国家的人""社会的人"转向"个体的人"，更倾向于青少年个体具有全程健康内涵的生活形态。

（四）我国青少年体质健康与社会治理相关问题

我国青少年体质健康发展面临八个社会治理的元问题。一是青少年体质健康的价值诉求。目前我国的青少年体质健康工作，外部表现为缺乏完整、闭合、有效的生态链，内在表现为"国家需求"整合之下的"个体的人"缺位。二是青少年体质健康的运行机制。我国青少年体质健康工作一般以教育部、国家体育总局等政府职能部门为主导，而青少年体质健康专业组织的灵活性没有得到充分发挥。三是青少年体质健康的经费投入。我国一直奉行政府行政主导的青少年体质健康工作方式，财政拨款是青少年体质健康工作的唯一经费来源，而基金会、社会组织以及私营部门等经费来源相对缺乏。四是青少年体质健康测评的指标向度。青少年体质健康测评应该以身体健康为发展导向，注重青少年体质健康测评指标与降低青少年疾病风险之间的构造效度问题。五是青少年体质健康的测评目的。我国一直都将青少年体质健康测评作为体育教学和学校体育工作的绩效考核指标，而应该将其作为青少年"个体健康"的测评工具。六是青少年体质健康的社会控制。我国青少年体质健康测评的社会控制一直采取的是"大棒加高压"惩罚机制，而应该推行青少年体质健康测评的激励机制，通过激励机制刺激青少年体育人口的增加。七是青少年体质健康的社会责任。青少年体质健康由教育权责向社区权责的转变，不仅意味着青少年体质健康测评工作由学校空间过渡到社区空间，更意味着青少年体质健康工作由单一的"学校"模式向"家庭—社区—学校"三位一体的生态模式转型。八是青少年体质健康的教育策略。我国教育部门一直将体育课程作为遏制青少年体质健康水平下降的主要途径，而应该在社区（或学校）积极推广、普及体质课程，关注体质健康不达标学生的体质动态变化过程，提供针对性更强的运动处方。

（五）我国青少年体质健康的治理模型构建

我国青少年体质健康工作应该从政府管理的思维禁锢中解放出来，实现从政府管理模式向社会治理模式的转型。青少年体质健康的社会治理方式，表现为权威来源的多样性、运作过程的双向性、社会参与的灵活性、权力行使的平等性等特征。构建我国青少年体质健康社会治理的 POET 生态复合模型，将人口、组织、环境、技术四个关联变量演绎成"人口－组织"（简称组织子系统）、"人口－环境"（简称环境子系统）、"人口－技术"（简称技术子系统）三种基本关系及其分析范式。青少年体质健康的环境系统治理，应该将政策环境、自然环境、社区环境、生活环境、服务环境等环境治理与健康干预计划整合成一个共同的框架和一个共同的实践；青少年体质健康组织系统的社会治理，应该从政府行政管理模式，逐渐转型为政府行政部门、社会组织、市场机构等多主体参与的社会治理模式，政府行政部门是青少年体质健康工作的"服务主导者"，社会组织是青少年体质健康工作的"核心主体"，市场机构是青少年体质健康工作的"有益补充"；青少年体质健康技术系统的社会治理，从社会治理的横向机制来看，应该建立"检测项目—评估方法—诊断标准—运动处方—行为介入"的单向循环机制，从社会治理的纵向机制来看，应该构建"个人技术管理—学校技术管理—医疗技术管理"的双向互动机制。

(六) 我国青少年体质健康的社会治理路径设计

我国青少年体质健康社会治理的路径框架具体包括政策目标、协同格局、沟通渠道、参与平台、干预策略等五个基础部分。青少年体质健康社会治理的政策目标是政府主体权力的释放、社会主体的培育，通过自主治理、参与服务和协同管理，营造充满活力、和谐有序的社会治理氛围与环境。青少年体质健康社会治理的协同格局是政府部门、社会组织和市场机构通过平等对话、利益协同形成政府主导、社会协同、市场参与的社会治理统筹格局。青少年体质健康社会治理沟通渠道是通过利益协调机制的协同管理协调社会利益，通过诉求表达机制的协同管理调节社会关系，通过权益保障机制的协同管理保障社会权益，通过矛盾调处机制的协同管理化解社会矛盾。青少年体质健康社会治理参与平台应该打破政府行政的垄断性权力，包括政府购买服务机制、社会组织投入机制和社会力量引导机制三个方面。青少年体质健康社会治理的干预策略可分为体质健康管理干预、体质教育课程干预、体质健康测试干预、运动处方干预等方式。

二 创新之处

(一) 视角创新：青少年体质健康的"体质"从静态的、生理性内涵向生态的、历史性内涵转变

从国内现有研究资料来看，部分学者将中医体质学、体质人类学的"体质"与青少年体质健康的"体质"，美国体质测试的"physical fitness"与青少年体质健康的"体质"等进行对比分析，希望通过词源对比的方式阐释体质的内涵，这样的研究具有一定的意义和价值。但是，"体质"终究不是一个静态的、书面的、生理的问题，它是一个动态的、历史的、社会性的问题，简单的词源对比无益于深入了解"体质"的内涵。我们不能将其作为纯粹的生物性、生理性问题去回答，只有从历史发展的动态视角体验"体质"内涵的演变历程，从社会发展的变迁视角厘清"体质"内涵的时代差异，才有利于推动青少年体质健康的发展。本研究通过对我国青少年体质健康的政策法规、测试标准、测试指标、规模调研、数据监测等

历史具象的梳理，发现我国青少年体质健康理念历经"性能关联—技能关联—健康关联—健壮关联"四个阶段，现在的青少年体质健康理念更倾向于青少年个体具有全程健康内涵的生活形态。所以，这种基于"生态的、历史性"的研究视角在国内同类研究中具有一定程度的创新。

（二）思维创新：青少年体质健康研究从"顶层设计"国家逻辑向"基层社区"民众逻辑的转变

聚焦青少年体质健康发展主题的研究遵循两种研究逻辑：一种是基于"顶层设计"的国家逻辑，强调从国家的需求出发，是自上而下的研究思维方式，另一种是基于"基层社区"的民众逻辑，强调从民众的需求出发，是自下而上的研究思维方式。目前，我国青少年体质健康的理论研究和实践工作一直遵循"顶层设计"逻辑，在取得诸多优异成绩的同时也暴露出一些问题。本研究尝试从"基层社区"的青少年内在需求出发，提倡从政府管理模式向社会治理模式转型，强调加强政府部门、专业组织、市场机构的协商共治和双向互动。政府部门应该作为监督力量参与青少年体质健康监管工作；专业组织应该作为主体力量参与青少年体质健康具体事务；市场机构应该作为青少年体质健康工作的有效补充。群策群力、协商共治，推动青少年体质健康发展，让青少年享受体质健康多样化、个性化的社会服务。所以，这种基于"基层社区"民众逻辑的研究思维在国内同类研究中具有一定程度的创新。

（三）内容创新：青少年体质健康研究从政府管理理论模式向社会治理理论模式（POET）的转变

从历史发展而言，青少年的体质健康不是一个技术性概念，青少年体质健康与国际形势、政治制度、社会变迁、文化氛围、价值观念等相伴；从身体的主体性而言，青少年的体质健康不是一个纯粹的生物性问题，遗传、锻炼、营养、家庭、学校、社会等都是青少年体质健康的影响因素；从技术的角度而言，青少年体质健康需要检测项目、评估方法、诊断标准、运动处方、行为介入等多种技术的协作；从监测方法而言，青少年体质健康需要自我监测、学校监测、医疗监测等多种监测的交叉互动；从工作开展而言，青少年体质健康需要政府部门（体育、教育、卫生、共青团等）的共同组织，也需要政府部门与学术机构、私人企业、保险公司、医疗机构和社会团体等进行社会资源的整合。本研究的内容框架体系以厘清青少年体质健康的词义为前提，梳理青少年体质健康发展的历史是基础，剖析青少年体质健康发展的现状是依据；构建符合中国国情、体现中国特色的青少年体质健康社会治理的模型和路径是目的。所以，这种基于"社会治理"的研究内容在国内同类研究中具有一定程度的创新。

三 不足之处

（一）局限理论模型构建，缺乏干预方案探索

本研究重点在于构建我国青少年体质健康的 POET 社会治理理论模型，并提出了青少年体质健康的组织系统（P-O）治理、环境系统（P-E）治理、技术系统（P-T）治理相关技术路线。但是，由于缺乏针对某个具体社区的针对性干预方案，研究整体上从理论模型应用到干预方案还存在一定的距离。

（二）治理路径可操作性和可行性需要实践反馈

本研究提出了我国青少年体质健康社会治理的路径框架，具体包括政策目标、协同格局、沟通渠道、参与平台、干预策略等五个基础部分，并对青少年体质健康社会治理的干预策略进行了阐述。但是，由于缺乏社会治理路径践行方案的反馈调节机制，这种设计的可操作性和可行性还有待于检验。

参考文献

巴巴拉曼,2013,《体适能与健康指南——适合各年龄层的体能活动与营养指引》,徐锦兴、蔡锦雀、彭雪英等译,禾枫书局有限公司。

白永基、李绍荣、李莲心等,1980,《大学生体质状况调查和锻炼与不锻炼者的比较》,《北京广播学院学报》(人文社会科学版)第4期。

包心鉴,2014,《社会治理创新与当代中国社会发展》,人民出版社。

边立娟,2013,《社区护理学》,吉林大学出版社。

蔡禾,2003,《城市社会学——理论与视野》,中山大学出版社。

蔡守秋,2014,《基于生态文明的法理学》,中国法制出版社。

蔡志强,2013,《体育新课程改革中的难题及其突破策略》,《体育学刊》第5期。

常伦荣、武杰,2007,《体质人类学》,新疆人民出版社。

陈莉、胡启林,2013,《21世纪日本促进学生体质健康的举措及其启示》,《武汉体育学院学报》第10期。

陈琳,1998,《加拿大国民的体质健康测评》,《国外体育动态(内部刊物)》第34期。

陈明达、于道中,1993,《实用体质学》,北京医科大学、中国协和医科大学联合出版社。

陈佩杰,2005,《体适能评定理论与方法》,黑龙江科学技术出版社。

陈雪飞,2010,《跨文化交流论》,时事出版社。

陈雅斌,1990,《毕业生体质检测及慢性病的调查》,《齐齐哈尔师范学院学报》第 3 期。

陈雁飞，2011，《中小学体育教师专业引领与提升》，高等教育出版社。

陈玉忠，2007，《关于我国青少年体质健康问题的若干社会学思考》，《中国体育科技》第 6 期。

陈德珍，2000，《中国学生体质发育的生长加速及与日本学生的比较》，《人类学学报》第 4 期。

戴霞、朱琳、谢红光，2012，《〈国家学生体质健康标准〉评价效能的反思与优化——大学生体质健康预警机制的构建》，《中国体育科技》第 3 期。

丹尼尔·贝尔，1989，《资本主义文化矛盾》，赵一凡等译，生活·读书·新知三联书店。

丹尼尔·贝尔，2007，《资本主义文化矛盾》，严蓓雯译，江苏人民出版社。

丹豫晋、刘映海，2015，《家庭体育支持与青少年体质的关系研究》，《教育理论与实践》第 34 期。

邓树勋、陈佩杰、乔德才，2007，《运动生理学导论》，北京体育大学出版社。

R.J. 斯蒂尔曼编著，1988，《公共行政学（上册）》，李方、潘世强等译校，中国社会科学出版社。

董建稳，2010，《现代教育政策法规导论》，西北农林科技大学出版社。

董奇、林崇德，2011，《当代中国儿童青少年心理发育特征——中国儿童青少年心理发育特征调查项目总报告》，科学出版社。

杜翠娟，2008，《解读 2008 年版〈国家学生体质健康标准数据库〉》，《中国学校体育》第 9 期。

杜世全，2008，《安徽高校执行〈国家学生体质健康标准〉的现状分析》，《成都体育学院学报》第 8 期。

杜小安、朱斌，2010，《大学生体质健康测试后续服务管理模式与运用》，《成都体育学院学报》第 8 期。

G. 希尔贝克、N. 伊耶，2012，《西方哲学史·从古希腊到二十世纪

（上）》，童世俊、郁振华、刘进译，上海译文出版社。

G. 希尔贝克、N. 伊耶，2012，《西方哲学史：从古希腊到二十世纪（下）》，童世骏、郁振华、刘进译，上海译文出版社。

方进隆、黄泰谕，2011，《我国学生体适能政策分析》，《中华体育季刊》第3期。

南方日报社编著，2012，《治理创新——广东的实践与探索》，南方日报出版社。

傅浩坚、杨锡让，2012，《社会体育指导》，高等教育出版社。

傅建霞，2009，《大学生体质健康风险管理》，哈尔滨地图出版社。

甘柏花，2001，《现行〈国家体育锻炼标准〉改进的思考》，《井冈山师范学院学报》第6期。

顾渊彦、凌平，1999，《域外学校体育传真》，人民体育出版社。

广州日报记者，2014，《学生体能耐力连续27年下降》，人民网，11月16日。

郭文，2012，《大学生体质健康突出问题的现状、影响因素及其干预实验研究》，浙江大学出版社。

郭建军、杨桦，2015，《中国青少年体育发展报告（2015年）》，社会科学文献出版社。

国家教育委员会，1995，《中小学卫生保健机构工作规程》，教育部，9月7日。

国家教育委员会体育卫生司，1988，《学校体育卫生工作文件选编》，辽宁大学出版社。

国家体委群众体育司，1995，《全民健身计划资料汇编（1）》，国家体委群众体育司（内部资料）。

国家体委政策研究室，1982，《体育运动文件选编（1949—1981）》，人民体育出版社。

国家体育总局，2001，《中国体育年鉴（2001）》，中国体育年鉴社。

国家体育总局，2002，《中国体育年鉴（2002）》，中国体育年鉴社。

国家体育总局体育文化发展中心，2008，《中国体育年鉴（2007）》，中国体育年鉴社。

国家体育总局体育信息研究所，1998，《欧洲各国的体质测试》，《国外体育动态（内部发行）》第32期。

国家体育总局政策法规司，2006，《中国体育法制十年（1995—2005）》，中国法制出版社。

国家体育总局政策法规司，2011，《体育事业"十二五"规划文件资料汇编》，人民体育出版社。

国务院，1960，《国务院批转教育部、体育运动委员会、卫生部关于中、小学学生健康状况和改进学校体育、卫生工作的报告》，《山西政报》第10期。

国务院，1982，《国家体育锻炼标准（国务院1982年7月12日批准，国家体委1982年9月1日发布）》，《学校体育》第5期。

国务院办公厅，2012，《转发教育部等部门关于进一步加强学校体育工作若干意见的通知》，教育部，12月22日。

国务院法制办公室，2005，《中华人民共和国法规汇编（2002年第17卷）》，中国法制出版社。

国务院法制办公室，2014a，《新编中华人民共和国常用法律法规全书（2014年版）》，中国法制出版社。

国务院法制办公室，2014b，《中华人民共和国教育法典》，中国法制出版社。

何芳，2009，《青少年的生活方式及其和谐发展的哲学思考》，《山东省青年管理干部学院学报》第2期。

何作顺，2006，《社会医学》，世界图书出版西安公司。

黑格尔，1961，《法哲学原理》，范扬、张企泰译，商务印书馆。

洪渝涵、李晶，2008，《体适能管理系统构建要素之研究》，《明道通识丛刊》第4期。

侯保龙，2013，《公民参与公共危机治理研究》，合肥工业大学出版社。

湖南省教材教学研究室，1976，《体育（上册 内部资料）》，湖南省教材教学研究室。

黄俊琪、饶从志、朱俊鑫，1999，《生活方式与人类健康》，《疾病控制杂志》第 2 期。

黄露、余晓辉，2005，《居民体质指数与社会因素的相关分析》，《中国公共卫生》第 5 期。

黄晓俊、刘玉琴，2012，《我国青少年体质健康问题的社会学透视》，《安顺学院学报》第 5 期。

黄永任，1998，《健康成年人的运动处方》，《中华体育季刊（台湾）》第 2 期。

季成叶，2006，《儿童少年卫生学》，北京大学医学出版社。

江崇民、张一民，2008，《中国体质研究的进程与发展趋势》，《体育科学》第 9 期。

江都市地方志编纂委员会，1996，《江都县志》，江苏人民出版社。

姜一鹏，2015，《大学生体质自我评价与体育锻炼及健康生活习惯的实证研究》，《天津体育学院学报》第 2 期。

教育部，2002，《教育部、国家体育总局关于印发〈学生体质健康标准（试行方案）〉及〈学生体质健康标准（试行方案）〉实施办法的通知》，《教育部政报》第 9 期。

教育部，2011，《教育部关于 2010 年全国学生体质与健康调研结果公告》，教育部，8 月 29 日。

教育部，2011，《教育部关于印发〈切实保证中小学生每天一小时校园体育活动的规定〉的通知》，教育部，7 月 8 日。

教育部，2014，《关于印发〈国家学生体质健康标准（2014 年修订）〉的通知》，教育部，7 月 7 日。

教育部，2014，《教育部关于印发〈国家学生体质健康标准（2014 年修订）〉的通知》，《体育教学》第 9 期。

教育部，2015，《学生体质健康测试中单项不合格是否影响高中毕业》，教育部，12 月 30 日。

教育部、国家体委、卫生部、共青团中央，1979，《关于贯彻全国学校体育、卫生工作经验交流会议纪要精神的联合通知》，法律图书馆，9 月 25 日。

教育部体育卫生与艺术教育司，2003，《教育部关于2002年学生体质健康监测结果公告》，教育部，12月1日。

教育部体育卫生与艺术教育司，2005，《教育部关于2004年学生体质健康监测结果公告》，教育部，7月6日。

教育部体育卫生与艺术教育司，2005，《中国学生体质健康监测网络2002年监测报告》，高等教育出版社。

教育部体育卫生与艺术教育司，2006，《中国学生体质健康监测网络2004年监测报告》，高等教育出版社。

教育部体育卫生与艺术教育司，2011，《教育部关于印发〈学生体质健康监测评价办法〉等三个文件的通知》，教育部，7月8日。

教育部体育卫生与艺术教育司，2016，《教育部体育卫生与艺术教育司关于印发〈教育部体育卫生与艺术教育司2016年工作要点〉的通知》，教育部，2月15日。

孔娜娜，2014，《行动者、关系与过程——基层社会治理的结构性转换》，中国社会科学出版社。

李红娟，2012，《体力活动与健康促进》，北京体育大学出版社。

李纪江、蔡睿、何仲涛，2010，《我国成年人体质综合水平与自然环境因素的关联分析》，《体育科学》第12期。

李立新，2011，《管理学》，北京理工大学出版社。

辽宁省教育厅编，2013，《现行教育法律法规规章汇编》（下），吉林人民出版社。

林德南，2010，《健康促进学校理论与实践》，暨南大学出版社。

林显鹏，1997，《美国〈健康公民2000年〉体育活动目标》，《国外体育动态（内部刊物）》第11期。

林耀华，1947，《凉山彝家》，商务印书馆。

卡洛琳·麦茜特，1999，《自然之死——妇女、生态和科学革命》，吴国盛等译，吉林人民出版社。

刘皑风，1964，《做好学校体育工作 增强学生体质》，《江苏教育》第Z1期。

刘炳文，2010，《体育健康成才》，江西高校出版社。

刘明珍，2008，《公民社会与治理转型——发展中国家的视角》，中央编译出版社。

刘硕阳、季芳、卞民德，2012，《增强学生体质？"体育进高考"引发各方热议》，人民网，12月21日。

刘星亮，2010，《体质健康概论》，中国地质大学出版社。

刘雪初，1980，《学生体质下降 不能等闲视之——教育部副部长刘雪初答中国青年报记者问》，《四川教育》第5期。

卢元镇、周志俊，2003，《社会体育学基础》，高等教育出版社。

卢忠谨、邵华，2000，《关于"体质教育"思想实践的特点与反思》，《北京体育大学学报》第1期。

路文峰、罗旭、王瑞强，2006，《对〈学生体质健康标准〉大学生选测项目设置合理性的实验研究》，《北京体育大学学报》第9期。

吕荷莉，2014，《大学生形体与体质健康评价》，浙江大学出版社。

马尔特比，E.，2003，《生态系统管理——科学与社会问题》，康乐、韩兴国等译，科学出版社。

孟德斯鸠，1995，《论法的精神》，张雁深译，商务印书馆。

米歇尔P. 奥唐奈主编，2009，《工作场所健康促进》（原著第三版），常春等译，化学工业出版社。

牟少华、万京一主编，2007，《体能学》，人民体育出版社，2007。

潘佐坚，1999，《体育课由运动技术教学向增强体质教育转轨的思考》，《体育学刊》第1期。

彭春政，2016，《青少年体质健康教育的理念与方法探究》，中国书籍出版社。

乔世明，2009，《少数民族地区生态环境法制建设研究》，中央民族大学出版社。

裘琴儿，2012，《健康体适能理论》，中国矿业大学出版社。

曲绵域，1996，《实用运动医学》，北京科学技术出版社。

全国中小学体育教师全员培训教材编委会编著，2000，《体育》（中学版），高等教育出版社。

人民体育出版社编,1955,《中华人民共和国体育运动文件汇编》,人民体育出版社。

阮立本,1961,《一般学校体育课的安排应以增强体质为主》,《武汉体育学院学报》第3期。

芮逸夫,1972,《中国民族及其文化论稿》,国立台湾大学人类学系。

邵如林,1995,《大学生体质"软指标"的综合评价方法》,《北京体育大学学报》第2期。

沈建国、施兰平,2013,《健康体适能》,浙江工商大学出版社。

沈剑威、阮伯仁,2008,《体适能基础理论》,人民体育出版社。

宋尽贤、廖文科主编,2010,《中国学校体育30年(1979—2009)》,高等教育出版社。

孙宝柱,2005,《大学生体质健康理论与实践》,天津教育出版社。

孙麒麟、顾圣益,2013,《大学体育与健康教程》(第5版),高等教育出版社。

孙思邈,2002,《千金方》,华龄出版社。

太古真人,2002,《黄帝内经(下部·灵枢)》,陈富元译注,青海人民出版社。

谭华,2005,《体育史》,高等教育出版社。

唐省三,2009,《实用医学概要》,化学工业出版社。

唐铁汉、袁曙宏,2007,《社会治理创新——中欧政府管理高层论坛》,国家行政学院出版社。

唐锡麟、王志强、王冬妹,1994,《中国汉族青年身高水平的地域分布》,《人类学学报》第2期。

陶行知,2005,《陶行知全集》(第6卷),四川教育出版社。

天津市地方志编修委员会编著,2000,《天津通志》(基础教育志),天津社会科学院出版社。

王东,2014,《基于社会网络分析的民间信仰社会治理研究》,中国人民公安大学出版社。

王凤仙，2013，《〈国家学生体质健康标准〉测试与数据上报存在的主要问题及其解决策略》，《体育学刊》第 3 期。

王晖，2011，《体质改善策略与实践》，华东理工大学出版社。

王家宏，2007，《21 世纪体育教育人才培养的研究》，北京体育大学出版社。

王健、马军、王翔主编，2004，《健康教育》，高等教育出版社。

王健、马军、王翔主编，2012，《健康教育学》（第二版），高等教育出版社。

王立东，2009，《再言"体质论与竞技论"之争》，《教育理论与实践》第 3 期。

王林、彭军武、陶伍建，2006，《〈学生体质健康标准（试行方案）〉测试指标的可行性分析》，《北京体育大学学报》第 2 期。

王茂琼、张启迪、钟卫刚、杨领航，2009，《高校〈国家学生体质健康标准〉实施中存在的问题及对策》，《成都体育学院学报》第 5 期。

王叔和，2010，《脉经》，科学技术文献出版社。

王伟光，2006，《建设社会主义新农村的理论与实践》，中共中央党校出版社。

王旭光，2008，《我国体育社团的现状及发展对策研究》，北京体育大学出版社。

王有炜，2014，《高校思想政治教育新模式"移动课堂"研究》，合肥工业大学出版社。

王子涵，2011，《体育权的历史碎片》，《瞭望东方周刊》第 1 期。

卫生部，2005，《卫生部出台〈全国健康教育与健康促进工作规划纲要（2005—2010 年）〉》，《卫生政策》第 3 期。

卫生部，2005，《卫生部关于印发〈全国健康教育与健康促进工作规划纲要（2005—2010）〉的通知》，1 月 12 日。

魏睦新、杜立阳，2013，《中医护理学》（第 2 版），东南大学出版社。

魏宗雷、邱桂荣、孙茹，2003，《西方"人道主义干预"理论与实践》，时事出版社。

文登市地方史志编纂委员会编纂，1996，《文登市志》，中国城市出版社。

文森特·奥斯特罗姆，1999《美国公共行政的思想危机》，毛寿龙译，上海三联书店。

翁惠根，2005，《寓〈学生体质健康标准〉之管理建"三合一"高校体育综合管理系统之研究》，《北京体育大学学报》第7期。

翁士堃，1990，《体锻与达标——你想达到《国家体育锻炼标准》吗》，上海教育出版社。

乌正赉、叶冬青主编，2013，《中国公共卫生》（方法卷），中国协和医科大学出版社。

吴定良，1957a，《近二十年来丹阳县城市儿童体质发育的增进》，《复旦学报》（自然科学）第1期。

吴定良，1957b，《近二十年来南京市儿童体质发育的增进》，《复旦学报》（自然科学）第2期。

吴兆祥主编，1998，《体育百科大全》（36），安徽人民出版社。

吴宗喜、蔡晓波，2008，《高校开展学生体质健康管理的调查研究》，《南京体育学院学报》（社会科学版）第1期。

伍绍祖主编，1999，《中华人民共和国体育史（1949—1998）》（综合卷），中国书籍出版社。

武俊青、王瑞平、李玉艳等，2008，《上海市核心家庭成员体质指数及影响因素分析》，《中国公共卫生》第2期。

西安交通大学中国管理问题研究中心，2015，《中国社会治理发展报告（2015）》，科学出版社。

夏征农、陈至立主编，2012，《大辞海》（民族卷），上海辞书出版社。

谢彬，2000，《对大学生体质发展趋势及预测方法的研究》，《体育科学》第5期。

谢红光、戴霞，2013，《〈国家学生体质健康标准〉与健康行为促进——基于体质健康预警促进健康行为发展的体育课程模式研究》，北京体育大学出版社。

兰星，1997，《新加坡"学生健壮计划"取得进展》，《国外体育动态（内部刊物）》第11期。

徐坚、刘立清、韩飞，2005，《中美两国学校体质健康研究现状的比较》，《西北师范大学学报》第 4 期。

徐全忠、邹晓春，2014，《组织行为学——理论、工具、测评、案例》，化学工业出版社。

徐顽强，2012，《社会管理创新理论与实践》，科学出版社。

许强、林艳、周海雄，2014，《健康体适能评价与运动指导》，人民体育出版社。

许义雄，2000，《九年一贯健康与体育课程之发展与愿景》，《学校体育（台湾）》第 10 期。

学生体质健康标准研究课题组，2006，《学生体质健康标准研究》，人民教育出版社。

学生体质健康标准智能服务系统课题组，2004，《学生体质健康标准智能服务系统指导书》，人民教育出版社。

杨达夫编著，1963，《集注新解叶天士温热论》，天津人民出版社。

杨放主编，1990，《教育法规全书》，南海出版公司。

杨时勉，1980，《试论"体质教育"与"体育教学"》，《体育教学与训练》第 4 期。

杨树明，2006，《生态环境保护法制——兼论重庆市生态法制建设》，西南师范大学出版社。

姚武、姚兴，2008，《学生体质下降的社会因素分析》，《体育科研》第 3 期。

伊向仁，2009，《发展适能与多维健康》，山东文艺出版社。

殷星辰主编，2014，《北京社会治理发展报告（2013~2014）》，社会科学文献出版社。

殷昭举，2011，《创新社会治理机制》，广东人民出版社。

尹小俭、李英、季成叶，2009，《不同家庭收入影响我国大学生肥胖与体质健康的相关性分析》，《北京体育大学学报》第 6 期。

《营养、锻炼复合处方》课题组，1991，《用营养、锻炼复合处方增强儿童体质的实验研究（三年实验报告）》，《教育科学研究》第 6 期。

于可红等，2000，《国家中小学生体育与健康教育个体评价标准的研究》，浙江大学出版社。

于可红等，2013，《体育与健康课程学习评价指标体系研究》，浙江大学出版社。

于可红、母顺碧，2001，《中国儿童、青少年体质测试研究综述》，《中国体育科技》第11期。

于秀、史永巍，2008，《影响辽宁省3—6岁幼儿体质状况的家庭因素分析》，《沈阳体育学院学报》第2期。

郁建兴、任泽涛，2012，《当代中国社会建设中的协同治理——一个分析框架》，《学术月刊》第8期。

育文，1980，《片面追求升学率造成恶果 苏州地区学生体质下降》，《江苏教育》第10期。

恽晓平主编，2014，《康复疗法评定学》（第二版），华夏出版社。

张彩珍，1984，《当代中国体育》，中国社会科学出版社。

张冠生，1988，《青山踏遍——费孝通》，山东画报出版社。

张桂春，2002，《激进建构主义教学思想研究》，辽宁师范大学出版社。

张国成，2003，《儿科学》，高等教育出版社。

张洪潭，2000，《技术健身教学论》，华东师范大学出版社。

张建华、殷恒婵、钱铭佳、杨铁黎，2001，《美国最佳体适能教育计划及其对我国体育课程改革的启示》，《体育与科学》第1期。

张剑，2009，《走过百年的威海体育》，山东画报出版社。

张介宾，1994，《景岳全书》，中国中医药出版社。

张康之，2006，《社会治理的历史叙事》，北京大学出版社。

张康之，2010，《论伦理精神》，江苏人民出版社。

张丽萍、杨雨轩，2015，《〈国家学生体质健康标准（2007年）〉与〈国家学生体质健康标准（2014年修订）〉的对比研究》，《体育科技文献通报》第2期。

张强峰、孙洪涛，2016，《我国学生体质健康测试制度的演变》，《体育学刊》第2期。

张全成、陆雯,2013,《高级体适能与运动处方》,国防工业出版社。

张绍礼,2012,《青少年体质健康干预的研究》,东北大学出版社。

张天成,2010,《中国23个少数民族18岁学生生长发育自然环境差异的研究》,《中国体育科技》第5期。

张翼,2014,《社会治理——新思维与新实践》,社会科学文献出版社。

张云,2011,《中共党史十讲》,东方出版中心。

张宗国,2009,《影响〈国家学生体质健康标准〉测试结果的主客观因素分析》,《体育科学》第9期。

章建成、平杰、任杰、周成林、唐炎、徐畅,2012,《中、小学生体质健康教育模式的构建及干预策略分析》,《体育科学》第12期。

章建成、任杰、舒盛芳,2013,《青少年体质健康教育干预方案》,复旦大学出版社。

赵强、薛玉行,2011,《体育锻炼增强大学生体质实证研究》,《体育文化导刊》第4期。

赵夏娣、校玉山,2002,《大学生体质调研工作的组织程序与方法》,《西安体育学院学报》第S1期。

赵晓阳,2008,《基督教青年会在中国：本土和现代的探索》,社会科学文献出版社。

郑杭生,2014,《"理想类型"与本土特质——对社会治理的一种社会学分析》,《社会学评论》第3期。

郑家昊,2013,《引导型政府职能模式的兴起》,中国社会科学出版社。

郑念军编著,《力量练习器健身健美入门》,江苏科学技术出版社。

郑频频、史慧静主编,2011,《健康促进理论与实践》(第二版),复旦大学出版社。

中国体育年鉴编辑委员会编,1982,《中国体育年鉴(1965)》,人民体育出版社。

中国学生体质与健康研究组编,1987,《1985年中国学生体质与健康研究》,人民教育出版社。

中国学生体质与健康研究组编,1993,《1991年中国学生体质与健康调研报告》，北京科学技术出版社。

中国学生体质与健康研究组编，1996，《1995年中国学生体质与健康调研报告》，吉林科学技术出版社。

中国学生体质与健康研究组编，2002，《2000年中国学生体质与健康调研报告》，高等教育出版社。

中国学生体质与健康研究组编，2007，《2005年中国学生体质与健康调研报告》，高等教育出版社。

中国学生体质与健康研究组编，2012，《2010年中国学生体质与健康调研报告》，高等教育出版社。

中华人民共和国国史全鉴编委会编，1996，《中华人民共和国国史全鉴（第三卷1960—1966）》，团结出版社。

中华人民共和国体育运动委员会，1990，《国家体育锻炼标准施行办法》，《学校体育》第2期。

中华人民共和国卫生部卫生监督司，1998，《健康教育、健康促进重要文献选编》，中国人口出版社。

中华人民共和国卫生部卫生监督司等编，1998，《健康教育 健康促进重要文献选编——庆祝世界卫生组织成立50周年》，中国人口出版社。

中华中医药学会，2009，《中医体质分类与判定》，中国中医药出版社。

中小学体育器材和场地研究课题组，2006，《中小学体育器材和场地系列国家标准实施指南》，中国标准出版社。

中央教育科学研究所，2012，《我国青少年体质健康发展报告》，中国教育科学研究院，3月29日。

中央人民政府体育运动委员会，1954，《关于公布"准备劳动与卫国"体育制度暂行条例、暂行项目标准、预备级暂行条例的通告》，《山西政报》第9期。

周红云，2015，《社会治理》，中央编译出版社。

周皎，2016，《大学生体质健康成因与健康促进》，中国纺织出版社。

周龙影，2013，《教育心理学新论》，江苏大学出版社。

周隆宾，1993，《社会历史观大辞典》，山东人民出版社。

朱利安·斯图尔德, 2013,《文化变迁论》, 谭卫华、罗康隆译, 贵州人民出版社。

朱泓, 2004,《体质人类学》, 高等教育出版社。

朱明若、罗先讯主编, 1997,《生态大众健康——公共卫生从理想到实践》, 李立明、王临虹主译, 北京医科大学、中国协和医科大学联合出版社。

朱庆生, 2003,《中国健康教育五十年》, 北京大学医学出版社。

邹国林、杨昌林、罗时文、李晨阳、于登洲, 1991,《体育锻炼与胆固醇水平和体质的关系》,《武汉体育学院学报》第 4 期。

Adam, C. V., Klissouras, M., Ravazollo, R., Renson, W., Tuxworth, W. 1988. *EUROFIT——European Test of Physical Fitness*. Rome: Council of Europe, Cumittee for the Development of Sport.

American Alliance for Health, Physical Education, Recreation and Dance. 1980. *Health Related Fitness Test*. Reston VA: American Alliance for Health, Physical Educatio, Recreation and Dance.

American Alliance for Health, Physical Education, Recreation and Dance. 1989. *Physical Best——Educational Package*. Reston VA: American Alliance for Health, Physical Education, Recreation and Dance.

American Association for Health, Physical Education, and Recreation. 1965. *AAHPER Youth Fitness Test Manual*. Washington DC: American Association for Health, Physical Education, and Recreation.

Barry, C. 1971. *The Closing Circle: Nature, Man and Technology*. New York: Knopf.

"Body Composition and Aerobic Fitness in Greek Primary School Students", from http://cev.org.br/arquivo/biblioteca/relationship-between-body-mass-index-body-composition-and-aerobic-fitness-in-greek-primary-school-students.pdf, 2002.

Bovend'eerdt, J. H., Kemper, C. G., Verschuur, R., and Leyten, C. 1987. "Het Moper-Fitness-Test Project——Onderzoek Naarde Prestatiegeschiktheid van Nederlandse jeugdigen [The Moper Fitness-Test Project: Research of Performance of Dutch youth]", *Gen. Sport*, 232 – 237.

Centers for Disease Control and Prevention. 2001. *Increasing Physical Activity——A Report on Recommendations of the Task Force on Community Preventive Services (Morbidity & Mortality Weekly Report)*. Recommendations & Reports.

Cepero, M., López Ricardo, and Suárez-Llorca. 2011. "Fitness Test Profiles in Children Aged 8 – 12 Years Old In Granada (Spain)." *Journal of Human Sports & Exercise* 6 (1): 135 – 146.

Chrysler AAU Fund. 1992. *Chrysler AAU Fund Fitness Test*. Bloomington IN: Chrysler AAU Fund.

Clarke, H. 1975. "Physical Fitness Testing in Schools." *Physical Fitness Research Digest (Series No. 1)* 25 (7): 167 – 183.

Coleman, A. E., and Jackson, A. S. 1973. *Texas Physical Fitness—Motor Ability Test*. Austin TX: Governor's Commission on Physical Fitness.

Commission on Global Governance. 1995. *Our Global Neighbourhood: The Report of The Commission on Global Governance*. Oxford: Oxford University Press.

Commoner, Barry. 1971. *The Closing Circle—Nature, Man and Technology*. New York: Random House Inc.

Cooper. 1989. Institute for Aerobics Research. *FITNESSGRAM ©*. Dallas TX: Cooper Institute for Aerobics Research.

Corbin, C. B. and Pangrazi, R. P. 2008. Appropriate and Inappropriate Uses of Fitnessgram/Activitygram. FITNESSGRAM/ACTIVITYGRAM Reference Guide, Dallas: The Cooper Institute.

Corbin, C. B., and Pangrazi, R. P. 2008. *Appropriate and Inappropriate Uses of Fitnessgram/Activitygram. FITNESSGRAM/ACTIVITYGRAM Reference Guide*. Dallas TX: The Cooper Institute.

Corbin, C. B., Pangrazi, R. P., and Welk, G. J. 1994. "Toward an Understanding of Appropriate Physical Activity for Youth." *Physical Activity Fitness Research Digest* 1 (8): 153 – 161.

Dziubek, W., Ignasiak, Z., and Rozek, K. 2011. "Influence of Industrial Environments on the Development of Respiratory Systems and Morphofunctional Features in Preadolescent Boys," *Journal of Human Kinetics* (30), 161 – 171

Dziubek, Wioletta, Ignasiak, Zofia, and Rozek, Krystyna. 2011. "Influence of Industrial Environments on the Development of Respiratory Systems and Morphofunctional Features in Preadolescent Boys." *Journal of Human Kinetics* (30): 161 – 171.

Franks, B. D. 1989. *YMCA Youth Fitness Test Manual*. Champaign Ill: YMCA of the USA Human Kinetics.

Grassi, G. P., Turci, M., and Sforza, C. 2006. "Aerobic Fitness and Somatic Growth in Adolescent——A Cross Sectional Investigation in a High School Context." J*ournal of Sports Medicine & Physical Fitness* 46 (3): 412 – 418.

Green, Lawrence W., and Kreuter, Marshall W. 1999. *Health Promotion & Planning*. Mayfield Publishing.

Gregory, J., James, R., and Harold, B. 2008. *Fitnessgram Reference Guide*. Dallas TX: The Cooper Institute for Aerobics Research.

Gregory, J. W. 2006. "Strengthening the Scientific Basis of the FITNESSGRAM © Program." *Journal of Physical Activity & Health* (3): 1 – 4.

Harold, B. F., Harold, W., Kohl, J. R., and Morrow. 1994. *The Prudential FITNESSGRAM——Technical Reference Manual*. Dallas TX: Cooper Institute for Aerobic Research.

Hebbelinck, M., and Borms, J. 1969. *Tests and Norm Scale [Tests and Norm Scales]*. Brussels: Free University.

Human Kinetics. 2004. *FITNESSGRAM ©/ ACTIVITYGRAM ©*. Champaign IL: Human Kinetics.

Hunsicker, P. A., and Reife, G. G. 1958. *AAHPER Youth Fitness Test Manual*. Washington DC: American Association for Health, Physical Education and Recreation.

Jackson, A. S. 2006. "The Evolution and Validity of Health-Related Fitness."

Quest 58 (1): 160 – 175.

Johnson, B. L., and Nelson, J. K. 1969. *Practical Measurements for Evaluation in Physical Education* (4*th ed*). Edina MN: Burgess Pubilishing Company.

Kennedy, J. F. 1962. "The Vigor We Need." *Sports Illustrated* 17 (3): 12 – 15.

Koplan, J. P., liverman, C. P., and Kraak. V. I. 2005. *Preventing Childhood Obesity——Health in the Balance*. Washington DC: National Academies Press.

Kraus, H., and Hirschland, R., 1954, "Minimum Muscular Fitness Tests in School Children," *Research Quarterly* 25 (2): 178 – 188.

Leyk, D., Rohed, U., Gorges, W., and Ridder, D. 2006. "Physical Performance, Body Weight and BMI of Young Adults in Germany 2000 – 2004——Results of the Physical-Fitness-Test Study." *International Journal of Sports Medicine* 27 (8): 642 – 627.

Leyten, C. 1981. *De Moper Fitheids Test, Onderzoeksveslag* 9 t/m 11 *Jarigen* [*The Moper Fitness Test Research Report* 9 – 11 *years old*]. Haarlem: De Vrieseborch.

Lipman, T. 2006. "Cardiorespiratory Fitness Levels among US Youth 12 to 19 Years of Age——Findings from the 1999 – 2002 National Health and Nutrition Examination Survey." *Archives of Pediatrics & Adolescent Medicine* 160 (10): 1005 – 1012.

Meksis, E., Bogolanis, G. C., and Mandaki, M. 2006. "The Relationship between Maximal Oxygen Uptake and Body Composition in Prepubertal and Putertal Greek Children," *Pediatric Exercise Science* 18 (4), 466 – 478.

Meredith, M. D. and Welk, G. L. 1999. *FITNESSGRAM Test Administration Manual*. Champaign Ill: Human Kinetics.

Morrow, J. R., Fall, H. B., and Kohl, H. W. 1994. *FITNESSGRAM? Technical Reference Manual*. Dallas TX: Cooper Institute for Aerobics Research.

Mynarski, Władysław. Rozpara, Michał. Puciato, Daniel, and Eider, Jerzy. 2011. "The Effects of Lead and Cadmium Pollution on Functional and Morphological Development of Middle School Students from Jastrzębie-Zdrój and

Katowice." *Polish Journal of Environmental Studies* 20 (4): 1001 – 1007.

Mynarski, W., Rozpara, M., Puciato, D., and Eider, J. 2011. "The Effects of Lead and Cadmium Pollution on Functional and Morphological Development of Middle School Students From Jastrz? bie – Zdrój and Katowice," *Polish Journal of Environmental Studies* 20 (4), 1001 – 1007.

National Association for Sport and Physical Education, American Heart Association. 2012. *Shape of the Nation Report——Status of Physical Education in the USA*. Reston VA: AAHPERD.

Pate, R. R. 1985. *Norms for College Students——Health Related Physical Fitness Test*. Reston VA: American Alliance for Health Physical Education, Recreation and Dance.

Pate, R. R., Stevens J., and Pratt, C., et al. 2006. "Objectively Measured Physical Activity in Sixth-Grade Girls," *Archives of Pediatrics and Adolescent Medicine* 160 (12), 1262 – 1268.

Plowman, S. A. 1992. "Criterion Referenced Standards for Neuromuscular Physical Fitness Tests: An Analysis," *Pediatrric Exercise Science* 4 (1): 10 – 19.

Plowman, S. A., Sterling, C. L., Corbin, C. B., Meredith, M. D., Welk, G., and Morrow, J. R. 2006. "The History of Fitnessgram." *Journal of Physical Activity & Health* (Supplement) 4 (3): 5 – 20.

President's Council on Physical Fitness and Sports. 1998. *The President's Challenge Test Manual*. Washington DC: President's Council on Physical Fitness and Sport.

Rowland, T. 1989. "Fitness Testing in Children——Where from Here?" *Pediatric Exercise Science* (1): 289.

Safrit, M. J. 1990. "The Validity and Reliability of Fitness Tests for Children——A Review." *Pediatric Exercise Science* 2 (1): 9 – 28.

Safrit, M. J. 1995. *Complete Guide to Youth Fitness Testing*. Champaign Ill: Human Kinetics Publishers.

Safrit, M. J., and Wood, T. M. 1983. "The Health-Related Physical Fitness

Test——A Tristate Survey of Users and Non-Users." *Research Quarterly for Exercise and Sport* 57 (1): 27 - 32.

Seefeld, V. and Vogel, P. 1989. " Physical Fitness Testing of Children——A 30 - Year History of Misguided Efforts?" *Pediatric Exercise Science* 1 (4): 295 - 302.

Shauna, M. D., Marshall, D., Carmina, Ng., and Noreen, D. W. 2008. "Central Adiposity and Associated Lifestyle Factors in Cree Children." *Applied Physiology, Nutrition, and Metabolism* 33 (3): 476 - 482.

Silverman, S. and Keating, X. D. 2008. "Phillips S R. A Lasting Impression——A Pedagogical Perspectiveon Youth Fitness Testing." *Measurement in Physical Education & Exercise Science* 12 (3): 146 - 166.

Simons, J. G, Beunen, M., Ostyn, R., Renson, P., and Swalus, D. Willenis. 1975. *Construction d'une Batterie de Tests d'Aptitude Motrice Pour Garçons de 12a 19 ans, Parla Methode de l'Analyse Factorielle* [*Construction of a Motor Performance Test for Boys from 12 to 19 Years by Way of Factor Analysis*]. Belgium: Katholieke Universiteit Leuven.

Simons, J., Ostyn, M., Beunen, G., and Ruison, G. D. 1978. "Factor Analytic Study of the Motor Ability of Belgian Girls Age 12 - 19." Landry F, Orball W A (Eds.). *Biochemics of Spans and Kinunihropoinei*ry. Miami: Biochemics of Spans and Kinunihropoineiry Symposia, 395 - 402.

The Hillary Commission for Sport, Fitness and Leisure. 1998. *Physical Activity Taskforce Report*. Wellington N Z: The Hillary Commission for Sport, Ftiness and Leisure.

Ting, V. K. 1921. "Native Tribes of Yunnan." *The China Medical Journal* 10 - 15.

Władysław, M., Michal, R., Daniel, and Jeriy, E. 2011. "The Effects of Lead and Cadmium Pollution on Functional and Morphological Development of Middle School Students from Jastrzebie-Zdroj and Katowice." *Polish Journal of Environmental Studies* 20 (4): 1001 - 1007.

Whitehead, J. R., Pemberton, C. L., and Corbin, C. B. 1990. "Perspectives on the Physical Fitness Testing of Children——The Case for a Realistic Educational Approach." *Pediatric Exercise Science* 2 (2): 111 – 123.

WHO Regional Office Europe. 2001. *A Physical Active Life through Everyday Transport with A Special Focus on Children and Older People and Examples and Approaches from Europe* . Rome Italy: WHO Regional Office Europe.

Wiersma, L. D., and Sherman, C. P. 2008. "The Responsible Use of Youth Fitness Testing to Enhance Student Motivation, Enjoyment and Performance." *Measurement in Physical Education & Exercise Science* 12 (3): 167 – 183.

Williams, D. P., Going, S. B., and Lohman, T. G. 1992. "Body Fatness and Risk for Elevated Blood Pressure, Total Cholesterol and Serum Lipoprotein Ratios in Children and Adolescents." *American Journal of Public Health* 82 (3): 358 – 63.

Wioletta, D., Zofia J., and Krystyna, R. 2011. "Influence of Industrial Environment on the Development of Respiratory Systems and Morphofunctional Features in Preadolescent Boys." Journal of Human Kinetics (30): 161 – 171.

"World Health Organization. Public Health Surveillance", World Health Organization. from http://www.whoint/topics/public_health_surveillance/en, 2013 – 09 – 17.

后 记

桂子山下，笔耕三载，终于孕育成了这20余万的文字。我犹如一位初为人母的女人，分娩之前虽然有各种猜测和设想，但终究会被新生儿的那一声啼哭所感动。亲戚邻里之中很少有人能读到硕士，我是唯一一位40岁还捧着书本的人。每次亲朋好友聚会，他们都会诧异地问我："书都读到头发白了，什么时候是尽头？"我不是一个非常喜欢读书的人，这样的诘问常常让我面红耳赤。我父母的文化水平都不高，一个小学，一个初中肄业。因为他们自身的文化水平不高，所以特别尊重知识，尊重有文化的人，"博士"的称呼在他们的心目中是至高无上的，只是他们没想到自己的儿子会从专科读到本科、硕士，并一直读到博士。当我拿到博士录取通知书的时候，老父亲颤颤巍巍地将从生活费中挤出的8000元递给我，这时我才明白"读书"这件事情对于个体乃至家庭的意义。书读到什么时候才是尽头？我能在华中师范大学这所百年名校实现父母的意愿，成就自己的梦想，满足妻子、女儿的期待，所有的喜、怒、哀、乐都融进了这20余万的文字之中。

在我人生最重要的时刻，能遇到王健老师，是我这辈子最大的福气。报考博士的时候，我与王健老师从未谋面、素不相识，正因为他不拘一格、唯才是举，才让我获得了"只考一次就考上了"的荣耀。如果没有他的知遇之恩，我至今也不可能与博士的头衔结缘。入校之后不久，王健老师与我的几次彻夜长谈，奠定了这篇博士学位论文的基本命题和研究思路。博士学位论文完成期间，论文的选题、研究设想、资料收集、研究思路、研究方法、内容逻辑、文字表述等各个方面都获得了王健老师大量耐心细致的指导。曾记得，他对我国中小学生体质健康状态的忧虑；他与我分享学生体质健康最新信息时的喜悦；他将自己整理好的研究资料递给我时的嘱托；他为我批改博士论文过程中的严肃眼神；他看到我研究取得进展时的爽朗笑声……。我更永远不会忘记，他刚刚动完手术，用虚弱的、几乎听不见的话语嘱咐我"博士论文还需要写个大摘要"，让我不得不对这位神情威严而不失体贴的长者产生敬意。博士论文完成期间，许多青少年体质健康研究专家不吝赐教，分享了最新的成果和观点；许多青少年体能专业教练毫无保留，分享了从业的经历与经验；许多大、中、小学生热情洋溢，分享了对体质的认知与理解。这些点点滴滴研究过程中的琐碎片段不仅被我提炼融入论文，也将内化为我做人处事的行为准则。攻读博士学位是值得细细品读的一段阅历，学术水平的历练提高仅仅是攻读博士学位的收获之一，更重要的是通过这些长者的治学态度和人文关怀，感悟做人的道理和生活的真谛！

攻读博士学位三年期间，我的妻子刘凯华女士承担了家庭的所有责任，白天围着工作转，傍晚围着女儿转，深夜还要加班为我整理外文文献，当我敲打下博士论文最后一个字符之时，眼前一遍一遍浮现的全是她的身影。我的宝贝女儿今年6岁，她3岁之前，我为了工作将她丢给了外婆和外公，女儿成为一位典型的"留守儿童"，她3岁之后，我为了读书将她丢给了奶奶和爷爷，女儿成为一位缺失父爱的"问题儿童"。但是，女儿从来没有埋怨过失职的父亲，时不时地炫耀"我的爸爸是博士"，在同龄小伙伴中极力争取理解和支持。当我老了，当女儿大了，我会一个字一个字地把博士论文的"致谢"读给她听，希望她能记住支持过、帮助过她父亲的所有人，从铭记中学会感恩；希望她能如她的爷爷一样尊重知识，尊重一切有知识的人，从尊重中学会进取；希望她能和她的爸爸一样，选择一段属于自己的博士经历，从经历中学会成长……

博士生涯犹如一个剧场，落幕之时，碎片化了情节，收获了感动，细嚼慢咽，一生回味……

2016年5月9日于桂子山下

图书在版编目（CIP）数据

青少年体质健康的社会治理：经验、模型与路径／万义著．－－北京：社会科学文献出版社，2023.8
ISBN 978-7-5228-2187-0

Ⅰ.①青… Ⅱ.①万… Ⅲ.①青少年－体质－健康教育－研究－中国 Ⅳ.①G479

中国国家版本馆 CIP 数据核字（2023）第 141223 号

青少年体质健康的社会治理：经验、模型与路径

著　　者／万　义
出 版 人／冀祥德
责任编辑／胡庆英
文稿编辑／杨　莉
责任印制／王京美

出　　版／社会科学文献出版社·群学出版分社（010）59367002
　　　　　地址：北京市北三环中路甲 29 号院华龙大厦　邮编：100029
　　　　　网址：www.ssap.com.cn
发　　行／社会科学文献出版社（010）59367028
印　　装／三河市尚艺印装有限公司
规　　格／开　本：787mm×1092mm　1/16
　　　　　印　张：13.75　字　数：210 千字
版　　次／2023 年 8 月第 1 版　2023 年 8 月第 1 次印刷
书　　号／ISBN 978-7-5228-2187-0
定　　价／89.00 元

读者服务电话：4008918866

▲ 版权所有 翻印必究